新選組略年表

文久3年（1863）	2月4日	浪士組結成。
	2月23日	浪士組入洛。
	3月12日	芹沢鴨・近藤勇ら残留浪士、会津藩預りとなり、「壬生浪士組」と名乗る。
	8月18日	「八月十八日の政変」。壬生浪士組、御所警護に出動。
	8月21日	壬生浪士組、武家伝奏より「新選組」の隊名を拝命、市中取締りを下命される。
	9月16日	新選組近藤勇一派、芹沢鴨らを粛清（18日ともいう）
元治1年（1864）	6月5日	「池田屋事件」。新選組近藤勇ら、池田屋にて会合中の尊攘派浪士を急襲。
		…、新選組、出動。長州の残党を掃討。
元…		…から西本願寺北集会所へ移転。
慶…		…郎ら14名、武家伝奏により、孝明天皇御陵衛士を拝命。
		…10数人、新選組離脱、のちに言う「高台寺党」が発足。
	6月10日	新選組近藤勇・土方歳三、二条城で幕府直参取立ての沙汰を受ける。
	6月15日	新選組の不動堂村屯所、新築落成成る。正確な位置は不明。西本願寺での新選組調練が騒がしく、寺が資金を提供したという。西本願寺から移住したのは、秋末という。
	10月15日	「大政奉還」。
	12月9日	新選組、龍馬殺害の件以来、「油小路事件」のこともあり、新選組廃止の声多く、「新遊撃隊」に編入される。
	12月12日	新選組、二条城に詰めるが水戸藩本圀寺組ともめる。その夜、新遊撃隊の名を返上し、元来の「新選組」を称する。 新選組、伏見奉行所跡に移る。
	12月14日	新選組、若年寄格永井尚志に従い大坂に下り、大坂天満宮に入る。
	12月26日	新選組土方歳三、尾張藩からの伏見退去の要求を拒否。
慶応4年（1868）	1月3日	「鳥羽伏見の戦い」はじまる。敗れた新選組ら、9、10日、大坂から江戸へ向かう。
	1月23日	新選組、江戸鍛冶橋大名小路の酒井飛騨守役宅を屯所に当てられる。
	2月15日	近藤勇登城し、徳川慶喜の警護を拝命。新選組、2月25日まで二交替で、上野の慶喜の警護にあたる。
	2月28日	新選組、旧幕府より甲陽鎮撫を命じられ、大石鍬次郎、甲州へ出張。
	2月30日	新選組近藤勇、若年寄格となり、「大久保大和藤原剛」を名乗る。土方歳三、寄合席格となり、「内藤隼人」と名を改める。

新選組記念館青木繁男

調べ・知り・聞いた秘話を語る！

新選組おもしろばなし

百話

目次

新選組結成前 10

1 巨魁　清河八郎の暗殺「新選組ルーツの巨人」……10
2 近藤勇は何故、浪士隊に参加したのか……13
3 浪士隊の中での近藤勇一門は！……14
4 近藤勇たちは、なぜ京都に残ったのか……16
5 浪士隊江戸引揚げの時、京都に残った同志は誰で何人だったか……18
6 文久3年創設期に、家里・殿内派があった……20

新選組初期〜芹沢暗殺 20

7 新選組の資金は何処から出たのか……21
8 斬り得と斬られ損、大坂力士乱闘事件……24
9 隊士の教養はどうだったのか……27
10 新選組の警備エリアは？―見廻組とも仲良くやっていた……29
11 新見錦（壬生浪士創設時の幹部）の謎を解く。田中伊織は別の人物であったのだ……30
12 芹沢鴨再考……32
13 芹沢鴨　異聞……36
14 芹沢鴨とお梅の恋……39

野口の切腹 41

15 突然の切腹は何故か？野口健司……41

池田屋事件 43

16 新選組の一大ヒット。池田屋事件の発端となった〝枡屋事件〟とは …… 43
17 池田屋事件の不逞浪士の陰謀とは …… 45
18 池田屋事件の謎？ 斬り込み人数は少なかった …… 46
19 池田屋事件の褒賞金は？――近藤隊に谷万太郎が居た！ …… 50
20 池田屋事件で折れなかった〝虎徹〟 …… 51
21 スパイ隊士山崎烝の謎？――山崎は池田屋事件の時いなかった …… 52
22 「池田屋事件」でスパイをしていたインテリ隊士、浅野藤太郎 …… 53
23 池田屋事件で組を脱し、敵側で出席していた、越後三郎とスパイ隊士たち …… 54
24 腰抜け薩摩人と介抱した新選組隊士の面白い話 …… 57

禁門の変 58

25 余り知られていないお話。「禁門の変」の時、伏見での戦況は …… 58
26 〝六角獄舎の悲劇〟に、新選組がサポートしたか？ …… 61
27 短期間スパイとして活躍し斬首された、京都出身の隊士・河島勝司 …… 62

色々な事件（慶応元年） 64

28 大坂の池田屋事件といわれる「ぜんざい屋事件」の英雄、谷万太郎 …… 64
29 山南《やまなみ》敬助《けいすけ》の切腹前夜に、異変があった事 …… 67

30 伊東甲子太郎《かしたろう》の加盟で、新選組はどの様に再編成されたか？……68

31 疑問の多い、「壬生心中松原忠司事件」は、打ち上げ花火の様だ……69

32 第二次長州征伐の時、近藤勇は広島へ出張した。この頃、山崎丞《すすむ》は何をしていたのか……71

33 近藤勇たちは、なぜ広島に行ったのか？……73

河合耆三郎切腹事件 75

34 河合耆三郎の故郷、高砂……75

35 河合耆三郎《かわいぎさぶろう》の事歴を補填する……79

油小路の変と周辺 84

36 油小路の変の前哨戦。茨木司ら四人の死は、暗殺か切腹か？……84

37 武田観柳斎は、本当は福田要という勤王家であった……86

38 高台寺党主・伊東甲子太郎の愛人は、宮川町の芸妓であった……88

天満屋事件と新選組の衰退 91

39 近藤勇の不運は始まった。「勇のケチのつき初め」……91

40 近藤の甥御の宮川信吉が討ち死にした〝天満屋事件〟とは、又、直後の〝北小路事件〟とは……95

41 大政奉還後、二条城共同警備を拒否された新選組……97

42 落武者狩りで死んだ隊士がいた、小田数馬……99

43 〝壬生義士伝〟で、つと有名になり、中年女性の新選組ファンが増えた—吉村貫一郎……100

甲陽鎮撫隊　102

44 新選組と甲州街道　甲陽鎮撫隊のありさま……102

45 16才の官兵に討たれた、甲陽鎮撫隊士・加賀爪勝之進……104

46 新選組新発見　五兵衛新田屯所の話――「近藤勇の写真はこうして残った」……105

47 永倉新八と原田左之助は、なぜ、近藤勇と訣別したのか？……109

48 永倉新八の甲陽鎮撫隊従軍記「何故、土方歳三は菜葉隊《なっぱたい》の応援を頼みに行ったのか」……110

近藤勇斬首　113

49 近藤勇を捕え、命を助けようとした男、有馬藤太……113

50 近藤勇の最期を見、言葉を選んだ野村利三郎……115

51 ミステリー！　愛知県岡崎市の法蔵寺《ほうぞうじ》に、近藤勇の首塚がある……117

52 近藤勇と東本願寺との意外な交流……119

新選組逸話　121

53 近藤勇の試衛館の経営は、出稽古による収入によった……121

54 新選組のビック後援者、佐藤彦五郎……123

55 近藤勇の養父周助は、希代の艶福家《えんぷくか》で、「ゲテ物」食いだった。そして、名経営者だった……124

56 近藤勇も恐れた、薩摩示現流《じげんりゅう》の初太刀の威力……125

57 恐ろしい新選組、〝局中法度〟は成文化されていなかった……127

58 陣中法度《じんちゅうはっと》は知られていないが、厳しいルールがあった……129
59 新選組の名前の謎「名前は、八月十八日政変で、天皇から貰ったのは本当だ」……131
60 「粛清の集団」新選組の犠牲者は、何人だったか？……133
61 新選組の埋蔵金の面白い話―伏見奉行所のご金蔵の千両箱の行方は？……135
62 本当の新選組の隊旗の色は何色か？……139
隊士たちの逸話 141
63 近藤勇や土方歳三の差料は？「差料《さしりょう》とは所持刀のこと」……141
64 コラム……新選組隊士と京のいろいろ……144
65 新選組の美男五人衆とは……147
66 新選組剣士ベスト9は？「この中に知られざる猛剣士服部武雄が入る」149
67 隊士たちの剣の流派はどんなのか……152
68 土方歳三の歌った歌、作った歌にはこんなのがあった……154
69 土方歳三の女性関係は、どんなだったか……155
70 沖田総司《そうじ》の本当の享年は？……157
71 沖田総司の幻の恋人？……160
72 高砂太夫の語る、永倉新八の恋人たち「京ことば」……162
73 こんな隊士も居た……163
①新選組隊士の中で、出自のひときわ高い出自の隊員もいた―小笠原胖之助《はんのすけ》……163
②近藤周平は、板倉侯の落胤か？……165
③伏見奉行所の与力を逆恨みし、暗殺した不良隊士、後藤大助……167

④新選組、無名隊士・谷川辰吉「裏切りを重ね生き抜いた隊士、裏切り名人の谷川」……168
⑤鳩首になって、「西郷どん」に「弥兵衛どん」と挨拶された、スパイ隊士富山弥兵衛……171

箱館戦争 173

74 新選組は、日本海戦史上、歴史に残る戦いを宮古湾でやった……173
50 箱館戦争期、土方歳三と会見した隊士 高木貞作《ていさく》は、銀行員となった……175
76 土方歳三の遺影や遺髪を届けた隊士、市村鉄之助……177
77 土方の遺品「刀の下げ緒」を日野佐藤家へ届けた隊士、沢忠輔……179
78 土方歳三の遺体を五稜郭に運んだと伝えられる、小芝《こしば》長之助《ちょうのすけ》は、南部陣屋の裏手で捕縛されていた……180
79 土方隊に追悼句を送った安富才輔は、阿部十郎に斬られてはいなかった……181
80 立川主税を訪ねる旅―土方歳三の最期を見た男……184
81 土方歳三のお墓は何処にあるのか？……187

新選組の最後とその後 189

82 新選組臨終の言葉……189
83 満州で馬賊になった原田左之助？……192
84 岸島《きしじま》芳太郎《よしたろう》、原田左之助らと彰義隊で戦った隊士……197
85 桑名藩の抗戦責任者として、主君と藩の罪を一身に負い切腹した、森常吉《つねきち》隊士……199
86 人切り鍬次郎と呼ばれた男。官軍に一度は自白し、龍馬をやったと言った大石鍬次郎……201

87 人斬り、大石鍬次郎は、どこで斬首されたのか……202
88 新選組最後の隊長相馬主計……204
89 最後の隊長、相馬主計の碑と切腹の謎……206
90 新選組隊士と結婚した中野優子《なかのゆうこ》……209
91 新選組の隊士姿を、唯一描き残した中島登……211
92 島田魁と島田のお墓の謎。長生きして、新選組の姿を伝えた幹部隊員……214
93 陸軍中尉となり、70才と長生きした、池田七三郎の先輩、久米部正親……218
94 土方歳三の奮戦がよく分かる、『函館戦記』を書き残した大野右仲……219
95 唯一、新選組で大砲を撃てた隊士、結城無二三……221
96 榎本たちに愛されて、五稜郭脱出勧告を拒否した少年隊士、田村銀之助……227
97 永倉新八はなぜ、杉村家に養子として入ったのか……229
98 斉藤一　長男勉の口述筆記から見てみよう……233
99 斉藤一の一生を変えた女性、時尾《ときを》……237
100 90才、昭和13年迄生きた隊士、稗田利八《ひだりはち》（池田七三郎）……238
主な参考文献……245
著者プロフィール……246
あとがき……247
奥付……248

新選組結成前

1 巨魁　清河八郎の暗殺「新選組ルーツの巨人」

幕末、浪人の中で目を見張る様な働きをした者として一人を上げるなら、清河八郎《きよかわはちろう》（１８３０〜１８６３）を忘れる事は出来ない。又、彼は尊王攘夷浪士の中でも数少ない東北出身である。その働き、その才幹《さいかん》に比して人気が無いのは、はなはだ不思議である。

八郎は天保元年、山形の清川（山形県東田川郡庄内町）に生れる。最上川が谷沢川の支流を合わせる地である。本名は斉藤元司《もとじ》。家は名字帯刀を許された家柄で酒造業を営んでいた。17才の時に江戸へ出て、儒教者東条一《いち》堂《どう》、朱子学者安積艮斎《あさかごんさい》の門に学び、千葉周作の玄武館で剣を学んだ。一時は幕府の最高学府「昌平黌《しょうへいこう》」に籍を置いた。25才の時、京都、大坂に遊んで熱烈な尊王攘夷主義者となった。江戸三河町、のち、お玉池に私塾「清河塾」を開いた。25才で江戸に塾を、大した自信である。その頃、「清河八郎」と名乗る様になった。出身地の清川村からで、「川」より大きい「河」を選んだ。天下に類の無い英雄との自負心があった。日本の開国と井伊の弾圧政治の時代、塾は血気青年の集会所となった。その中に義兄弟となる安積《あづみ》五郎や、幕臣の山岡鉄舟、薩摩の伊牟田尚平《いむだしょうへい》、桶渡《おけわたり》八兵衛、神田橋直助がいる。この薩摩の三人が米国公使館員「ヒュースケン」を暗殺している。清河はその頃、江戸攘夷指導者の一人として、幕府にマークされ、安政7年（１８６０）「桜田門外の変」でも犯人と関係があると目されていた。八郎は横浜の異人館、江戸の公使館の焼き討ちを計画したが、その会合の帰り、酔っぱらった町人にからまれて、斬り捨てた。文久元年（１８６１）のことである。これは、日頃から八郎をマークしていた町方同心の手先で、幕府方は、これはチャンスと八郎を殺人犯として追う。八郎は危ないところで逃れたが、妾のお蓮《れん》や、弟（7才下の三男）の熊三郎、その他が捕えられて江戸には住めなくなった。非常にイケメンで弁舌も爽やかで、押し出しもよかった。大層女好きである。天下回遊の旅に、「女買い」して諸国の人情を知るには、「女郎屋に遊ぶに限る」と言う様な事を日記に書いている。

この英雄も捕吏《ほり》の探索には音を上げて、永代橋から投身自殺をしたふりをして逃走した。九州では、攘夷決行を遊説し同志を募《つの》った。彼の計画では田中河内介らと共に青蓮院宮を奉じて挙兵し、攘夷を決行するという事である。薩摩の「精忠組」とも気脈を通じた。そのころ島津久光が兵を率いて、上洛し攘夷の挙兵を決行するとの噂があった。八郎は大いに喜び、同志と共に大坂の島津藩邸に入った。だが、彼の傲慢《ごうまん》不遜《ふそん》な態度が災いして、薩摩屋敷を去らねばならなくなった。しかし、これによって文久2年（1862）4月23日の「寺田屋騒動」に巻き込まれずに済んだ。これまでの彼の計画は全て不発に終わった。時期尚早であった。八郎は「ただもの」ではない。彼だけにしかやれない離れ業を演じた。それは幕府に浪士を組織して、攘夷と将軍の上洛の時の「非常の警備」にあてる事を建白《けんぱく》した。この幕府に売り込んだ事で、同志の不信を買ったが、自

清河八郎

分の赤心《せきしん》は死んだのち、分かる事だと平然としていた。幕府も浪士のエネルギーを吸収する意味もあって、八郎の建白を取り上げた。募集するとたちまち２３０余人が集まった。芹沢鴨や近藤勇たちが応募して来た、「浪士組の結成」である。松平主税助（忠敏）が取扱役、山岡鉄舟、松岡万らが取締役、八郎は無役だが、総裁を自認している。

文久3年2月23日京都着、八郎はここで仮面を脱いだ。朝廷の対諸藩の窓口であり時局の研究所というべき、「学習院」に出掛けて浪士を売りつけ、攘夷の勅錠《ちょくじょう》を乞うた。八郎は浪士組を朝廷の親衛隊にしようとの心積もりがあったのだ。幕府にとってはとんでもない「くわせ者」である。驚いて、たまたまその時「生麦事件」（文久2年8月21日）にひっかけ、関東で攘夷をしろと、八郎たちを呼び戻す事にした。これには八郎も拒否は出来ない。京都滞在わずか20日余りで江戸へ戻った。幕府も、今や朝廷に名の知れた八郎を断罪する事は困難であったので、暗殺する事にした。八郎が最も信頼していた、出羽国上之山藩の金子与三郎に誘い出させ、文久3年4月13日、上之山藩邸から帰る八郎を、麻布《あざぶ》の一ツ橋で佐々木只三郎、逸見又四郎ら六人に待ち伏せさせ、これを斬らせた。八郎34才、上之山藩邸へ行く途中、高橋泥舟宅に立ち寄り、白扇に和歌一首を書き残した。
「魁《さきが》けて 又さきがけん 死出の山 迷いはせまじ 皇《すめらぎ》の道」と。

京都より戻った浪士組は、改めて庄内藩預かりの「新徴組」となり、当地（本所三笠町）の小笠原加賀守屋敷と飯田町の田沼玄蕃頭屋敷に分宿した。新徴組屯所跡は、東京都墨田区石原4の1、今は跡を示すものは何も残っていない。清河八郎の墓（伝通院）は、東京都文京区小石川3の14。地下鉄三田線「春日」下車、徒歩15分。　八郎の墓の隣に獄死した妾の「お蓮」の墓もある。

2 近藤勇は何故、浪士隊に参加したのか

文久3年（1863）1月7日、清河八郎のアイデアで幕府は「浪士隊」の募集を始めた。この情報をいち早く聞き近藤勇に報告したのは永倉新八だった様である。永倉は試衛館の面々を前にして説いた。「公儀では広く天下の志士を募り、攘夷を決行するとのことである。我らも進んで一味となり、日頃の〝うっぷん〟（ストレス）を晴らそうではないか」と言う。そして一同、一にも二も無く賛同し、更に詳しく話を聞こうと、牛込二合半坂の講武所剣術教授方・浪士取扱松平上総介忠敏（1818～1882）の屋敷へ、うち揃って出掛けた。上総介は一行を客間に通し、攘夷の本旨から説き始めて、この度の浪士募集は来春上洛する将軍の警備のためである事をしっかりと話した。一同、近藤を筆頭に賛同し、その場で参加を確約して道場に戻ると「いよ々我らの活躍の時が来た」と、一同祝盃をあげた。

近藤勇

近藤だけは甘党ゆえの大福餅を食べながら、一同が大言壮語する有様を嬉しそうに見入っていた。幕府の浪士募集は、江戸の〝喰い詰め浪人〟にとって一大チャンスであったが、近藤の場合は、道場主で経営者、客筋は多摩地方の豪農や豪商で「パトロン的存在」でこの地方に門人

が多い。近藤自身も上石原の農家の子であったし迷いがあった。一門をあげて浪士隊に入れば、この道場も廃場しなければならない。この頃、道場は、少し経営が行き詰っていた様である。北辰一刀流や神道無念流が有名でここへ集中し、生徒は三流的理心流には集って来ない状況だった。

近藤はその頃、講武所《こうぶじょ》の教授のテストを受けた。「講武所」とは幕府が旗本や御家人の調練の為に設けた学校で、黒船来航の翌々年の安政2年（1855）4月に開校した。講武所の武芸教授のトップは直心影流の男《お》谷精一郎《だにせいいちろう》（信友）（1798〜1864）が任命された。男谷はやがて講武所奉行にまで昇格している。その配下の教授には、身分の上下を問わず武芸の優れた者は採用するという方針が打ち出された。そこで、当時の在野《ざいや》の剣客たちは、こぞってこれに応募した。ところが「野に材を求める」という幕府の方針であったが、運営を始めると、やはり古い慣習が付いて廻り、門閥や系図がものをいう旧い学校になってしまっていた。近藤勇の力量は評価され採用が決定していたが、近藤は生家が百姓であるという事で採用取り消しとなった。講武所不採用の近藤の落胆は大きかった。

この時、一大チャンスとなったのが清河八郎の「浪士隊」であり、これで近藤勇には21世紀でもこの名が残った。清河はこれが、近藤とは反対のこの大きな一頁を開き、命を閉じ、彼の名は殆んど消えてしまったのだ。人間の運命は、本当に不思議なものである。

3 浪士隊の中での近藤勇一門は！

清河八郎のアイデア「浪士隊」は見事、幕府の認める所なり編成された。この中で近藤派はどうだったのだろうか。

小石川の伝通院で結集、直前になり、浪士総督松平上総介から、財政的なトラブルで、急に浪士取扱鵜殿《うどの》鳩翁《きゅうおう》（1808～1869）に最高責任者が代わった。補佐役の取締が山岡鉄太郎（鉄舟）、松岡万であった。鵜殿は集結した浪士を7組に分け、一組を30人とした。そして各組に3人ずつ伍長を置いた。編成は次の通りである。

1番隊は根岸友山《ねぎしゆうざん》（1810～1890）、山田官司《かんじ》、徳永大和《やまと》、隊士27名。2番隊は武田元記《げんき》、大館謙三郎、黒田桃珉《とうみん》、隊士27名。3番隊は常見一郎、新見錦《にいみにしき》、石坂周造（宗順）、隊士27名。4番隊は斉藤源十郎、松沢良作、青木慎吉、隊士27名。5番隊は山本仙之助、森土《もりど》鉞四郎《じゅうしろう》、村上常右衛門、隊士27名。6番隊は村上俊五郎、金子正言、西恭介、隊士27名。7番隊は宇都宮左衛門、大内志津馬《しずま》、須永宗司、隊士27名。この他に鵜殿直属の隊士として取締役などを作り、芹沢鴨、池田徳太郎、斉藤熊三郎ら23名が名を連ねていた。

この中で異色の伍長が5番隊の山本仙之助（1818～1863）である。これはもと祐天仙之助という「バクチ打ち」の親分である。これがその子分20人と用心棒の内田佐太郎まで引き連れて参加したのだ。非合法の職の博打打ちの親分が伍長というのに、何故近藤たち試衛館の人々は一般の平隊士に組み入れ

池田徳太郎とその家族

られたのだろうか。近藤、土方、山南、沖田、永倉、原田の6名は6番隊に編入され、何故かもう一人の門人井上源三郎は離されて3番隊。試衛館の知名度はこんなに低かったのだ。百姓相手の剣道場と思われていた〝フシ〟がある。近藤の農民出身というのも考慮の中に入っていたのだろう。3番隊には沖田総司の義兄沖田林太郎が入っていた。2月4日に結集し、6日に編成、2月8日には「浪士隊」は京に向け中山道を歩きだしたのだった。こんな変な集団を江戸に置くのは、世間の目もあるので早く出発させたのだろう。

平尾道雄氏の『新選組史録』に描かれた、この時の浪人集団の〝格好〟は酷いものだったのだ。この時、伝通院の前に住んでいた鈴木半平という人の手紙にはこう書かれている。「惣髪、野郎坊主の者や、老人や若者が交り、黒木綿の無地羽織や野袴や、半天、股引きなど、とても武士とは思えぬ者や、鎖帷子《かたびら》を着込み、筋金入りの鉢巻きをしたりしている人もいる。太刀は何れも長刀を帯び、手槍、半弓、陣太刀などを持ち、一斗も入る様な〝瓢箪〟を背負っている者がいた。この中味は焼酎であろうか。その中に鹿革、紋羽織の者が20人程いたが、これは水戸の天狗勢であった。一同、勇ましい有様であった」と、大凡てんでバラバラ。現在で言うと〝ルンペン〟的な格好の人々のようだ。

こんな連中を京の人々は初めて見た。当初、「壬生浪」と揶揄した人々がいたという由縁である。

4 近藤勇たちは、なぜ京都に残ったのか

上洛した「浪士隊」の一部は、何故残ったのか考えてみよう。

残ったのは芹沢鴨をトップとする水戸派の浪士と、近藤勇を中心とした試衛館の一門であったが、この残留

は、なかなかスンナリと行った訳では無かった。

〃お坊ちゃん的〃で何でも自分がオールマイティと思い込んでいた清河八郎は、江戸引揚げ反対、残留の表明をされた事に烈火の如く怒り、思わず、刀の柄《つか》に手を掛けた。〃スワ〃とばかりに芹沢や近藤は身構える。この〃トラブル〃に間に割り入っている者もあり、乱闘にはならずに納まった。清河一派には「芹沢や近藤などは切腹させてしまえ」と毒づく者もあったが、結局は清河が憤然と畳を蹴って席を立ち出て行くという形で、芹沢や近藤の残留が決まった。この引揚げが、清河の運命を死へと導く事になるとは、彼は知らない。

この時、会津藩手代木《てじろぎ》勝任《かつとう》（直右衛門）（１８２６～１９０４）の弟、浪士取締出役の佐々木唯三郎（只三郎）（１８３３～１８６８）から、近藤一派の気骨ある事を知り、容保《かたもり》は配下に留める事にしたらしい。一説には会津容保と近藤との間に密約が出来ていて、近藤がそこまで強気に出た様である。京都の治安維持の任務を持つ〃トップ〃として容保は、浪士隊がその尖兵《せんぺい》として欲しかったのだ。上洛の浪士隊を心待ちにしていた様である。

清河が未だ京に居る、文久3年（１８６３）3月10日に、近藤らは容保に対して「将軍家が江戸にお帰りになられるまで、御警固いたしたく退去の延引を、御許容賜りたい、もしこれをお聞き届け無き時は、我らもまたぞろ、浪々の身になって天朝並びに将軍家のご保護をし奉る所存」という趣旨の嘆願書を、芹沢、近藤以下13名の連判状として差し出した。

これを見ると、近藤らと京都守護職との接触は、浪士隊の江戸帰還令の出された3月3日から10日迄の間という事になる。しかしこの嘆願書が出されたのと同じ10日、老中板倉勝静《かつきよ》は松平容保に対して、「浪士隊の仲に尽忠報国の志のある者がありやと聞く、右の者どもを、その方の一手に引きまとめ差配するように」との達しが出されている。

しかし、この残留浪士を会津藩御預かりとする件は、浪士隊が京都を出発する3月13日の前夜まで秘密にされていた。清河八郎らに対する配慮からである。

晴れて会津藩御預かりとなった、芹沢、近藤ら13人は3月15日、黒谷の金戒光明寺の大きい山門をくぐり、守護職本陣に出頭した。容保は二条城に出掛けて不在だったので、家老の田中土佐と横山主税が応接に出て、酒肴を出してもてなし祝った。一同は感激し「身命を投げうって、御奉公に仕《つかまつ》りたい」と、口上を言上し退出したのであった。

5 浪士隊江戸引揚げの時、京都に残った同志は誰で何人だったか

残留の嘆願書に連判したのは、永倉新八『同志連名記』によると、芹沢派の芹沢鴨、新見錦、平山五郎、平間重助、野口健司の5名。それに近藤派の近藤勇、土方歳三、沖田総司、藤堂平助、井上源三郎、山南敬助、原田左之助、永倉新八の8名、計13名で、この13名は当時、八木源之丞への止宿組である。この13名というのが「残留浪士」の人数の定説になっている。

これより〝1名多い〟14名説がある。これは文久3年（1863）10月15日の近藤勇の口上願書に、「同志僅か14人」とあるのによっている。この14名という1名は誰か？　不明であるが、筆者は田中伊織と推定する。田中伊織と新見錦とは別人であり、芹沢派の中に、田中が入っていたと思われるのである。

次に17人説がある。これは3月10日に会津藩に提出した文書の写しの連名によるもので、斉藤一、佐伯又三

郎、粕谷新五郎、阿比留鋭三郎《あびるえいざぶろう》の4人を加えている。

また、『新選組始末記』には、この他20名説、25名説（田中伊織、新田革左衛門、葛山武八郎、松原忠治、安藤早太、河合耆三郎、酒井兵庫、奥沢栄助、佐伯又三郎、川島勝治らを加える）などがあるといわれる。

この一方で「浪士隊」を預る立場の会津藩の「藩庁記録」によると24名である。これによると殿内義雄、家里次郎、芹沢鴨、新見錦、近藤勇、根岸友山、山南敬助、佐伯又三郎、土方歳三、沖田総司、井上源三郎、平山五郎、野口健司、平間重助、永倉新八、斉藤一、原田左之助、藤堂平助、遠藤丈庵、粕屋新五郎、上城順之助、鈴木長蔵、阿比類鋭三郎の23名が列記されていて、一人だけ名が落ちている。

上洛した浪士隊が江戸へ引き揚げる時、鵜殿は殿内義雄、家里次郎に命じて在京の意志を集めさせた。これが殿内・家里派である。これによると残留組は、芹沢派、近藤派、殿内・家里派の三派連合の集団だったのである。この派閥に主流派と反主流派が生れ、近藤、芹沢派が八木家同宿で直接会津藩の「お声が掛かり」というエリート意識もあり、反主流派への弾圧が始まった。

根岸友山

同年5月頃の近藤の手紙の中に「既に同士の中で失策を仕出かした者は天誅を加えた。同志殿内義雄という者は、4月中旬に四条の橋の上で討ち果した。又、家里次郎は大坂で切腹した、云々」というのがある。阿比類鋭三郎は4月6日に病死しているが、これも暗殺されたのではないかとの説もある。根岸友山は脱走、東下して新徴組に参加するが、脱退、長州藩との合体を模索する。元治元年（１８６４）権田直助らと討幕の挙兵を企てる。この為、近藤批判をしたりして、明治23年（１８９０）

82才迄生き延びた。

粕谷新五郎（1820～1864）も脱走した。郷里に戻った彼は、元治元年（1864）天狗党の乱に参加。上州での献金活動に奔走するが、栃木宿で幕府軍の追討を受け、下野国持宝寺で自害。享年44。先年、筆者の「新選組記念館」に、ご子孫で教員をしておられる方がお見えになって御名刺を頂戴した。遠藤丈庵、上城順之助、鈴木長蔵については、口伝も記録もほとんど残っていない。

結局、反主流派で隊内に生き残ったのは斉藤一のみ、只一人だった。彼は剣が抜群に強かったので、暗殺からはずされ生き残ったのだろう。

新選組初期～芹沢暗殺

6 文久3年創設期に、家里・殿内派があった

3月8日、浪士隊本隊の江戸帰還が決定すると、浪士取り扱いのトップ、鵜殿鳩翁《うどのきゅうおう》より、殿内義雄と家里次郎に京都残留の取りまとめを命じられ、数人の同志を集めた。

家里次郎《つぐお》（1839～1863）は伊勢松坂出身で、天保10年に小林清右衛門の次男として生まれた。母「あき」の弟である、儒学者家里悠然《ゆうぜん》に養われる。同年5月20日に京都で暗殺された町人儒学者・家里新太郎（松崎）（悠然の家督を継ぐ）（1827～1863）の義弟であり従弟でもあった。安政4年（1857）には

新太郎の家で暮らしていたが、やがて江戸に出て、文久3年2月に浪士隊に入り上洛する。そして浪士組本隊の江戸帰還が決定すると、浪士取締トップの鵜殿から、殿内義雄と共に、京都残留の希望者の取りまとめを命じられ、数人の同志を得た。3月15日の会津藩邸訪問には同行したが、芹沢鴨、近藤勇らのグループとは方向性が異なり、互いに同志としての認識は無かった。

主導権を巡って芹沢、近藤らと対立した結果、殿内義雄（1830〜1863）は3月25日に四条大橋で暗殺され、根岸らも京都を去る。この間、同志を求めて近畿各地を遊説して廻った。そして4月下旬に大坂に来て姿を現したところ、運悪く、将軍警護の為下坂中の芹沢らに遭遇、詰め寄られ、4月24日、宿舎であった常安橋会所で切腹させられた。

井上源三郎の兄で千人同心として上洛中の井上松五郎の日記に「家里次郎殿、少々切腹いたし浅傷」とある。家里25才であった。

7 新選組の資金は何処から出たのか

お金が無ければ活動は出来ない。清河八郎「浪士隊」が江戸へ帰って、「壬生浪士組（のちの新選組）」は独立したけれど、資金が無い。会津藩御預かりと言っても資金は直ぐに供与される訳ではない。土方歳三の姉婿の佐藤彦五郎に頼る事にした。

佐藤家は武州日野界隈の一の豪商農家で、再三、近藤勇は金子借用の手紙を送っている。この人が第一の新選組パトロンである。佐藤彦五郎には京の話を様々に書き送り、現在でも残っている。しかしこれだけでは到底不足である。隊士は貧乏人の集まりなのであるから、江戸のルンペン的な青年の集団で、壬生の周辺ではパニックだったと思われる。

「新選組記念館」に大河ドラマの時、よくやって来た人の中に「私の先祖はお米屋さんをやっていて、浪士組隊士たちに売り、それがトラブって、追いかけられ、堀川に飛び込んで、流されて死んだんや。」と!!

芹沢鴨は、賢い京都の商人はケチなので、大坂を攻める事にした。芹沢は交渉力が相当あるが、近藤勇は田舎者なので留守番にして、山南、永倉、原田、井上、平山、野口、平間を引き連れて、大坂は今橋の豪商 鴻《こうの》池《いけ》善右衛門の店に行き、二百両の借用を申し入れた。番頭が、その頃流行の浪人の強請《きょうせい》（ゆすり）と、五両を包んで追い返そうとしたので、怒った芹沢は、それを番頭に投げつけた。肝を潰した番頭は奉行所に駆けこんで訴えたが、「壬生浪士であれば会津肥後守の御預かり。丁寧に取り扱え」と指示した。これは大変と、主人の鴻池善右衛門が自ら応対に出て、二百両を用立てた。

ところが、これを伝え聞いた京都守護職松平容保《かたもり》はびっくりし、公務多忙で浪士の管理の手落ちがあるからと芹沢を呼び出して、公用人から「右の二百両、当家から用立てるから、直ちに鴻池に返す様。今後、不足な事があったら、その都度公用人に申し出よ」と申し渡した。そこで早速、芹沢が返しに訪問すると、丁重にして酒肴でもてなしたという。これが「縁」で鴻池と新選組とは、かえって親しくなったという。

芹沢死後の元治元年（１８６４）正月、鴻池の京都店（四条烏丸西北角）に賊が押し入ったのを、パトロール中の近藤、山南敬助が斬り捨て、その礼に近藤が名刀「虎徹」をプレゼントされたとされ、これが「池田屋事件」で大活躍し「虎徹と近藤」が全国ネットで大いに売れた。そして、この年12月に近藤は、守護職松平容保の名で、鴻池をはじめ22人の大坂商人から六千百貫目の銀を借用した。これを仲介したのは鴻池であった。

慶応3年12月に鴻池から二千四百両借用の借用証書が、大同生命の倉庫に残っていて、そのコピーを「新選組記念館」に展示している。土方が借入人、近藤が保証人の証書である。返済は翌年5月末、月4分の利息と書かれている。

■大同生命特別展示の目玉「新撰組借用書」　大同生命WEBサイトより

　広岡浅子が嫁いだ加島屋に関する歴史的資料を一般公開している、大同生命大阪本社（大阪市西区）の特別展示。注目されている展示品の一つに「新撰組借用書」がある。「預《あずかり》申《もうす》金子《きんす》之事《のこと》」と書かれたこの文書は、金四百両（現在の貨幣価値で約二千万円）を月四朱《つきよんしゅ》（〇・四％）の利息で借り、翌年五月までに返済するという内容の証文。借用主として署名しているのは、「新撰組鬼の副長」と呼ばれた土方歳三、また、保証人として局長の近藤勇も署名・押印している。

　実は加島屋の他にも、同日同額の証文が鴻池善右衛門をはじめとした大坂の商家十家に出されている。『新選組日誌』の（一八六七（慶応三）年）一二月八日の項に、「同四千両　大坂山中　組合十家より」（『金銀出入帳』）という記録が残されている（「山中」は鴻池家の姓）。また、鴻池家、加島屋（長田）作兵衛家にも同様の借用書が残されており、「慶応三年一二月」「四百両の借用」「土方が借用主で近藤が奥書《おくがき》という点も一致。大同生命所蔵の借用書も、この「大坂山中　組合十家」の一つだと考えられている。

　新撰組と加島屋の関係。一八六三（文久三）年、鴻池屋に押し借り（借金の強要）に来た浪人を、壬生浪士組が制圧したという事件をきっかけに、新撰組が鴻池屋にたびたび資金援助の要請をしている。また、加島屋が長州藩のメインバンクであったことから、「禁門の変」の後、長州藩との関わりについて、新撰組が加島屋久右衛門の取調べを行ったこともある。（野高宏之「加島屋久右衛門と黄金茶碗」『大阪の歴史』第六八輯　平成18年（２００６））。その時は、加島屋が実質的に無罪を勝ち取ったという経緯があった。

■佐藤彦五郎（１８２７〜１９０２）は、文政10年、武蔵国多摩郡日野宿で生まれる。父は半次郎。母はまさ。長男であった彦五郎は11才で祖父の10代彦右衛門から日野本郷名主、日野宿問屋役、日野組合村寄場名主を継ぐ。弘化2年（１８４５）、石田村の土方歳三の姉で従妹にあたる「とく」と結婚。嘉永2年（１８４９）、日野宿の名主佐藤彦五郎が、自宅（日野宿本陣）で佐藤道場を開き、剣術・天然理心流の多摩での拠点となった。当時、江戸牛込の甲良屋敷（新宿区）に試衛館道場を開いていた天然理心流三代目宗家で近藤勇の義父近藤周助と、のちに四代目となる勇の下には、沖田総司や山南敬助らがいて、佐藤道場に出稽古《げいこ》に出向いた。このため、佐藤道場には地元の土方歳三、井上源三郎のほか、勇、総司らその後新選組の中心となる隊士が顔をそろえ、試衛館にも藤堂平助、原田左之助ら、のちの主要隊士らが居座るようになる。安政2年9月20日（１８５５年2月10日）に小野路村組合の寄場名主・小島鹿之助が近藤と義兄弟の杯を交わしたことに影響され、同じく近藤と義兄弟の杯を交わしている。
風雲急を告げる京の動きは試衛館を通して多摩に伝わり、近藤勇は試衛館、佐藤道場の一門を率い京に上った。

8 斬り得と斬られ損、大坂力士乱闘事件

文久3年（１８６３）も夏に入った。その頃、大坂も浪士が多く入坂し、治安不安定になった為、大坂町奉行所も遂に壬生浪士組（新選組）にサポートを頼んで来た。

同年6月1日、芹沢鴨、近藤勇、井上源三郎、沖田総司、山南敬介、永倉新八、斉藤一、平山五郎、野口健司、島田魁の10人で大坂へ下り大坂は八軒家の京屋忠兵衛方へ落ち着いた。

盛夏の猛暑の翌日、一行は川で舟涼みに出掛けた。芹沢、山南、沖田、永倉、平山、斉藤、島田、野口の8人。船中は不便だと永倉、沖田、平山、斉藤の他は脇差だけで稽古着に袴を付けただけの姿で、一艘の涼み舟を仕立てて乗った。当日は水流が激しく早くて流され、鍋島河岸に着いた。

揚場に上がると、斉藤一が「腹が痛い」と言いだした。それで舟は止《よ》そうと、そのまま河岸を橋のたもとまで行くと、前方に角力取《すもうと》りがブラブラやって来た。芹沢が「側へ寄れ寄れ」と声を掛けると、角力取りは「寄れとは何だ」と傲然《ごうぜん》としている。当時の大坂相撲に、小野川秀五郎という名力士がいて大関であるが、常に勤王を唱え、一朝《いっちょう》事件の時は、力士の一隊を率いて攘夷の魁を行うと、衆を統率していた。従って、力士の倨《きょ》傲《ごう》(傲慢《ごうまん》)の挙動が多く大きかった。

それを芹沢が承知していたからたまらない。今の一言を聞くと「おのれ」と言いざま、腰の脇差で抜き打ちにしてしまった。又、足を早めて蜆橋(北新地辺り)に差し掛かると、またも一人の角力取りがやって来て、前と同じ様な事をする。今度は8人同時に飛び掛かって倒した。こんな事で「喧嘩」をしてしまった。

そして、斉藤一を介抱しようと、遊郭の「住吉屋」に登って手当てをしていると、急に楼外でガヤガヤとしきりに騒ぐ声、芹沢が二階の障子から覗くと、これはしたり、仁王のような肥大な力士たちが五、六十人、手に手に「樫の八角棒」を携え、もろ肌脱いで殺気を満面に含み、口々に、「サア、浪人共を引きずり出せ、有無を言うなら、此楼《ろう》もろとも叩き壊すぞ」と、今にも闖入《ちんにゅう》せんが勢い。芹沢は月影にそれを見て、「ヤアヤア、武士に対して、又々、無礼を致すか、このまま引き取らぬに於いては斬り捨つるぞ」と呼ばわった。

角力取は多勢を頼んで、「何が、たかがヤサ浪人、それ、打ち殺せ」と先を争って入り込もうとするので、芹沢はたちまち身を踊らして地上に飛び降り、腰脇差を引き抜いて身構えた。それを見ると楼上の山南、沖田、永倉、平山その他の面々も身を踊らして飛び降りた。「それ、隊長に怪我をさすな」と、何れも腰の刀を抜きつれて、「よらば斬らん」と、刀の襖をつくる。廓内は、押しつ押されつする混雑、「それ、喧嘩だ」「果たし合いだ」と右往左往に乱れ飛んでの大騒動。

角力取りは八角棒、浪士は大剣や小剣と青眼に構えて散々斬り捲くられて角力取りの一団はたじたじと退いた。永倉も、中でも屈強と見ゆる大男と対戦する内、八角棒で脇差を打たれ、あっという間に脇差がコロコロと溝側へ転げるのを拾い上げて、再び打ってくる角力取りの肩先に深く斬りつけた。平山も胸を打たれ、沖田は額を打たれ、山南は逃げるのを追って、背中に斬りつけた。角力取りは如何に猛勇でも、壬生浪士組（新選組）には敵うはずが無い。皆、逃げ出したので芹沢は「追うな追うな」と同志を制し、そのまま住吉屋に引き揚げた。

やがて、芹沢は近藤勇に事件の顛末を語り、ともかくも、大坂東町奉行に届け出る事にした。それは敢えて「角力取り」とは言わないで「何者とも知らぬ五、六十人人の者どもが徒党を組んで、理不尽の喧嘩を吹き付けて来たから、止むを得ず懲らしめの為に斬り払ったが、その即死四、五人。手負い二、三十人を出したらしい。今宵も再び押し寄せて来たからには、一同でことごとく切り捨てるから、予め承知ありたい」と、訴えた。奉行は大いに驚いて与力に言い含めて、浪士の旅宿附近を堅めさせて保護を加える。

こちらは角力の年寄、熊川、山田川、千田川の三人の名をもって「昨夜、何者とも知れぬ浪人組に斬りかけられ、即死五名、手負い十六名を出した。見付け次第それら浪人共を殺害致す」と、これも奉行所に訴え出た。

しかし壬生浪士組からの届け出によって、よく分かっているから、即刻、三名の年寄を呼び出し「相手と申すは壬生浪士組の人々である、その訴え出によると、理不尽な無礼により、余儀なく斬り捨てたとある。いやしくも武士に対して〝喧嘩〟を吹っ掛けるとは無礼この上ない。無礼打ちにさるるは理の当然でよんどころあるまい」と結局、角力取りは斬られ損、壬生浪士組（新選組）は斬り得となった。

そこで三人の年寄は詫びを入れる事にし、八軒家に酒一樽、金五十両を添えて差し出した。芹沢以下も、遺恨あっての喧嘩でなし、先方から謝って来た事に機嫌を直し、すぐさま一緒に飲み交し、その席で、大坂を打ち上げ京都での興業の時は協力しようと約束した。

それから日を経てからの話であるが、当日は数万人の見物あり角力取りの喜びはもとより、新選組の面々も大満足で、洛中の評判のひとかたでなかった。興業が済んでから芹沢は角力取りを呼んで、何かと御馳走したいと考えたが金が無いので、アイデアで、屯所にしている新徳寺の住職に「弁天池の掃除をしてしんぜよう」と、「しゃにむ」に池の雑魚を取り、角力取りを招待した。

角力取りは、酒は飲むけど雑魚は食べない。何故かと聞くと「弁天の池には昔から主がいるから、後難を恐れる」とのこと。浪士たちは、「尽中報国の吾らに崇ら無いよ」と笑い、角力取りと浪士は仲良くなった。面白い話である。

9 隊士の教養はどうだったのか

永倉新八の談話にこんなのがある。「当時、江戸で募集せられ、京に上った250人ばかりの浪士剣士の群で、さあ幾割が自分の名前を、自分で書けますかねぇ」と言うのがある。上洛した尊王攘夷の浪士と言うのは表面づらで、本当はこういう人が多かったのだ。

芹沢鴨は、水戸の活力ある青年集団天狗玉造勢の筆頭で神道無念流の達人、剣も文も出来た人であった。江戸で入獄した時に詠んだ和歌も、中々の物が残っている。「安政の大獄」により捕縛され入獄、死を覚悟した辞世の句という。

「雪霜に色よく花の魁《さきがけ》て　散りても後に匂ふ梅が香」（梅の花は、他の花よりも早く雪や霜の頃に咲いて雪や霜の白に彩を添える、そして花が散っても残り香があるように感じるものだ）。

近藤勇は努力家で、京都に来てから頼山陽の詩と書を、毎夜2時間位勉強し辞世の「孤軍援絶作俘囚　顧念君恩涙更流　……」と、七言絶句を残した。

土方歳三は「俳句」もやったが、「和歌」もやった。義兄の佐藤彦五郎の影響を受けて、その素養もかなり身につけていたと思われる。辞世に「よしや身は蝦夷が島辺に朽ちぬとも　魂は東《あずま》の君やまもらむ」（たとえ、この身が北海道の箱館で朽ちるとしても、私の魂は貴方を守り続ける）と最期の歌を残している。日野の旧家富沢家に土方の詠んだ「中山道八景」の屏風が残っている。「たちわたるあしたのくもも　色淡きかすみにこむる　木曾のかけはし」、「閑利末く羅《かりまくら》　弥《や》さめの床の山嵐も　雨になりゆく　夜半のさみしさ」、この他六首あるが、何れも抒情ある歌で、とてもあの土方の作とは思えない。上洛の途中、木曽路で詠んだものである。

初期は文盲に近い人も多くいた様だが、元治元年（１８６４）10月、伊東甲子太郎は入隊すると参謀兼文学師範に任命される。さらに伊東は、アルファベットを教えていたとも言われている。

近藤勇の詩は、本名の藤原昌宜《まさよし》、屏風となって、京都島原の輪違屋《わちがいや》に残っている。

10 新選組の警備エリアは?―見廻組とも仲良くやっていた

文久3年（1863）「八・十八政変」では、新選組の任務は、京都守護職の命令があれば出動する事であった。この政変後、市中には敗れた長州の攘夷派が多く潜伏していた。治安は非常に不安定化を増して来た為、守護職は昼夜、市中パトロールの命令を出した。これによって京都市中のパトロールが正式な隊務となった。そして守護職、所司代、二条城御定番、見廻組と新選組の5グループで担当した。

初めは夜間を、次の警備区域に決めた。守護職は東は在限、西は寺町、南は下立売、北は下鴨辺迄。所司代は東は鴨川、西は西洞院、南は御土居（七条辺）、北は五条。東は寺町、西は堀川、南は下立売、北は鞍馬口。御定番は東は寺町、西は御土居、南は蛸薬師、北は下立売。見廻り組は東は寺町、西は御土居、南は五条、北は蛸薬師。東は堀川、西は御土居、南は下立売、北は御土居。新選組は東は東山限。西は寺町鴨川限、南は七条辺迄、北は四条辺迄。東は西洞院、西は御土居、南は御土居、北は五条。

現在の地図で見ると、新選組は東山地区の北部、清水寺、三十三間堂、八坂神社の辺りと、下京の西部、南区の北部、京都駅の西側一帯であった。「御定番組」は、在京の諸大名が編成したもの。「見廻組」は、江戸の旗本・御家人の次男三男から強剣者を集めた組。この組長は佐々木唯三郎、彼は会津藩士手代木直右衛門の実弟で、近藤勇と松平容保《かたもり》の間を取り持った人で、龍馬暗殺も彼と渡辺篤と二人で斬り込んでいるし、清河八郎暗殺も彼らが行った。京都でいう、上の方五条より北は見廻組、五条より下は新選組に分けていた様だ。遊郭も、上の五番町、下の森上七軒は見廻組。下の壬生、島原、七条新地は新選組とエリア分けしていたようだ。

この組二つは、意外に仲良くしていた様である。

11 新見錦（壬生浪士創設時の幹部）の謎を解く。田中伊織は別の人物であったのだ

新選組も21世紀には「薄桜鬼《はくおうき》」が大ヒット、ミュージカル化され大人気である。2015年の6月に、このミュージカルが京都でも上演された。好評で2016年8月にも「ミュージカル『薄桜鬼』HAKU-MYU LIVE 2」として上演された。

その年2月頃、「新選組記念館」に、新見錦《にいみにしき》役の俳優さんが来られた。入館の時、イケメンで佳い感じの青年で、何か筆者も感じたので聞いて見ると、新見役で出演するとおっしゃるので、私も今、仮称「新選組おもしろばなし　百話」を書いているのでその話をした。6月の公演のチケットを彼からプレゼントされ、若い女性の熱気のムンムンする劇場で、私は食い入る様にミュージカルを観た。

さて、この新見錦の謎が解明された。

京都府立総合資料館で新選組の前身「壬生浪士」の幹部だった新見錦（1836〜1863）の本名とされる「新家《にいのみ》粂太郎《くめたろう》」の名が記された借用書が見付かった。「新見」と「新家」を同一人物とする説があるが、この説を補強する資料の新しい発見である。見つかったのは文久3年（1863）5月の三条河原町東入ル、旅籠屋「万屋《よろずや》」での借用書。水戸浪士吉成勇太郎（1823〜1885）ら三人が金八両を借りた証明で連署、その中に「新家粂太郎」の名が記されていた。

幕末史を専門に研究する大阪市の浦出卓郎さんが、同資料館所蔵の万屋文書を調べる中で発見した。研究者の間には、「新見」と「新家」が同一人物とする説があった。新家は水戸藩士で「玉造の文武館党」に加わり、尊王攘夷の志を持って積極的に活動した。文久3年6月、攘夷実行を促す勅使、正親町公董《きんただ》（1839

〜1879）の親兵となって長州に下向、現在の山口県防府市「三田尻」で酒の暴飲を理由に、同年9月15日に自決させられたと記録される。「新家」の記録の無い空白期間には「新見」の名による活動記録がある。「新見」の名は5月以降壬生の名簿から消えるが、今回見つかった借用書は壬生浪士を抜けて、水戸浪士と活動していた時期とも考えられる。

浦出さんは、二人が共に水戸出身で、吉成《よしなり》勇太郎や芹沢鴨と交流があること、新見、新家という姓はどちらも「にいのみ」と読めること、共に神道無念流門下で28才という共通点にも注目する。

新見錦の号は、錦山《きんざん》とも。水戸の出身で天保7年生まれる。

『石河明善日記』では､出自について「乙太郎の倅　金町スルガヤ弟其後江戸へ五六年余り金健（金子健四郎）弟子に成候」と記載。新家粂太郎が弟子入りしたとされる金子健四郎は、神道無念流の剣客、岡田吉利の高弟である。また、この日記からは、同郷の芹沢鴨（?〜1863）は、本名が「下村嗣次」で、元々は武士の出身ではなく、父親が百姓の身分から神職に就いたことがうかがえる。

新見と芹沢の2人は万延元年（1860）水戸で形成した過激派集団「長岡勢」が二分してできた「玉造勢」に参加。玉造勢は、攘夷決行のための軍資金を半ば強引に富豪から調達したため、藩庁が玉造勢の一斉逮捕を命じ、新見らも文久元年（1861）2月頃に捕らえられた。文久2年、清川八郎の恩赦運動で2人は釈放され、翌年、当時幕府が募集していた「浪士組」に応募、京都に向かい、新選組創設に立ち会うことになる。神道無念流免許皆伝の新見は、芹沢、近藤と共に隊長格であったが、新選組の羽織を作るために大坂平野屋から金策をしたためとも、乱暴狼藉をしたためともいい、降格となったという。粗暴だった新見は、文久3年5月頃から、同じ水戸藩の吉成勇太郎に引き取られ、その後長州に行ったと考えられる。

一説によると、吉成勇太郎は、近藤勇や芹沢と相談し、新家粂太郎の謹慎処分を解き、「新見錦」を離脱させた上で親兵にしたが、そこでも酒癖が崇ったようである。同年9月15日、酒癖が原因で、現在の山口県防府市三田尻で切腹して最期を迎えたという。この「三田尻」での切腹が年月を経て伝わるうち、京都の祇園で死んだという事になったのだろう。死んだと言われるお茶屋も、実在していない様である。「新見錦の名は、新家が壬生浪士に所属する前後の文久3年2月から4月の短期だけ使ったのではないか」と考えられる。

又、霊山招魂社には新見が祭神として、長州に下向したメンバーと共に祀られている。(霊山護国社養正社の祭祀名簿)。その名簿には、万屋の借用書に名を連ね、芹沢鴨とも交流のあった今泉与一太郎も含まれている。

ここから考えると、従来いわれていた田中伊織(?~1863)は、新見とは別の人物と思われる。西村兼文(1832~1896)は、田中は壬生浪士創設者の一人で、文久3年9月23日「近藤ノ意ニ応ゼザル事ノアルヲ悪クミ闇殺《やみうち》ス」と書いている。新見錦が近藤らに強要されて切腹したという通説は、実は田中伊織であったのだ。

12 芹沢鴨再考

芹沢鴨、新選組の小説の中で悪役の代表として、常に悪玉・善玉劇に登場。悪玉の主人公として、文久3年9月の壬生雨の夜の暗殺シーンとして一幕を飾って来た。

しかし、京都では芹沢鴨に対する悪名は伝承としても残っていないし、逆に近藤勇の評判の方がむしろ悪い。昭和初期、芹沢の墓を訪れた研究家は、その時老婆が出て来て「芹沢は良い人でしたよ」と言ったという伝説的な話も残っている。

昭和3年（1928）に、日本で初めて新選組の小説を書いた子母澤寛（梅谷松太郎）氏も取材ノートに、「芹沢はそんな男でなかったろうか?」と、疑問を投げかけているし、他の研究者も疑問視している人が多い。先年のNHK大河ドラマで三谷幸喜さんも、佐藤浩一氏演ずる〝芹沢〟、鈴木京香さん演ずる〝お梅〟を、新しい21世紀の新選組への視点で表現された。

「芹沢はどんな男であったろうか? 再考してみたい」。白い肌で、でっぷりと肉付きよく、背丈は5尺8寸（175センチ）。当時としては大男である（当時は、平均身長5尺（151センチ））。目は小さく、細かい縞の着物、白っぽい小倉の袴、羽二重の紋付は人並み以上に大きく、鉄扇を腰に差し、両手を懐中に入れて歩いていたという。腕力は凄く、鉄扇で頭を打たれると昏倒したという。交渉力も富み、会津藩に嘆願書提出の際、八木源之丞に麻の裃（紋付）を拝借、依頼したのも芹沢。前川荘司宅を屯所に交渉したのも芹沢。文久3年初夏に、彼は大坂の鴻池善左エ門と交渉し二百両を借り受け、京都松原の大丸呉服店を呼びつけて「麻の羽織」を特注し、公式用に浅黄地の袖にダンダラを染め抜いて、一寸、義士の討ち入りに似た様なデザインを考案し、隊士全員に採寸させ注文し、それからこれが新選組の隊服として21世紀の今も通用している。隊旗も芹沢が、水戸藩の思想「誠忠」から「誠」とり、高島屋に注文したものという。これらのアイデアも中々である。

又、彼は朋輩を斬った罪で、伝馬町に入獄し、獄中では血書で「雪霜に　色よく花の　魁《さきがけ》て　散りても後に匂う梅が香」と詠んで、獄役人を驚かしている。豪快な気質とは一面違う芹沢の文才を表現している。

思想的には尊攘激派の天狗党の中でも中道的で「近藤勇も文久3年の夏頃に芹沢に影響されて天狗になった」と、土方や井上が故郷に手紙を出した事でも理解出来る。

根岸友山は、その「吐血論」の中で、近藤評を「水戸浪士芹沢鴨と言ふ者の力にて名を得たり」と皮肉っており、「近藤は愚直物であった」と書いている。芹沢鴨の兄二人は、水戸様の家来衆で、本圀寺からよく、立派な服装で壬生へも来ていたという。

彼の関わった事件を検証して見よう。

「朔平門外の変─姉小路公知の暗殺」……当時、尊攘派の志士たちが最も頼みにしていたのは姉小路《あねこうじ》公知《きんとも》と三条実美《さんじょうさねとみ》であった。文久2年4月、二人は攘夷別勅使として関東に下向、幕府と折衝に当った。この公知が文久3年（1863）5月20日、朝儀で深夜、御所を退出の際、朔平門外《さくへいもんがい》の通称「猿ヶ辻」にて暗殺される事件が起こり、芹沢鴨にも疑いが掛かった。芹沢が公知の妾に手を出したという事から犯人として取り扱われた。どうして公知という身分の高い方の妾と芹沢が、関係が出来るのか？　小説めいた物を感じる。（事件は、薩摩の田中新平衛が自決して解決とされた。）

「大坂角力事件」……文久3年6月、大坂へ将軍警護の為に出張していた芹沢たちは、涼を取る為、舟遊びをし、その際、大坂八軒家の浜道で大坂角力の力士とトラブルが発生、その夜、北新地で乱闘事件になったという。この事件は火種を残し、原田佐之助、永倉新八たちにより、元治元年（1864）5月20日、大坂西町奉行組与力・内山彦次郎は暗殺された。

「角屋事件」……文久3年6月末、水口藩の公用方が新選組に対する悪口を言ったのが組に聞えた。局長の芹沢他で京都水口藩屋敷に乗り込み抗議をした。驚いた用人は早速に仲介を二条で道場を開いていた西心陰流の道場主戸田栄之助（一心斎）（1810～1872）に依頼。島原「角屋」に新選組を招待する事になった。6月28日当日、新選組の隊士が角屋を訪れると、新選組での宴会予約が入れられていないので断られた。その上、宴会中にも非常に冷たく扱われた。これを芹沢は怒り、有名な鉄扇で台所の鉢物を割って廻ったという。脇差は抜いていない。今も角屋に多く刀傷が残っている。新選組の刀傷と言われているが疑問視したい。当然局長トップとして、怒らざるを得ない状況、先方の対応である。

「佐々木愛次郎事件」……この事件の始まりは、松原烏丸の因幡薬師の興業で「大虎」の見世物を芹沢鴨が見物し、「偽大虎」と思ってからかうと、本物で吠えられた。次には、オウムやインコの色付を偽物と言って困らせた。これを収めた、芹沢に同行した愛次郎のとりなしに感謝した香具師《やし》（あぐりの伯父）との関わりである。そして、文久3年（1863）8月、愛次郎新選組美男は、芹沢の横恋慕で、佐伯亦三郎に殺された事になっており、佐伯も長州の情報取るため久坂玄瑞に近づき、千本朱雀の藪の中で、芹沢に暗殺されたという。この事件を小説『新選組物語』は、芹沢の横恋慕事件として面白おかしく書いているが、これは創作である。

「三条制札事件」……同年7月24日、天誅組らは、仏光寺高倉の油商八幡屋卯兵衛を千本西町で斬り、三条制札場にその首を晒している。当時、開国に踏み切った幕府の経済政策は崩れ、〝インフレ〟となり、悪徳商人は商品の買い占めを行い、巨利を得ていた。これに目を付け政治資金を強要する志士たちが増えて来ていた。この一端の事件がこれである。初期の新選組は幕府からの支給金も無く困り、京都市内の寺院や商人に寄付を集めに、芹沢を中心に廻ったのであろう。しかし天忠組や他の尊攘派の志士の様に、刀を使って斬るという非行は、芹沢たちは行っていないところからも常識的な行動である。

芹沢の行動や事件を再考して見ると、根岸友山の言っている様に、芹沢が初期の新選組を立ち上げ、有名にしていた事が分かる。彼の暗殺を決定的にしたのは、文久3年8月18日の「八・十八政変」なのであり、これはどの作家も余り研究をしないでいるのが、「禁門の変」の前の〝大政変〟なのであり、「七卿落ち」で有名であるが、その意義を余り考え無く、小説が書かれている。

「大和屋事件」……同年8月12日、会津藩の公用方・広沢富次郎（安任《やすとう》）（1830〜1891）の手記『鞅掌録《おうしょうろく》』。京都守護職職員として広沢は、現場担当者で職務上の事件の報に接した公用方は組の上部組織であり、横にいたものとして極めて貴重な史料と言える。この資料を見ると「浮浪の徒数拾人」による行為とあるのみで、犯人は記されていない。広沢は黒谷で町奉行から連絡を受け、出動の機会を待っていたが、夕方になり鎮火した為出動しなかったが、もし芹沢らが犯人なら報告があるはずで、『京都守護職始末』には、この事件を長州派尊攘志士の傍若無人振りを示す事例としていて、本事件を身内の新選組とはしていない。又、信州松代藩在京藩士の片岡春熙の目録である『莠草年録《ゆうそうねんろく》』では壬生浪士の関与を示しているが、芹沢の名は出ていない。これはどうも風説の類らしい、噂は壬生浪士で、実際は尊攘派の追放浪士だったのではないか。

13 芹沢鴨　異聞

筆頭局長　芹沢鴨光幹《せりざわかもみつもと》（?〜1863）の隠された人間性と、秘められた暗殺事件の動機を考えてみる。

芹沢は壬生浪士組から新選組へと移る脱皮変動期に多発した悪の根源として、文久3年9月18日（16日とも）、秋雨の激しく降る夜に暗殺された。

北原亜以子《あいこ》さんが『降りしきる』（講談社　1991年）の作品を描いておられる。時に芹沢34才。世間に伝えられる記録にも「悪の結晶」の様に表現され描かれている。

では彼はそんな人物であったのだろうか?

知られていないが、中山忠能《ただやす》公の日記に、「有為の志士」と評され書かれている。これは非常に短い文ではあるが、彼の人間性と人柄を新しく皆様に知って貰える貴重なものである。

「文久3年5月24日　巳　小雨陰晴不定

一、公薫朝臣（正親町公薫）入来、大樹（徳川家茂）滞未決　今日必有治定由也。
水浪　芹沢カモ、今泉与一《よいち》太郎《たろう》　有志士ノ事　桃花へ申事頼、後刻遺状」（中山忠能日記）
この中山日記だけでは、悪行強調の巷説を覆す反論材料としては弱い。しかし一方的な史観で塗り固められ、既成概念を見直す一石は、この記録により投ぜられている。

近年の研究では、芹沢鴨は本名が「下村嗣次」で、元々は武士の出身ではなく、父親が百姓の身分から神職に就いたとされる。下村嗣次は、安政5年（1858）9月より始まる、戊午の密勅返納阻止運動に参加したと見られる。そして、芹沢は、新家粂太郎（新見錦）と共に、万延元年（1860）に水戸で形成した過激派集団「長岡勢」が二分してできた「玉造勢」に参加。玉造村の文武館（茨城県行方市玉造）を拠点として横浜で攘夷を決行するため、新家粂太郎らと共に豪商を回り、資金集めに奔走した。玉造勢は「無二無三日本魂」「進思尽忠」と大書した幟を掲げて調練を行い、芹沢は佐原村（千葉県香取市佐原）などで献金活動を行ったことが確認されている。しかし、常総間の水戸藩領や天領に於いて強引な手法を使って資金の取り立てを行ったことにより、幕府代官の佐々木道太郎から幕府に上申が行われ、藩主徳川慶篤は、武田耕雲斎を江戸に呼び寄せて、在府の家臣と議論を行った結果、万延2年（1861）2月9日、不法の者どもを召し捕らえ、場合によっては切り捨てても構わないという指令が下された。

これを受けて、玉造勢の主要メンバーであった大津彦五郎（1838～1861）らは玉造を退去して、宝幢院（茨城県東茨城郡城里町）に移り、自訴を行うが、評定所に拘引され、後に細谷に新設された牢屋に移された。同時に下村（芹沢）、新家（新見）らにも捕縛令が下った。同年3月28日、遊女いろ八（色橋）と芹沢外記貞幹邸にいたところを捕縛され、同日夜、赤沼獄に嗣次（芹沢）は入牢した。6月24日、水戸藩は激派よりの武田らの政務参与を辞めさせ、謹慎を命じ、厳罰派を家老に復帰させたことから、翌文久2年（1862）

9月16日に「引廻之上斬罪之所御大赦に付於牢屋斬罪梟首之事」との処分を受けた。口述書を聞き取った一人に吉成勇太郎がいた。

同年11月21日、武田耕雲斎らが執政に復帰し、厳罰派が退けられた後、12月26日には慶篤から「戊午の密勅」を受納する旨を藩中一等に伝え、政治犯の釈放が行われた。翌文久3年（1863）1月初旬には新家（新見）、同じく玉造勢の兜惣介らと共に、嗣次（芹沢）は出獄することを許された。清川八郎の恩赦運動が、寄与したという。当時幕府が募集していた浪士組に応募、京都に向かい、新選組創設に立ち会うことになる。

芹沢鴨と同一人物であれば、これ以後に名を改めたものと考えられる。文久3年2月23日、清河八郎（1830～1863）の提案の浪士組230名余と共に上京。駿河町奉行・鵜殿民部長鋭《ながとし》（鳩翁《きゅうおう》）（1808～1869）と幕臣無刀流・山岡鉄太郎（鉄舟）（1836～1888）を監督に将軍警国の名目で上洛。しかし清河の幕府への反目で江戸へ召喚となる。芹沢鴨は、武蔵出身の天然理心流の人々と13名で残った。そして「新選組結成」。鴨は、長州藩士で尊攘派の桂小五郎（木戸孝允《たかよし》）（1833～1877）とも交じっている。彼は水戸藩留守居役あたりの仲介で長州藩と接触していたのではないか、桂との線はそんな事が浮かび上がってくる。組の中で意見が対立していた。文久3年の「八・十八政変」で尊攘派分子を追放した京都に、鴨の尊攘派が残っていたので、松平容保《かたもり》（1836～1893）が、近藤勇（1834～1868）に命じて討ったとも言われている。容保側としてはこれの排除に動いた事件が、この暗殺事件であろう。

子母澤寛《しもざわかん》氏の小説により、このスケールの大きい人物が悪人化されているのであろう。「大和屋焼き討ち事件」も尊攘派の志士が実行したと近年されているし、当時財政事情の悪い組の資金調達に彼の交渉力が必要であった。そんな悪い指導者に、人はついて来ない。「八・十八政変」の時には多くの隊員が傘下にいたのは、佳き彼の証明であるのだ。

14 芹沢鴨とお梅の恋

先年、ＮＨＫ大河ドラマ「新選組！」が放映され、新選組人気が燃え上がった。色気あふれる京女「お梅」は鈴木京香さん、東男一杯の好漢「芹沢鴨」は佐藤浩市さんが演じられた。

筆者はその前年に京都市の町作り事業で、「幕末京都ボランティアガイド塾」を立ち上げ、２００名の京都の幕末大好きさんが集まった。その活動の中に、よく墓を研究している珍しいシニアのＨ氏がおられた。「お梅のお墓は西陣にありますよ」と、言っておられたが、大河ドラマの前年、亡くなられ、詳細は分からない。未だ健康で50才代の方で素性はよく聞かなかった。

大河ドラマが始まると、色々な人が新選組記念館にやって来た。その中に「家の先祖が、七条で米屋をしていましてなぁ、あの新選組にお米を売り、お代を貰いに不動堂の屯所に行ったら、何かの勘違いか怒られて逃げて、堀川に飛び込んで流されてしまわはりましたのやぁ」と、三日にあげず、自転車でやってくるので、「お梅の墓が西陣にあると聞いたので、ぜひ、お参りしたいので、探してくれはらしませんか?」と、頼んだら「よろしおますわ!」と、それから熱心に探してくれた。西陣のお墓の博士のようになったが、「色々と墓があって、良い勉強になったが、お梅の墓は遂に見付からへんどした」。それからそのシニアのおじさんを「お梅」とあだ名で呼んでいる。

下村嗣次（芹沢鴨）は、今は茨城県行方市《なめがたし》芹沢（旧玉造町芹沢）となっている、霞ヶ浦のひなびた町で生まれた。江戸期はこの辺りの交通の要《かなめ》で、ここに水戸の活力ある青年集団天狗玉造勢があり、下村嗣次は、その筆頭で神道無念流の達人であった。

中世は芹澤城（行方市芹沢字本郷）があり、芹澤のお殿様がこの地を領し、治世よく、名領主であった。新選組時代の「芹沢鴨」は、芹澤のお殿様にあこがれての命名かも。天正19年（１５９１）３月、芹澤国幹の代に佐竹氏にこの地を追われ廃城。しかし芹澤氏は徳川政権時に復権し、水戸藩郷士となった。また芹澤家は医薬の術を持つ豪族として戦国武将にも知られていた。相模国在住の時から医術と関わりを持ちながら、芹澤家４代当主範幹は京都へ赴いた時に医術を学んでおり、今に伝えられる白薬《びゃくやく》、万病円など疵《きず》の治療薬を提供していた。芹沢城跡も残っている。現在、ご子孫は、病院長をされている名士である。

芹沢鴨と「お梅」との出会いは、隊の買掛金を集金に来た時という。彼女は四条堀川の太物問屋（呉服屋）菱屋の妾で、かなりな美女であった。京都では商人は自分の妾を使って「色仕掛」で売掛金の回収不能先を訪問させ回収していた。お梅もこんな事でやって来て芹沢に会った。最初は泣く泣く、芹沢の言うがままになったが、次第に自分から彼の寝所へ通って来るようになった。「東男に京女」という言葉がある様に、彼女の女心をそそる何かの魅力が芹沢にはあり、お梅には京女の魅力が一杯に溢れており、芹沢はこれに魅かれたのだ。文久3年（１８６３）９月18日、秋雨激しく降る日、お梅は壬生の芹沢を訪れる。丁度その日は「八・十八政変」の、隊の慰労会が角屋《すみや》で催されていた。芹沢はお梅が訪れている知らせを聞いて、平間重助（１８２４？〜？）、平山五郎（１８２９〜１８６３）らと中座して、壬生に帰った。一説には芹沢の酒の中に毒性の物が入れられて、体調を崩して中座したとも言われている。そして二人が愛し合って、少しまどろんだ時、暗殺者は、二人を死の世界に送った。お梅が芹沢をかばった為、お梅共々刺し殺したと考えられる。お梅の死体は引き取り手が無く、西陣の親類に引き渡されたとか、四ツ辻狐塚に捨てられたとか。

先年、芹沢の故郷の、玉造の飯田氏が、西陣の長圓寺（お梅の実家の菩提寺）に葬られたと推定し、長圓寺にある菱屋の墓の砂を玉造へ持ち帰り、お梅の顕彰碑を建てられた。芹沢鴨とお梅は、ついにここで結ばれることになった。長圓寺（上京区笹屋町通智恵光院西入ル笹屋町1丁目537）は、元新選組隊士、島田魁の菩提寺として知られる。

野口の切腹

15 突然の切腹は何故か？・野口健司

文久3年（1863）12月27日の朝、屯所のある前川荘司邸の表門に連なる、右奥の部屋において、野口の切腹が執り行われた。野口健司（1843～1864）は、介錯を務めた副長助勤の安藤早太郎（？～1864）らと共に、壬生寺の合同墓に眠っている。

こんな話が伝わっている。この日、八木家では、その前夜から正月の準備に取り掛かり慌ただしい中で、餅つきが行われていた。そこへひょっこりとやって来た安藤が、「拙者が手伝ってやる」と言いながら、羽織を脱いで袴の股立ちを取り、女中に替わって合い取りを始めた。次いで調役の林信太郎（？～1868）がやって来て、つい先ほど介錯をやった安藤が、平気な顔をして餅つきをやっているのに驚いた。話を聞いた八木家の人達も仰天したらしく、後々まで語り草になっていたという。「一臼」つき終って、安藤が口にした。「昨日まで一緒の釜の飯を食った同志を斬るなんて、いくらなんでもいい気持ちはしませんよ！」。餅つきでもして、一刻も早く忘れたかった、安藤の本音である。

八木家の当主、源之丞《げんのじょう》（1814～1903）は、安藤や林に切腹の理由を尋ねたが、はっきりした〝いきさつ〟は遂に言わず終いであったという。そこで今迄は、何かつまらない事をしての切腹と言われてきたが、近年、滋賀県八日市市で近藤勇書簡二通が発見された。

一通の書簡は、野口切腹と同じ12月27日付で、近江国蒲生郡七里村において、村人同士の〝揉め事〟が発生し、三好織江、大枡屋久左衛門、又、水戸家家来なる面々が、「壬生浪士」を偽って介入した為騒ぎが大きくなり、村に居づらくなった甚右衛門の妻が、新選組に助けを求めて来た為、近藤が、管轄の庄屋代官である小沢文次郎に、仲介の取成しを依頼したというものである。またもう一通は、翌年1月16日付の書簡で、重ねて処置方を依頼する念の入れようである。文面も非常に丁寧であった。

この日付の一致こそが、野口の関与についての大きな意味を持つと考えられ、近藤が内部での「けじめ」を付けた上で、外部の処理に取り掛かった事が推量されるのである。

もともとこの村方騒動については、以前から新選組へと訴えが願い出されており、野口は紛争内容を充分知り得る立場にあった。しかも水戸藩士という人物がからんでいる。野口は水戸出身。旧知の水戸出身者と申し合わせて、何らかの狙いの元に差し向けたという事の様で、或いは野口の親切心からの肩入れが仇になったらしいのである。新選組には「勝手に訴訟を取り扱う事を禁じる」法度がある。事実、近藤もそれまで一切、村方騒動には関わらず突っぱねて来たのに、一転してこれに首を突っ込んでいる。野口の切腹の理由はこれではないか？

さて、野口は天保14年生まれで水戸出身という事以外、分からない。江戸の神道無念流百合元昇三に剣術を学んでいる事から、江戸住みだったらしい。永倉も目録であったが、彼も中々の使い手であったと言われる。

地味でおとなしい人物であった様である。清河八郎の浪士隊に参加し、21才の若さで上洛した。壬生浪士組結成のメンバーの一人であったから、副長助勤という役職に付き、巡察隊を率いて市中警備に付いていた。文久3年（1863）4月、大坂平野屋へ談じ込み百両の借金をした時、土方、沖田、永倉と共に行動している。6月3日の相撲取りとの大喧嘩の時も、乱闘に参加している。「八・十八政変」にも参加している。9月16日の「芹沢事件」で水戸派（芹沢派）とされたグループは消えたのであったが、芹沢派と位置付けられていた野口は、その後も隊内に留まり、職務を遂行している。よく解らない隊士であった。これから見ると、初期の新選組は農村のトラブルまで関わっていた事が分かる。最初はこんな仕事もしていたのである。彼は不幸であったのだ！

池田屋事件

16 新選組の一大ヒット。池田屋事件の発端となった〝枡屋事件〟とは

京都トップの繁華街、四条河原町の東側を北へ歩く、一筋目を東へ「ミュンヘン」というビヤホールが右側にあり、すぐ「志《し》る幸《こう》」の看板が目に入り、その料理屋の前に「勤王志士古高俊太郎邸跡」の石碑が建っている。ここが池田屋事件、発端の大事件の歴史スポットである。

新選組は、当時の幕府の持っていた最高の情報部隊であったのだ。これは全然知られていない事実である。

中島登《のぼり》が、関東駐在の近藤勇直属のスパイであった様に、多くのスパイ隊士がいた。その中で有名なのが山崎烝《すすむ》である。彼は大坂の林五郎左衛門という鍼医者の子で、「香取流棒術」の名人であった。余談ではあるが、棒術は、武士は習得しなかったと言われる。新選組の道場では長巻（柄の短い薙刀）をよく使ったという。創立期に入隊、直ぐ助勤になり、後に諸士取締役兼監察になった。大坂弁を喋るし、大坂、京都の地理も分かっているのでスパイになったのだ。

元治元年5月の末頃、三条小橋の西にある旅宿池田惣兵衛方がどうも怪しいと情報が入った。浪士の出入りが激しいとの事。よく、小説である話が始まる。山崎に命が下った。山崎はまず大坂へ行って天満の船場に滞在し、この店から紹介状を貰い、6月2日に「薬屋」という触れ込みで京へ戻ったという。丁度、6月6日に祇園祭で旅宿は満員であったが、紹介状で泊り込んだと言われる。そしてこの情報を「乞食」に変装して、通る所司代のスパイに投げていたという。目星の中で四条小橋の古道具商の「枡屋」が怪しいという事になった。

そこで6月5日の早朝、沖田、永倉、原田ら20余名で表と裏から踏み込んだ。皆、一目散に逃げ、主人の枡屋喜右衛門は〝秘〟の書類を燃やしていて捕えられた。ここは浪士のアジトで武器、弾薬が多く出て来た。この主人というのは志士の「古高俊太郎」で、これを壬生の屯所で土方が拷問し、池田屋の情報をつかんだという事はあまりに有名である。

昭和初期ここに薬局を経営していた、筆者の京一商の先輩が、これを元に、京の幕末維新の史蹟碑を、私財を投じて建立して歩いたお蔭で、池田屋はじめ石碑が多く残ったのだ。

17 池田屋事件の不逞浪士の陰謀とは

元治元年（1864）6月5日朝、壬生の屯所に連行された、枡屋喜右衛門《ますやきえもん》に激しい取り調べが行われた。しかし、死を決した志士の枡屋は頑として答えなかった。只、自分は「古高俊太郎《ふるたかしゅんたろう》」とだけ自白した。先年、草津にお住まいの方で、〃古高俊太郎〃を地元の人にも認知してもらい、郷士の偉人を世に出したいという熱心な青年が、数度、筆者の「新選組記念館」に来られた。

古高俊太郎（1829～1864）は、今は草津市となっている滋賀県のベットタウン地帯である、近江国坂田郡古高村の郷士で名を正順《まさより》といった。山科毘沙門堂門跡（山科の隠れた桜の名所である）の寺侍で秀才であった。梅田雲濱などに尊王攘夷思想を習い、宮部鼎蔵《みやべていぞう》など大人物とも親交していた。宮部はこの時、古高の家に寄宿していたが、大坂に出張していて難を免れたが、この日夜、池田屋でこの世を去った、勤王の大活動家であった。

古高は、有名な土方歳三の〃前川屋敷の土蔵での「逆さ吊り」の拷問〃により自白した。「一・六月廿日前後、烈風の吹く夜に市内に放火、御所を四方から火で包む。二・これにより参内して来る中川宮と松平容保を途中で討ち取る、他に反長州の公卿や大名も襲う。三・市中の混乱に乗じて、天皇を奪い長州に御動座し奉る」の、大陰謀が露見した。

近藤勇は仰天し、直ちに守護職に急報した。松平容保も驚いて所司代、町奉行と打ち合わせを始め、新選組は三条から木屋町一帯を調べ始めた。

古高俊太郎奪回の為、浪士たちは池田屋に集合した。古高が四国屋か池田屋かと口を割った事も知らずに……そして志士たちは次の三項を、宮部を議長として決議した。

「前策」壬生寺を囲み焼き討ちをもって皆殺し、京都が騒動中に伝奏方に願出して長州勢を京へ迎え入れる。「後策」右、成功せねば伝議の両奏を討ち取り、正論の御方に改革し、朝廷に願って一同切腹する事。「余策」京、一変の上は中川宮を幽閉し、一橋侯を下坂させ、会津の官位を削り、長州を京都守護職に任じ、攘夷一決の議をもって、将軍に顕じ、天下に流布させる事。

これを決議して酒宴となったところを、突如として新選組に踏みこまれたのであった。

この時、桂小五郎も在席ながら、逃げのびたのだ。

18 池田屋事件の謎？　斬り込み人数は少なかった

新選組関係の書物は多数あり、どれにも「この時、折り悪く新選組で病人が続出していて、出動出来るのは30人程しかいなかった。京都の猛暑に負けて夏風邪や下痢で寝込む者が多く、山南敬助もその一人だった」と、一様に書かれている。筆者も、長年の研究の上で分かったのは、この時、組の周辺には色々と事情があり、多くのメンバーを動員出来なかったらしいという事である。つまり、山南敬助を主とした「尊王佐幕攘夷派」の人数があったという事。この人たちは、自分たちと同じ考えの人達への弾圧を拒否して不参加としているらしいのである。これが後の西本願寺移転反対派となり、「山南事件」の原点となったと考えるのである。また、よく池田屋での活躍を言われる山崎烝も、参加していない。彼は、元治元年（1864）5月20日の「大坂内山彦次郎暗殺事件」の犯人として、大坂の奉行所から追われて江戸へ逃亡していた。実際、池田屋事件の報奨金授与のメンバーに入っていない。

さて、事件当日、隊士は個々人別々に変装して、秘密裏に壬生を出発し、祇園石段下の（今はコンビニになっている）南西角の会所に集結して京都守護職からの指令を待つが、会津藩の手兵は一向に来なかった。午後十時近くになって来たので、近藤勇は、自分たちで得た情報が、〃このままでは、絶好のヒットを打てるチャンスを逃す〃と決断した。何故会津藩、引いては守護職の手兵は来なかったのか？　考えてみると、他藩の会議や宴会に、守護職や所司代が一方的に踏み込む事は〃内政干渉〃となり、他藩とトラブルになるのだ。そこできっと守護職からは表立って命令を出さず、新選組独自で襲撃する事にしたのだろう。

古高俊太郎の自白で、四国屋か池田屋どちらかで会合が行われるのは、分かっていた。四国屋か池田屋は鴨川を挟んで、東と西にあった。近藤は、隊を鴨川東側隊2つと西側隊1つの3つに分けた。後述する通り、これは会津藩の指示でもあったようだ。主力は土方隊で東側、更に土方別動隊原田支隊を作り、虱潰《しらみつぶ》しに旅籠、料亭のチェックを始めた。原田支隊には原田左之助と馬が合う（仲が良い）、京都をよく知る河合耆三郎も入ったようだ。西側の近藤隊は沖田、藤堂、永倉と谷三兄弟の六人と筆者は考える。谷万太郎も参加しているのだ。彼はその証として報奨金を貰っている。土方や原田が捜索した鴨川東側の四国屋であるが、現在「木屋町三条上ル東側」にあったされているが、位置が示された古文書では「三条縄手下ル」とかなり離れている。土方隊の池田屋到着が相当遅れているので、「三条縄手下ル」が正しいと思うのである。

さて、不逞浪士は近藤隊が担当した鴨川西側の池田屋にいた。永倉の『顛末記』では、「三条通りの辺りを片っ端から調べていき、ふと三条橋辺りの池田屋惣兵衛方を覗くと、果たして20余名の長州志士が寄り合って、何事か擬議の最中である事が分かった」とある。又、別には、「一人でも多くの不審者を捕縛する為、勇は会津藩の指示に沿って〃壬生勢三頭にいたし遣わし候よう仰せ聞かされ、もっともあり難き心得に御座候『藤岡屋日記』〃と、隊士を三隊にて市中のローラー作戦を開始した」とある。また、「勇はその一隊を率いて捜索中に奇しくも三条池田屋で、新選組屯所から古高の奪還を討議していた一団の浪士たちに遭遇し、その部屋に突入した」ともある。

『顛末記』は続く。「近藤の一団が乗り込むと、主人の惣兵衛はとっさに二階に向かって『皆様、旅客調べでござりますぞ』と声を掛ける。それを、近藤が殴り倒した。声を聞きつけて浪士のひとり、土佐の北添佶磨がうっかり出て来て、近藤と顔を合わせた。驚いて逃げようとするところを、近藤が階段を駆け上り様、一刀のもとに斬り伏せる。はじめて新選組の襲撃を知った浪士たちは、二階から中庭に飛び降りて逃げようとしたが、そこには沖田、永倉、原田（?）の三人が待ち構えている。更に戸外には、ようやく会津をはじめ、諸藩の兵が押し寄せて〝蟻一匹這い出る隙〟も無い。その内、四国屋に向かった土方の主力が、そこには浪士の集結が無いのを確かめて、池田屋に駈けつけて来た。〝袋の鼠〟となった20人程の浪士が、猛然と反撃して来た。」とある。なお、小説的な本によくある「すでに戸口の錠は〝薬屋〟に化けた山崎烝が内側から開けてある。近藤は堂々と表口から乗り込むなり、『御用改めであるぞ、神妙にせよ』と大声を上げた。」との場面はフィクション。前述の通り、山崎は江戸にいて不参加であった。

「いざ戦いとなって刀の目釘など、湿らすのは芝居の事で、戦いに臨んで目釘程大事なものは無いという事を示すものだ。近藤は常々この心得があった。絶えず目釘を手脂で湿していたものだ。」近藤勇と仲良くしていた松本良順の養息、松本楝一郎が後年残した談話である。池田屋での激闘に際して、こうした近藤の日頃の習慣は、極めて有利に作用したと言っていい。近藤勇の〝刀の目釘〟の話も数少ない話で、近藤の力闘や、剣の強さは、近藤の剣に対する日頃からの習慣が大成果の原因であったという事がよく分かる。この近藤勇の大ヒット、池田屋での大勝利は、勇の名を不逞浪士討伐の長として広く世間に知らしめるという結果を生んだ。

近藤はたった数名で池田屋に乗り込んでいる。何故か？　そもそも大人数を動かせる状況でもなく、さらに会津からの「3隊分割の捜索命令」があったからであろう。「池田屋事件の本当」を書いた次第である。

■2016年6月20日、京都新聞朝刊に次の記事が載った。「「池田屋事件」の際、2階に踏み込んだ新選組局長の近藤勇が発した第一声は、将軍や主君の意思であることを示す「御上意」だった可能性があることが18日、宮内庁宮内公文書館に保管されている会津松平家の資料で分かった。ドラマなどでは「手向かいすれば容赦なく斬る」と警告する場面が多いが、今回の資料にこの言葉はなかった。これまで知られていなかった新たな言葉の登場だ。資料は「維新階梯雑誌」で、「会津藩主松平容保が京都守護職になった1862年（文久2年）以降の出来事を明治時代に編さん。」とある。

19 池田屋事件の褒賞金は？――近藤隊に谷万太郎が居た！

新選組の盛名は、一躍轟いた。守護職松平容保は、近藤勇に三吉長道の名刀一振りと酒一樽を贈って労をねぎらった。幕府も新選組の功労を認め、会津藩に預けておいた「浪士金」をもって隊士の行賞にあてる様に通達があった。「6月6日浮浪の徒が、洛内に集屯して容易ならざる企てがあった節、其方へ預けておいた、新選組の者どもが早速出動し悪徒ども討留、召捕り、抜群の働きで鎮圧したことは、将軍のお耳にも達した。ついては新身料（新しい刀の代金）、別段金子を別紙の通り分けあたえ、この上なほ忠勤にはげむよう申し渡されたい」という趣旨で割賦書が添えられてあった。

「金子十両別段金二十両近藤勇、金子十両別段金十三両土方歳三、金子十両宛別段金十両宛沖田総司、永倉新八、藤堂平助、谷万太郎、浅野藤太郎、武田観柳斎、金子十両宛別段金七両宛井上源三郎、原田左之助、斉藤一、篠崎岸三、林信太郎、島田魁、川島勝司、葛山武八郎、谷三十郎、三品仲治、蟻通勘吾、金子十両別段金五両宛松原忠司、伊木八郎、中村金吾、尾崎弥八郎、宿院良蔵、佐々木蔵之丞、河合耆三郎、酒井兵庫、木内峯太、松本喜三郎、竹内元三郎、近藤周平。金子十両別段金十両宛三人へ。」

この三人は死亡した、奥沢栄助と、重傷の安藤早太郎、新田革右衛門の事であると思われる。

当時の一両は現在の10万円、十五両で１５０万円、みんな島原で大散財したのだろう。

山崎烝は貰っていないので、彼の活動した話は嘘である。谷万太郎が十両なのに、原田左之助が七両である。

これから見ると、近藤隊に谷万太郎がいて、原田がいなかった事がよく分かるのである。

20 池田屋事件で折れなかった〝虎徹〟

池田屋の斬り込みで、永倉新八の刀は折れ、沖田総司の刀は〝切っ先〟が折れ、藤堂平助の刀は刃がこぼれて〝ササラ〟の様になったというのに、近藤勇だけは「下拙《げせつ》の刀は虎徹ゆえに候や、無事で御座候」と手紙で自慢している。実際に近藤の虎徹はよく斬れたらしく、その事が隊内でも評判になり、谷三十郎や林信太郎、島田魁などが、八木源之丞に、「拙者らも近藤先生にあやかる様に虎徹を手に入れたいが、世話をして下さい」と頼んでいる。

刀匠の虎徹《こてつ》（1605？〜1678？）は、慶長10年（1605）頃に越前で生れたという。家は代々、甲冑師《かっちゅうし》だった。明暦2年（1656）51才の頃に、江戸に出て〝刀匠〟に転向した。古い鉄の処理に長じていたので、銘を「古鉄」としたが、後に改め「虎徹」とした。「虎入道」としたものもあるが、偽物が多く出回っていた。この近藤の〝虎徹〟も実は偽物ではなかったかとも言われている。近藤は江戸で刀屋から騙されて、山浦清麿の刀を虎徹に変形した刀を、知らずに買い、近藤は虎徹と思い込んでいたらしい。

子母沢寛氏は、近藤が京都で活躍中、将軍家から拝領したもので、政治家・金子堅太郎氏が持っていたが、「関東大震災で焼けてしまった」と述べており、本物説である。鴻池からのプレゼント説もある。近藤が鴻池へ忍び込んだ賊を斬り捨てた時、礼に貰った物ともいう。先に述べた、刀の目釘の話もある様に、近藤の剣術は常に実戦へと動き、彼の度胸の大きさも相まって、戦闘の時の実戦剣では大きい効果を発揮したのだ。近藤ありて、始めて無銘の剣も名刀に変わったのである。

「弘法筆を選ばず」という事なのである。

21 スパイ隊士山崎烝の謎？──山崎は池田屋事件の時いなかった

「池田屋事件」のスターは山崎烝《すすむ》となり、小説やテレビでよく姿を現わす。『島田魁日記』には「当組、島田、浅野、山崎、川島、是を探索し…云々」とあって、山崎が、4人の密偵の一人として働いていた事を認めている。しかし近藤勇の書簡には「間者三人差し出し置き云々」とあり、密偵は三人だと言っている。山崎は行賞金を貰っていない。島田魁、浅野藤太郎、川島勝司の三人は、それぞれ二十両から十七両貰っている。

おかしい話がかなり有名だ。「近藤が斬り込んだ時、山崎は浪士の刀を隠し、表戸の錠も外しておいた」とあるが、これは創作めいている。そもそも山崎は、沖田総司と原田左之助が、元治元年（1864）5月20日、大坂西町奉行与力の内山彦次郎を斬殺した時、その手引きをした後、大坂西町奉行所の厳しい追及から逃れて、熊本から長崎に高飛びし、10月に一旦大坂に戻ったが、直ぐ江戸へ下った事実があり、池田屋事件の時は、京、大坂には居なかったのである。更に江戸で名も「山崎要蔵」と変え、榊原健吉の道場に転げ込んでいた。将軍剣術指南となった榊原が、文久3年（1863）3月に将軍家茂の上洛に従って入京した時、山崎と面識があり、その縁を頼って行った由である。

榊原は、山崎がそこで挙動が不信なので、山崎の留守中に持ち物調べをすると、分不相応な大金と刀が出て来た。そこで山崎に問いただすと「内山殺害の一件を自白した」と言われている。

池田屋事件では山崎は活躍してなくて、島田、浅野、川島の三人が活躍したとされたのだろう。

小説の創作で、山崎が池田屋事件の一大立役者にされたのである。

22 「池田屋事件」でスパイをしていたインテリ隊士、浅野藤太郎

「しばし待て、同じ浮世の人ならば、共に三ッ瀬の川や渡らん」。元治元年（１８６４）6月12日に「明《あけ》保野亭事件《ぼのていじけん》」で切腹した、会津藩士芝司《しばつかさ》の葬儀に翌日参列し、この弔歌《ちょうか》を詠んだ、浅野藤太郎《とうたろう》（?～１８６７?）。薫とも忠雄とも。備前出身の医師だったという。

文久3年（１８６３）7月以降に入隊。池田屋事件では山崎（実は池田屋不参）と事前の探索にあたり、当日は近藤勇と共に屋内で戦闘したともされ、金十両別段金十両の恩賞を受けている。文久3年（１８６３）7月頃の編成には名前は無いが、探索の為京を離れていた可能性もあり、阿部十郎（１８３７～１９０７）が同年秋に大坂で浅野と会ったと言っている。

永倉新八は、彼を副長助勤と書き残している。慶応2年（１８６６）9月12日の「三条制札事件《さんじょうせいさつじけん》」で斥候を務め、敵前を通る事を臆した為、除隊処分とされる。阿部十郎の遺談によると、除隊後の慶応3年に、伊東甲子太郎《いとうかしたろう》らの御陵衛士の屯所を訪れたが、新選組と御陵衛士との間には編入を禁ずる約定があった為、伊東らは、暫く潜伏させた後、土佐へ逃亡させるよう計画した。しかし浅野は新選組を勤王化させる為に、近藤勇を説得しようと屯所に出向き、捕まり、葛野郡《かどののぐん》川勝寺村（京都市右京区）で、沖田総司に斬殺されたという。

島田魁の『英名録』（新選組隊士名簿）には、芹沢鴨以下、長州のスパイや幕臣取り立てに反発して切腹したメンバーの列記にあり、その中に「田中藤太郎」とされる隊士がいる。田内知とも、浅野藤太郎を誤認したものとも考えられる。

23 池田屋事件で組を脱し、敵側で出席していた、越後三郎とスパイ隊士たち

その1、越後三郎

元治元年6月の池田屋事件。新選組が大ヒットを打ち、一躍全国にその名を轟かした大事件。その敵側に元新選組隊士が出席していた事は、殆んど知られていない。この出席者は、越後三郎（1839～1892）。長州のスパイとして入隊した隊員で、文久3年（1863）6月頃、初期の「浪士組」に入隊した。その後「八月十八日の政変」にも参加し、国事探索方（スパイ）として活動していたが、同年9月25日、荒木田左馬助《あらきださまのすけ》（1838？～1863）らと計り、永倉新八（1839～1915）、中村金吾を暗殺しようとして失敗して、長州のスパイだと発覚し、翌26日、井上源三郎、沖田総司、藤堂平助に襲われるが、松井竜三郎、松永主計《かずえ》と共に逃走した。同日、御倉伊勢武、荒木田左馬之允（左馬助）、楠小十郎は断首。

一説には、彼は越後糸魚川出身で、天保10年（1839）5月5日に松山恵治良《えじろう》の子として生れ、松山良造、三郎、一郎の変名も使っていた。新選組を脱走後、元治元年6月の池田屋にも出席していたが危機を脱し、その後、同年7月19日「禁門の変」にも参戦したが、京都に潜伏し、その後長州のサポーターとして活動。維新後は海軍に出仕して明治8年（1875）に退職後、越後糸魚川で私塾を開いたが、のちに京都にやってきている。きっと京都にアジトがあり、その関係の女性が居たと思われる。明治25年（1892）2月28日54才で没した。

慶応4年（1868）1月、「鳥羽・伏見の戦い」の時、幕府伝習隊の歩兵奉行並・佐久間近江守信久（1833

〜1868）や歩兵頭・窪田備前守鎮章《しげあき》（1827〜1868）が、長州のスパイに討たれている。佐久間の馬丁（澤田鉄太）は佐久間の遺髪を取り、戦場を離脱、明治期に佐久間家に現われた。彼は長州のスパイであったが、恩義は恩義として応えたのだ。

長州は伝習隊募集の頃から、その中にスパイを送り込んでいた。早くから情報戦を展開していたのだ。

■永倉と共に長州スパイに襲われた新選組隊士中村金吾（?〜?）は、備中出身。初期の入隊者で、文久3年（1863）5月迄に入隊している。同年5月25日に壬生浪士35名が連名で幕府に提出した呈上書（攘夷断行と兵庫開港反対）に名前がある。同年の「八月十八日の政変」にも出動。越後三郎らに永倉と共に襲われたが未然に逃れた。元治元年（1864）6月の「池田屋事件」では、土方隊に属して、池田屋屋外戦で戦った。褒賞金十両と別段金五両を受ける。同年7月19日の「禁門の変」に参戦。同年12月の編成では、尾関雅次郎（1844?〜1892）らと共に、旗役として行軍の先頭を勤めたが、慶応3年（1867）6月頃に離隊した。その後については分からない。この様に離隊した隊士も相当に居た様である。
■窪田鎮章は、清河八郎を殺した刺客の一人で、古屋佐久左衛門と共に英国の歩兵操練を翻訳した。

その2、松井竜三郎

初期の隊には長州のスパイが相当入り込んでいた。松井竜三郎もその一人である。竜次郎ともいいう。文久3年9月25日に仲間らと計り、永倉新八らを暗殺しようとして失敗して、長州のスパイが発覚し、翌26日、沖田総司、藤堂平助に襲われるが、窓を破って脱走した。その後の事は分からない。

その3、松永主計《かずえ》

松井主膳とも言われ、文久3年6月頃に入隊し、同年の「八月十八日の政変」にも出動した。長州のスパイとして沖田と藤堂に襲われたが、背中に一太刀を、浅く浴びただけで逃走した。その後は不明である。

その4、荒木田左馬之助

左馬之助（1838?～1863）は、翌26日に屯所で結髪中を長州のスパイとして、林信太郎に斬殺された。24，25才といい。新選組慰霊碑に刻名されている。

その5、御倉伊勢武

御倉伊勢武は美倉伊勢太ともいい、結髪中を長州のスパイとして、斉藤一に斬殺される。27、28才と伝わる。慰霊碑に名前がある。

24 腰抜け薩摩人と介抱した新選組隊士の面白い話

幕末京洛史上、屈指の刀槍戦である「池田屋事件」。それは一夜で終りを告げたが、この事件後、数日間は、余党狩りが市中各所で展開された。残敵掃討は峻烈かつ徹底したものだった。

「一、七日夜、祇園茶屋一名不分、薩人一人、芸者杯呼寄相滞居候處、壬生組ヨリ調べニ参リ、寝間ニ押入リ候。」

池田屋事件の二日後、元治元年6月7日の夜に、東山の祇園の某茶屋の二階で、一人の薩人が馴染みの芸者を呼び寄せ、暑気払いの遊びに興じていた。そこへ残党狩りのため、新選組が屋内探索にやってきた。隊士たちは各自、抜き身をさげていた。踏み込んだ時、両者は同衾中であった。男と女が抱き合っているところに突如、無粋な隊士が現れた。二人は、びっくり仰天慌てて離れた。そしてそのまま隊士の指示に従っておればよいものを、何を勘違いしたのか分らない。不審を招く行動に走った。「マッパダカ」のまま、いきなり手摺を乗り越え、二階から身を躍らせたのである。落ちたのは中庭、そこには待機中の隊士が無数の槍を天に向けて突き立てていた。その真っ只中に男は落下した。ドスンという鈍い物音が響いた。打ち所が悪かったのか男は落下時のショックで失神し醜態をさらけだした。仰天したのは、中庭にいた隊士も同じだった。予期せぬ裸体の人間が、頭上から降ってきたのである。その時、咄嗟《とっさ》の判断が功を奏し、何とか串刺しだけは避けられた。だが落ちた人間は、死んだみたいにピクリとも動かない。無様《ぶざま》な男の姿を眺めた隊士は失笑したが、隊士の一人が駆け寄り、抱き起して気付け薬を嗅《か》がせた。応急処置のお蔭で正気に戻った。尋問に対し、なんやらかんやらと一向に要領を得ない。薩人であることが、分かった。そして本人は自決するというが、薩藩と交渉し身柄を引き渡した。同衾中に夢を破られた青年の面白い話である。

禁門の変

25 余り知られていないお話。「禁門の変」の時、伏見での戦況は

元治元年（1864）6月12日、「池田屋事件」の悲報が、長州藩に伝わった。14日、長州藩内で京都進発の論議が沸騰。この日、採用となる。翌日、長州藩、進発開始。長州遊撃隊総督・来島又兵衛、遊撃隊四百名を率い山口を出軍。それから、長州勢は続々と上洛した。

6月17日、朝議、戦いを避けるため、七卿赦免の請願を名目とする長州兵の入京を許可。

6月21日、会津藩、見廻組、新選組、彦根藩、大垣藩、京都の警戒につく。22日、長州藩遊撃隊来島又兵衛、四百名を率い大坂から伏見に進軍。24日、長州先発隊、家老福原越後と遊撃隊五百名余、伏見到着。福原は表向きの目的を江戸に行って藩主父子の為に弁疎すると称したが、諸隊が過激な振る舞いをしないように鎮撫すると言ってそのまま伏見に滞留していた。伏見長州藩邸に布陣の福原越後の軍、長州藩、武力を背景に建白書を持って強硬に入京を要請。京留守居役・乃美織江を通じ京都所司代に上洛届けを提出。久坂玄瑞・山田顕義・真木和泉らの長州軍・浪士軍三百名、23日夜半、淀川を遡り、この日午後、山崎に上陸、天王山宝積寺（京都府乙訓郡大山崎町銭原）に陣を張る。同月27日、長州の伏見軍、入京願いを出す。四百余の長州兵、密かに天龍寺に入る。来島又兵衛は第一方丈を本陣とし、国司信濃は妙智院、児玉民部は真乗院に入る。

6月、こちらは京都守護職会津藩、薩摩勢と連絡を取って、何時でも長州勢と戦端を開きうる様、準備されてある。6月24日、会津藩では神保《じんぼ》内蔵助《くらのすけ》が侍大将として、軍事奉行の林権助《ごんすけ》を参謀長に藩兵二百名を率いて、

〝葵〟の定紋を染めぬいた旗を立て、銭取橋をかためる。又、幕府の見廻組頭取・蒔田相模守広孝が、組頭・佐々木唯三郎（只三郎）を参謀として幕臣三百名を率いて、これも銭取橋を守る。新選組は隊長の近藤勇から沖田、永倉、井上、藤堂などの副長助勤まで、甲冑に身をかため、隊員は例の浅黄色の羽織の制服を着け、総勢百名が会津藩に属して特殊の一隊となり、同じく竹田街道銭取橋を守った。新選組は、28日には鴨川九条河原町に陣を敷く。

両軍は睨み合っている中にどんどんと時を過ぎ、しかも形勢は刻々と険悪を告げ、どちらかが手を出せば、今にも破裂しそうな気配が十分にみなぎっている。会津藩の傑物林権助は、対陣中の士気の頽廃《たいはい》を恐れてか、毎日々、時を定めて軍令状を読み聞かせる。その要旨は、陣中にある時は、いよいよ開戦の暁の心得、進退の駆け引きなどであった。又、先陣、後陣と守備兵を分けて、先陣は銭取橋の橋際に、後陣は橋から約三丁ばかり後方に於いて、万一に備える。新選組は常に先陣に立って戦端の開ければ、「第一の功名をせんもの」と、赤地に〝誠〟の隊旗を押し立てて異彩を放っていた。

長州勢が、嵯峨の天龍寺、山崎、伏見の三ヶ所に陣取って敢えて戦わず、あたら日を重ねているのは理由があった。それは藩侯毛利長門守定広並びに毛利淡路守元蕃《もとみつ》と五卿の一行が、ほどなく着京して最後の手段を講ずるという期待があったからである。幕府方もそれを知っていて、もし着京する事あれば面倒な事になると、こちらから機先を制して、是が非でも長州勢を追い払わんとの方針を決した。

そこで7月3日、大目付永井玄蕃頭《げんばのかみ》（永井尚志《なおゆき》）が、伏見の陣に赴き、侍大将福原越後に面会、翌日、伏見奉行所において、「嵯峨天龍寺、山崎、伏見の兵は、何ゆえあって陣容物々しく控えるや。是非の論議はおっての事、兵を全部引き払う様にされよ。福原越後のみが少数の手勢を率いて嘆願の趣旨を上呈すべし」と、談判した。すると福原は、両侯らの着京を見るまでは踏みとどまろうと言う心底であるから、「それでは9日迄、猶予に預かりたい」と言う。「それは決してまかりならぬ、もし9日限り引き払わぬに於いては、兵力に訴えても、この方の要求を貫徹致す」と、玄蕃頭は頑として聞かない。兵力の権衡《けんこう》（つりあい）を失う長州の福原は、ついにやむをえず「然らば、よんどころござらぬ。引きとるでござろう」と約束した。

ところが当日になると、中々引きとりそうに見えない。新選組は同夜、伏見の長州邸を夜襲する手はずで其々準備していると、幕府の本陣でしきりに法螺の音が聞こえる。耳をすまして聞くと、それは〝寄せ貝〟だ。そこで会津勢も見廻組も新選組も、取り敢えず駈けつけてみると、形勢は早くも開戦と定まり、中にも大垣藩のかためる伏見稲荷の関門は激戦になりそうというので、会津の一隊は援兵を繰り出せとある。やがて神保内蔵助の手勢半隊150名を割いて新選組に合し、伏見稲荷の関門守備とし差し向けた。

これより先、長州の福原越後は、伏見奉行の林肥後守忠交《ただかた》に、「先日、大目付より今日限り伏見引き払いを命ぜられた、について、いよいよ只今、出発致す。何とぞ人馬の拝借を願いたい」と申し出た。林はこれを真実と思い、言うがままに人馬を提供すると、越後は手勢を天王山に引き上げると見せて、伏見の関門を突き、彦根の井伊のかためを槍や鉄砲で脅しつけた。驚いたのは小勢で守っていた井伊藩でひとたまりもなく逃げ出して桃山に退く。福原越後の心底では、この関門を通過して叡山に立て籠り、京都随一の食道たる「江州米」の移入を扼《やく》止《し》して兵糧攻めにしようという作戦であった。

折から銭取橋から繰り出した会津勢と新選組の一隊が、急を聞いて駆け来たり、ゆうゆうと関門を通過した福原越後の手勢をくい止め、再び長州勢を関門外まで追い込んだ。しかるに福原は、何とかして叡山を攻め落そうと引き返し、「問答無用、挨拶は鉄砲でする」と、しばしば揉み合ったが、とかくする内、福原は流れ弾にあたって頤《おとがい》（下あご）に負傷したので、逆襲ものにならず再び伏見へ引き揚げてしまったので、会津勢と新選組はひとまず稲荷の境内へ引き返した。この後は、京都御所へ急行したが、そこでの戦いは終わっていた。

26 〝六角獄舎の悲劇〟に、新選組がサポートしたか？

壬生屯所跡、旧前川邸跡から光縁寺の隊士のお墓に参って、四条大宮のターミナルへ出る。北へ交差点を渡って阪急四条大宮駅の西側の大宮通りを北へ歩を進め、錦小路、蛸薬師、そして六角通。「姉さん六角、蛸錦」と「京の数え歌」にある六角通を、大宮通から西へ歩くと、お寺がこの辺りにも多く並んでいる。西の寺町である。左側に更生保護施設「盟親《めいしん》」と表示された建物がある。その入口に石碑が建っている。

「禁門の変」のどんどん焼け。河原町御池の長州藩邸を留守居役が放った退去の火と、京都御所での戦闘で堺町御門の鷹司邸への砲撃の火の、二手の火が下《しも》へ焼け広がった。折からの北風で市街の大半を焼き尽くしたのだった。

この時、火が六角通千本の「六角獄舎」に迫って来た。通常は獄が火災に会った時は「切り放ち」と言って、三日以内に戻れば良い事を条件に解放するのだが、この時、西町奉行所の滝川播磨守具知《たきがわはりまのかみのぶとも》（具挙《ともあき》）の判断で「国事犯は全て斬る様に」と命令が出され、獄では、すぐ近くの屯所に残っていた新選組隊士に応援を求め、隊士が槍で突き殺したと言われ、それを、隣の武信稲荷社《たけのぶいなりしゃ》の大木に登って見たと言う話が、近所に残っている。

この時、この獄舎には、池田屋事件の発端となった古高俊太郎《ふるたかしゅんたろう》、「生野の変」の主謀者、平野国臣《ひらのくにおみ》ら、三十三人が収容されていた。平野の辞世（彼は有名な歌人であった）「憂国十年、東走西馳、成敗在天、魂魄帰地」（国を憂え奔走すること10年、東西に駆けずりまわったが、成功も失敗も天が決めること、身も心も地に帰す）……。だが、何と、火の手は堀川で止まり、獄舎は焼失しなかった。これについて、「安政の大獄」で捕らえられていた村井正礼《まさのり》が記した手記『縲史《るいし》』に当時の生々しい記録が残る。「午後になってから、数人の役人が槍を手にして、獄吏を先立てて、監房の外を往来する。先《ま》ず但馬一挙の人、平野国臣、横田精之《せいし》、大村包房《かねふさ》、本多素行《そこう》が呼び出されて去った」。

「六角獄舎」1102坪の広大な敷地には、本牢、キリシタン牢、女牢、上り座敷があり、未決囚を収容していた。本来は、思想犯専用の獄舎であり、与力同心、獄吏の囚人に対する対応は丁寧なものだったという。獄舎内での自由な読書なども許されていた。だが、拷問、粗末な食事、風邪、「牢瘡」などの病で体力を落とし、獄死する囚人も多かった。六角獄舎は処刑場ではなかったが、敷地の北西隅に処刑台があったともいう。残念ながら三十三人の首を洗ったという「首洗井」は埋め立てられたらしい。

「殉難勤皇志士忠霊塔」と「平野国臣他勤王志士終焉の跡」、「日本近代医学のあけぼの　山脇東洋観臓之地」の石碑が残る。

27 短期間スパイとして活躍し斬首された、京都出身の隊士・河島勝司

どんな人間にも生涯、光り輝く時がある。新選組の京都出身の河島勝司《かわしまかつじ》も、その短い人生を光り輝かせた元治年間だった。山城国葛野郡川島村出身の彼は、元治元年6月上旬から翌7月上旬にかけての、約1ヶ月間が、短い人生に於ける絶頂期であった。彼は、長州軍の動向を探るスパイであった。彼は新選組に入隊した時期は古く、壬生浪士組時代であった。文久3年（1863）5月頃で、同月25日付で総員の34名が連署して幕府に

差出した「上書」にも、彼の氏名が書かれている。その3ヶ月後の「八・十八政変」の時、御所の警備要員として同行したと思われる。

彼が特に注目すべき活躍をするのは、元治元年（1864）6月5日の「池田屋事件」の直前の不逞浪士に対する探索活動からである。そのスパイ活動は、具体的には、その仕事の性格上明確ではないが、島田魁ら数名と共に不逞浪士の動向を探る裏方を担当していた事が『島田魁日記』にも少し書かれている。そして任務は裏方に止まらないで、出動人員の不足もあってか、同夜の斬込みにも、後続隊の土方隊の一員となり、池田屋に斬り込み、この時の働きにより17両の嘉賞金を拝領している。そして6月下旬から7月上旬にかけての嵯峨方面への〝スパイ出張〟は、彼一人で行った形跡が深くあり、潜在能力を発揮した特筆すべき任務であった。

前年の「八・十八政変」で敗れた長州藩は、朝敵の汚名を蒙り長州へ退却したが、翌元治元年6月下旬、長州軍精鋭部隊が武力による入洛を果たそうと、京の周辺に迫った。西方部隊主力が嵯峨天龍寺をメインとして駐屯した。この地域を彼は〝スパイ〟として出張し、壬生屯所の上司に次の様な探索結果を送っている。

「一、昨朔日、太秦三条通リ北、常盤村通リヨリ、人数凡百三十人計リ、天龍寺へ入込候。外ニ諸方間道ヨリ、大工職人、手伝方数十人ヲ以テ、陣屋様之物取建、右山之頂キニ陣屋1ヶ所、都合2ヶ所、今、正午刻迄ニ取建候事。一、扠、天龍寺地理門前ヨリハ、西ハ清滝川境、此道法《みちのり》壱里計リ、南ハ桂川、北ハ愛宕道此道法、凡壱里半迄右ノ間ニ則、天龍寺境内、井亀ノ尾山、小倉山共、此中ニ野々宮、常寂光寺、祇王寺、釈迦堂、清凉寺有之、委数ハ別紙。一、大砲廿四門、天龍寺境内八方ニ置、一門ニ付六人放火術方守護有之事。」ｅｔｃ

彼は桂川島村の出であるので、地の利を得てスパイ活動を為し、第二便も送っている。

これを見ると長州軍は背後からの攻撃も配慮して西国街道の要、渡月橋の南詰めの法輪寺にも警備兵を配置していた。その他、本陣である天龍寺を中心に交通の要衝や小高い山に若干の兵士を分散し、望遠鏡を使って、敵の動きに対応していた。指揮官の常駐する本陣（天龍寺）の出入のチェックは厳しかった。独自の通行証を発行し出入をチェックし、敵のスパイの潜入を防ぐ、念の入れようだった。その一方で地元住民への人心掌握にも努め、滞在中の経費は、その都度支払い、増築の手間賃などは先払いするなど、好印象を持たれる様に心掛けていた。河島はこうした裏事情迄把握し報告していた。この働きによってであろう、その後、平隊士から伍長に昇進した。その頃から怯弱《きょうじゃく》（臆病）な行為が目立ち、本人もやる気を失い、不適格者として除名となった。生活の基盤も失い恥さらしの身は、実家にも帰れない。彼は悪の道に入って行った。新選組の名を使っての金品の強奪。洛中にたちまち悪事の噂は広がった。そして同志の手によって捕われの身となった。不埒《ふらち》千万と剃髪され、二条河原で打ち首に処せられた。絶命の刃を振り下ろしたのは、富山弥兵衛豊国であった。

色々な事件（慶応元年）

28 大坂の池田屋事件といわれる「ぜんざい屋事件」の英雄、谷万太郎

谷万太郎（１８３５～１８８６）は備中松山（高梁《たかはし》）の出身、谷三治郎の次男として、天保6年に生れた。万吉とも記す。種田流槍術、直心流剣術の習得者、新選組七番隊組長を歴任した、谷三十郎（１８３２？～

1866）は実兄で、近藤勇の養子になった、谷周平（1848～1901）こと、昌武は実弟。安政3年（1856）家が断絶して浪人となり、大坂に出て、公卿中山家の侍医の岩田文硯の食客となる。彼は板倉侯（備中松山城主）の娘さんと不義したとも言われる。女性には魅力ある青年剣士だった様である。そして岩田の次女スエを妻として、二男二女をもうけたが、末子の弁太郎以外は早世したと言う。大坂での万太郎は槍術、剣術の特技を活かし、南堀江に槍・剣術道場を開設する。そして、ここで原田左之助に槍を教えた事が〝縁〟で、万太郎が新選組に入隊したとされている。

万太郎の入隊の時期については、一般に文久3年（1863）中とされるが、その後も大坂で道場を経営しており、どうも一般隊士とは違った様だ。結城無二三《ゆうきむにぞう》（1845～1912）の様に、「見廻組」であり新選組のサポーターの様な人も居るので、彼もきっとそんな形の隊士と思われる。元治元年（1864）6月5日の「池田屋事件」の恩賞金のリストに、谷の名があるのもよく分からない、彼も参加していたのではないか。三兄弟参加の可能性は大きい。

阿部十郎（1837～1907）の面白い証言がある。「其時分に私が26才の年でしたが、数えてみれば確かには覚えませぬが、大坂に参りまして、心斎橋を渡りますると、下手に入りました。其処へ、備中松山の藩で谷万太郎という者の塾が御座います。それが撃剣の師範をしておりました。それへ頼って参りました。それで其の塾へ入りまして居ましたが、其時分に聴き及びまするに、「京都に新選組が出来ました。是は勤王家で攘夷家である」と言う事を、私は聴き及びまして、谷万太郎と言うのが、是は私の師匠でございますから……中略……辰巳あたり彼処等の金満家の番頭や何か、大分弟子が御座いまして、それへ出ましたり、何かしておりました。其中に新選組の噂が御座いますのもでそれから、師匠も勤めまして、私も共に上京を致しました」（史談会の話）

谷万太郎

万太郎は道場主として、隊士の勧誘もしていた様である。

元治元年（１８６４）11月作成の行事録には、伊東甲子太郎（１８３５～１８６７）の二番組に配属されている。慶応元年（１８６５）、門弟の谷川辰吉（１８２２～１８９４）から、土佐の志士が長州を通じて、反幕の大坂市中放火計画の情報を伝えた。そこで兄の三十郎と、門弟の高野十郎（阿部）、正木直太郎と共に４人で、松屋町の「ぜんざい屋石蔵」を襲撃、土佐の大利《おおり》鼎吉《ていきち》（１８４２～１８６５）を斬殺した。１月８日である。

兄・谷三十郎が祇園石段下にて斬り殺された慶応２年４月１日の後に、万太郎は新選組を離隊したように思われる。

維新後、大阪で道場を開いたりしていたが、明治19年（１８６６）６月30日他界した。享年51。墓は大阪市北区兎我野町の本傳寺で、兄三十郎、弟昌武と共に眠っている。

29 山南敬助《やまなみけいすけ》の切腹前夜に、異変があった事

山南の脱走と切腹事件には、色々と説があり決定打はない。色々の説があるが、これに関連する史料があったので紹介する。

壬生川通仏光寺東南角に「肥後藩邸跡」の碑が建っている。新選組ファンは坊城通か綾小路通を通り、旧前川・八木屋敷に行くので誰も気付かない存在である。

この屯所より至近の場所にある肥後藩京都留守居役・上田久兵衛が、郷里の父親に差し出した手紙に、面白い出来事が記されている。山南切腹の前日、元治2年（1865）2月22日の夕刻の話である。

「昨夕は御小屋外、不怪混雑致し候故、見申候へは、鎖帷子杯にて抜身の槍を提げ新選組4、50人息を切て、追々に駈行申候。跡にて承候得は、新選組之小者、打寄博奕いたし居候を見廻組より差押申候か仰山に相成、駈付候申之処、最早、四人程捕引行候跡にて、殊に公儀より被召捕候とのことに御座候、追々右之通、抜身の鎗にて馳行候内、昨日の混雑は余程の事にて御座候」

この夜、肥後屋敷の前を走り抜けた50人程の新選組隊士の出動は何であろうか。この留守居役の上田が新選組から聞いたのか、この出動の理由は新選組の中の小者が博打して見廻組に捕まったことが原因と書いている。見廻組とのトラブルに、この大勢の隊士が出動したのか、何か事件であったのか。また山南事件と関連があるのだろうか。肥後藩には川上彦斉を代表とする肥後の過激志士も多く居たはずで、トラブルもあったのではないかと思われる。この出動が山南事件と関連するものとは思われ難い。見廻組とのトラブルや別の事件も多々あったと思わるのである。

30 伊東甲子太郎《かしたろう》の加盟で、新選組はどの様に再編成されたか？

伊東の加盟については色々と入隊陰謀説もあるが、彼らの入隊で、新選組はかなりスケールアップした。近藤が江戸で募集した新隊士は、伊東一派を含めておよそ50人位だった。そこで近藤は帰洛してから半年ばかり後の、慶応元年（１８６５）初夏に新選組を再編成した。今迄の副長助勤を改め組長とし、その下に伍長２名を置いた。そして一組は10名の編成をした。この時の編成は以下の様になった。子母沢寛『新選組始末記』より。

総長、近藤勇。**副長**、土方歳三。**参謀**、伊東甲子太郎。

組長、一番隊沖田総司、二番隊永倉新八、三番隊斉藤一、四番隊松原忠司、五番隊武田観柳斉、六番隊井上源三郎、七番隊谷三十郎、八番隊藤堂平助、九番隊鈴木三樹三郎、十番隊原田左之助。

伍長、島田魁、川島勝司、林信太郎、奥沢栄助、前野五郎、阿部十郎、葛山武八郎、伊東鉄五郎、近藤芳祐（芳助）、久米部正親、加納鷲雄、中西登、小原幸造、富山弥兵衛、中村小三郎、池田小太郎、橋本皆助、茨木司、他２名。

隊士取締役兼監察、山崎烝、篠原泰之

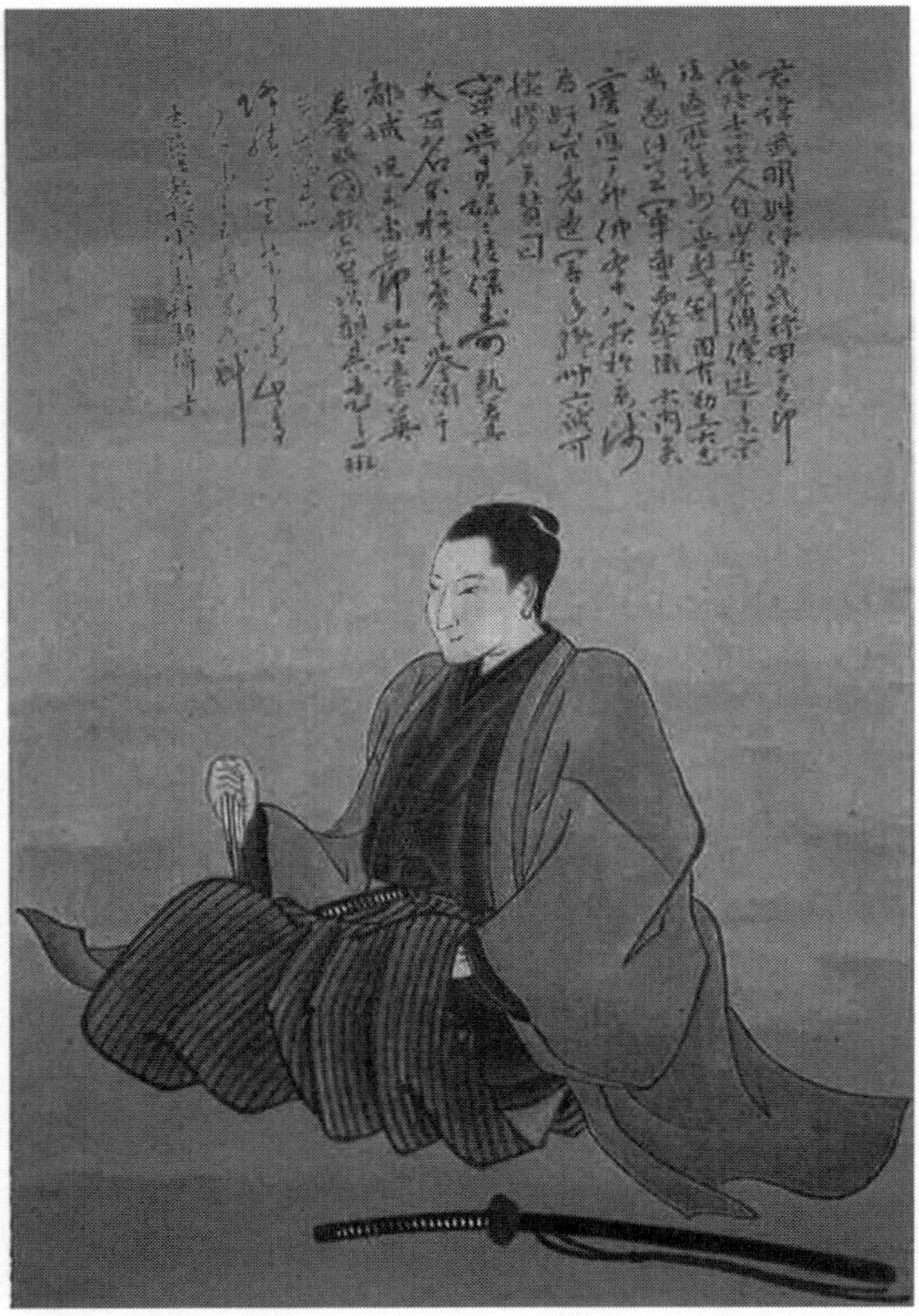

伊東甲子太郎

進、荒井忠雄、蘆屋昇、吉村貫一郎、尾形俊太郎。

勘定掛、河合耆三郎。

この他、諸芸の師範役として次の任命をした。

剣術師範頭、沖田総司、池田小太郎、永倉新八、田中寅蔵、新井忠雄、吉村貫一郎、斉藤一。

柔術師範頭、篠原泰之進、松原忠司、梁田佐太郎。

文学師範頭、伊東甲子太郎、尾形俊太郎、毛内有之介、武田観柳斎、斯波雄蔵

砲術師範頭、阿部十郎、清原清。

馬術師範頭、安富才輔。

槍術師範頭、谷三十郎。

他に、**小荷駄方**、**書記**、**取締方**なども設置している。

この再編成を見ると伊東派の新入者5名も幹部に入り、伊東甲子太郎も参謀としてトップの座についている。伊東の入隊は「鬼に金棒」と言われ、伊東は容姿、学識、剣、何れもトップとして風格があり、隊内の人気も大きかった。この裏には隊の分裂を期に入隊した「陰謀」があったのだ。

31 疑問の多い、「壬生心中松原忠司事件」は、打ち上げ花火の様だ

生年月日が不明。出身地も、島田魁が松原は播州小野と言う、永倉新八は大坂浪人と言う。新選組での主活動は、池田屋参戦と四番隊隊長兼柔術師範。これが生前の松原忠司（1835?〜1865）のプロフィー

ルである。「八・十八政変」の時、弁慶の様に長刀《なぎなた》を携えて参戦し、坊主頭の松原は、今弁慶の様だったらしい。これにも増して、この松原が隊士の中で一際《ひときわ》異彩を放つ劇的な死に様に、新選組ファンは目を見張るのである。「君に尋ねたいが、主人を斬殺しておきながら、その未亡人に恋をして、親切面をして我が物にする奴は、士道に背くと言えないか?」、強く毒気を盛り込んだ土方歳三の言葉に、常はおとなしい松原は怒った。そして自室に飛び込んで脇腹に刀を突き立てたが、隊士がその刀を押さえた。傷は大したことは無かったが、土方との仲が日々悪くなって行った。そして隊務を怠け酒《なま》におぼれ、平隊士に落とされ、腹部の傷も悪化し、壬生天神横丁の未亡人と心中したとされているが、これは子母沢寛氏の創作でないかと言われている。別の話は、松原は隊長として大坂で隊務に就いていて、何かトラブルに巻き込まれ、責任を感じて自決したが死に切れず、壬生へ戻ってその傷が悪化して死亡したとの説もある。私はよく、壬生の光縁寺さんへお参りに行くが、お寺の墓碑には、慶応元年(1865)9月2日と刻まれている。子母澤寛氏の『新選組物語』にある、慶応2年5月初旬とは明らかに相違がある。この異彩を放つ彼の葬儀も盛大であったとか、松原の死んだ慶応元年は何故か不名誉な死を遂げた隊士が多い。脱走したという山南敬助(1833~1865)、実家に帰ったところを、呼び出しを受けた大石良輔(1836~1865)、切腹。これも理由は分からない。商家の婦女子と密通し切腹(処刑とも)の、施山多喜人《せやまたきひと》(?~1865)と石川三郎(?~1865)。商家を脅迫して金策したことが露見した佐野牧太(?~1865)、打ち首。他にも謎を秘めて死亡の桜井勇之進(1804~1865)等々。そして葬儀費用としては、山南敬助の七千文に対し、松原のそれは七千九百五十文と多いのであり、他の人は二千文とか四千文。押して知るべしだが、松原のこれが少し異常である。その死が異状であった為だろうか。「心中」という変わった死であった為、盛大にしたのだろうか。

ここに謎めいたものがある。筆者も河合耆三郎《かわいきざぶろう》の冤罪事件を調査し、2015年刊行の『京都幕末おもしろばなし百話』に書いたが、永倉新八たちの「近藤勇増長罪状告発事件」が元治元年（１８６４）８月に起こり、そのため新選組は分裂の危機になっている。つまり、反近藤派の隊士を消して行ったのではないか、そして最後のとどめが、慶応２年（１８６６）２月の「河合事件」となるのだと思われる。

もし心中とならば、幕府は享保８年（１７２３）「心中者取締令（相対死禁止令）」を布告している。内容は「心中者の葬儀埋葬を禁じ、一方だけが死んだ場合、生き残った者は殺人犯として死罪。双方が生存した場合、三日間人前で晒し、乞食や貧民などの手下にする。又、武士の心中に対しては、不義の御法度として最も重い、お家断絶の上、死罪」という、極刑が加えられた。場合によっては一族の他、主従に類が及ぶ事もある。幕末の頃までには少し緩められた様だが、基本は変わっていないのである。これから考えて見ると、西本願寺の寺侍のエッセーにある、「松原忠司は些か失策のことありて、切腹せんと刀を突き立てる時、側らに人あり、直ちに之を取押え、傷養生せしめ、一旦全快したれば、平士の列に下りたるが間もなく死す」の記述が本筋を物語っている様であるが、この心中事件が新選組ファンの胸をときめかす、打ち上げ花火の役割を担っている隊士である。

32 第二次長州征伐の時、近藤勇は広島へ出張した。この頃、山崎蒸《すすむ》は何をしていたのか

慶応元年（１８６５）11月４日、近藤勇は大目付永井尚志《なおゆき》以下の長州訊問使《じんもんし》に同行する命があり、伊東甲子太郎、武田観柳斉、尾形俊太郎らと共に大坂へ下り、永井の訊問使団に合流した。

新選組の正式メンバーは、4名の他に山崎蒸、吉村貫一郎、芦屋登、新井忠雄、服部武雄の5名をガードマン的に加えた。そして同月7日に出発し、16日に広島へ到着した。そして長州へ入国を試みるが、すべて拒否された。そして12月17日に広島を出立し、同月22日に帰京し、会津守護職に報告した。この時は、山崎蒸と吉村貫一郎は残留しスパイ活動を続けていた。慶応2年1月27日、守護職松平容保の命で新選組近藤勇、伊東甲子太郎、尾形俊太郎、篠原泰之進の4人、小笠原長行・永井らに先立って再度、広島（安芸藩・芸州藩）に向かう。彼らの影となって、山崎烝、吉村貫一郎も探索方としてサポートした。同年6月15日、そして芸州口大島で戦闘が開始されると、報告書を京都の新選組に送った。そして幕府軍の敗戦を伝えている。「散々敗北」とか「はかばかしき儀これ無く……」とかで、続いて石州口益田で福山・浜田藩軍大敗北、長州海軍による奇襲作戦で小倉口も敗北。この敗報を持ち、山崎は京都へ走り、近藤勇や土方歳三に報告し協議を行った。そしてその翌日に山崎は、会津藩邸に急ぎ報告に訪れて、公用人の野村佐兵衛に面会している。この時、守護職の松平容保《かたもり》ら幹部は大坂城に出張中のため、山崎たちは大坂に向かった。

これを見ると新選組は当時幕府の持つトップの情報部隊として大活躍していたことがよく分かるのである。

その後7月20日、徳川家茂《いえもち》が大坂城内でなぞの死をとげる。これをキッカケに敗戦を続けた第二次長州征伐は、同年9月2日に休戦に入った。そして次に山崎蒸が現れたのは12月1日、伊東甲子太郎と共に奈良の宇陀松山上町へ出張していたことが、旧家の倉に入っていた古文書《こもんじょ》より分かった。これは同地で大きいトラブルがあり、奈良の奉行所では処理不能で、守護職の出番となり出張していたことが、万代《まんだい》修《おさむ》氏の調査で分かった。

こんな仕事も、新選組は行っていたのである。

33 近藤勇たちは、なぜ広島に行ったのか？

新選組が再編成している頃、長州藩の政治体制が大きく変わっていた。高杉晋作（１８３９～１８６７）らの正義派が、藩上層部の俗論派《ぞくろんは》を追放し、藩の主導権を握って討幕の構えて立ち上げ、新しい兵制改革を行い、臨戦体制を作りだした。

これに対して「第二次長州征伐」の議論が起り、慶応元年（１８６５）閏5月22日には将軍家茂《いえもち》自ら上洛し、大坂城を本陣として入城した。しかし長州再征伐には諸藩が乗り気ではなく、大坂城での論議は進まないままで、時は過ぎた。この中でも元治元年（１８６４）7月「禁門の変」で長州と戦った薩摩藩の態度が変化しだして来ていた。

そこで幕府は、慶応元年（１８６５）11月になると、大目付永井尚志《なおゆき》（１８１６～１８９１）を訊問使として広島に派遣した。訊問とは名ばかりで、実は本気で長州に腹の中を探ろうとした派遣であった。幕府としては諸藩が本気で戦う意思が無い事は分かっている、長州藩が適当に「謝意」、謝ってくれれば長州再征など行きたくないのであった。この時、幕府は永井の従者として近藤勇・伊東甲子太郎ら四人を同行させた。近藤は名を「内蔵助」と改めて、主水正（永井尚志）の給人役となり、武田観柳斎は近習、伊東は中小姓、尾形俊太郎は徒士として、身分を隠した。この目的は長州の内情を調べる事であった。文人派の隊士を選別してスパイ活動と、永井の護衛役の兼務があったのだ。当時、新選組の評価が高くなった証明である。

近藤は自分の万が一の事を考えて、11月4日付で小島鹿之助に手紙を出している。「剣流名沖田へ相譲り申したくこの段宜しく御心添え下されたく　云々」と書いている。天然理心流の五代目は養子の「周平」と定めていたのだが、この頃は周平の才能が分かり、見限って、元の当然の理である「沖田」を後取りにと決めていた事がよく分かる。結成時の勇は何故、周平をそんなに評価したのか？

永井主水正の一行に対して、長州藩は宍戸備後助（山県半蔵）（1829〜1901）なる者を家老の養子に仕立てあげ、広島の国泰寺で応対させた。宍戸は幕府など呑んでかかっている。永井の訊問八ヶ条に対して巧妙に応えて尻尾を出さない。形式的な訊問を終えた永井は、長州藩の返答を了解し、同年12月16日に広島を引き上げた。この時、近藤らは長州の内情を探る為、長州の支藩岩国の藩境迄行ったが、岩国藩に会見を拒否され関所に拒まれて、遂に入国出来なかった。

京に帰った近藤は守護職に対し、一、長州が軽輩の宍戸備後助を家老の我か養子として応対させた事。二、表面は謹慎を装っているが内実は戦備を整えている事。三、幕府の降伏案などは受ける入れる意思が無い事などを報告した。この度の長州藩は、幕府への屈服など全く考えていなかった。

慶応2年（1866）1月、伊東は近藤に従って広島へ再度出張、2月11日には腹心の篠原泰之進を連れて老中小笠原長行《ながみち》に会い「長州に寛大な処置を」と進言する。そして近藤とは別に行動を取り精力的に諸藩の志士と交わり、「勤王活動」を行った。全ては西国諸藩の内情を探索という新選組の仕事の一部であった。この辺りから伊東は、新選組に嫌気がさして来たと思われるのである。慶応2年9月26日、名古屋出張から帰京し篠原と共に近藤妾宅を訪ね、近藤・土方会談し時局論で激論、近藤と伊東の思想的対立が決定的となり始めた。翌年正月、伊東は永倉新八、斉藤一と島原角屋に居続け、これはペナルティーで謹慎処分になる。同年1月18日、そして伊東は九州へ遊説の旅に出た。そして合法的に分離した。

近藤たちの出張は、伊東たちの分離の足場作りを結果的に行ったのであった。

河合耆三郎切腹事件

34 河合耆三郎の故郷、高砂

新選組結成から１５０年余が経った。今迄、どの研究家も作家たちも、余り注目しなかった新選組史上の大きな汚点とも言うべき「冤罪事件」がある。慶応2年（１８６６）の「河合会計不算事件」である。

昔の婚礼の冒頭に謳われた「高砂や」。このめでたい地、播州高砂出身の、有能な29才の青年の命が西本願寺に消えた。彼の名は河合耆三郎《きさぶろう》（１８３８～１８６６）。

壬生寺の壬生塚が近年、観光スポットとなり、毎日「誠」のファンがやって来る。イケメン土方のファンを中心に、アニメやミュージカルまで商業化された21世紀。地下の魂はさぞ驚いている事であろう。大河ドラマの前年に、古い壬生塚も新しく観光スポット化され、料金を払ってゲートを入ると、三橋美智也の「ああ新選組」の歌碑。１００円を入れると「加茂の河原に千鳥が騒ぐまたも血の雨涙雨」のメロディ。奥へ進むと近藤勇の胸像。一番奥には芹沢鴨と平山五郎の墓、この墓は墓石が新しく小さい。昭和期の受験地獄に合格を願う学生たちに、墓石を削り取られたので近年新しくしたものだ。その隣に古い草創期の隊士の合同墓がある。新見錦の墓が無い。それは本書に別記したので読んでいただきたい。

合同墓とは少し離れて形の良いスリムな墓石が建つ。これが河合の墓「供養墓」である。彼の遺体は光縁寺に埋葬され、山南敬助と合同墓になっている。

この壬生寺のお墓は従来「河合の父と妹が建立された」と、どの研究家も作家も書いているが、筆者は今回筆を起こすに当って、彼の命日を選び、平成25年（２０１３）２月12日に壬生塚に参拝し墓石名を確認したところ、儀一郎と妹二人（菊女、鶴女）名で、父儀平の次男であり弟である儀一郎が、明治期に建立したものであると確認した。

新選組の話は記録が殆んど残っていないので、事実と違う話が誠しとやかに語られている事に注意しなければならない。唯一、河合の供養墓と光縁寺に山南敬助の合同墓があり、その遺族が現在でも参拝されており「先祖様は冤罪であります」と、言っておられると聞いている。私も二十有余年新選組記念館を運営し、河合さんの事件に関心を持ち、ご遺族に常々お会いしたいと念じ乍ら、時が過ぎた。

２０１２年12月に「京都検定」の受験の前、ご遺族の大西一美さんが当館に来られ「高砂」にもう一人の義士と言うべき人物「河合義一」がおり、河合耆三郎の血を引くのだろうか、大正昭和期キリスト教人間愛をもとにして農民運動に一生を捧げた方の存在を知った。私もかねがねこの事件に注目し河合耆三郎の研究をしていたので、当時の80才を期として、二人の義士の故郷「高砂」を描こうと決意した。

では、彼の生地「高砂」はどんな所であっただろうか。高砂は元来「白砂青松」の地。瀬戸内海に面した浅瀬の海辺の町で「相生の松」「尾上の松」とうたわれた名勝の地である。

旧幕府時代から港を営んで繁栄した地で、江戸期には姫路十五万石の領内である。平安期にさかのぼれば高砂御厨庄（神饌《しんせん》を奉る地、朝廷に鮮魚を奉納の地）として知られる。その後、中世には播磨五泊の一つとして「室津の泊り」と共に有名であった。戦国期には高砂城が築かれ、城下町として栄えると見えたが、三木別所氏の没落と共にあえなく亡《ほろ》びた。

その町が本格的に、その地位を確保するのは、慶長6年（１６０１）の姫路城主池田輝政の加古川改修以来である。加古川は、高砂の東を流れその河口に位置した。この改修以前には既に、川上の滝野から高砂へ船運路は開かれていたが、藩は産業政策として「藍」「木綿」「塩」等の生産を奨励した。現在も町名に船漁水夫等に関係のある物が多く残っている。後の河合家の地、藍屋町の様に「藍」の生産、加工の職人商人の住居地としても残っている。これらの海運諸産物の交易や漁業が、この町の人々の生活基盤であった。町はぐんぐん伸長し、元和年間には領主は本多忠政が近在の人々を高砂地域に強制居住させたので大小軒を連ねて44余の集落が出来た。

安永2年（1773）には人口8097人と姫路に次ぐ大都市となった。幕末期徳川15代将軍慶喜の政権返上、戊辰の戦い、鳥羽・伏見の敗戦で明治元年（1868）1月17日、官軍となった長州軍が大挙侵攻、幕府方姫路藩の米蔵を封印した。この時から、諸藩の年貢米を取り扱っていたこの地の豪商達は、次第に姿を消していく事になる。その後、明治12年（1879）、加古川役場は寺家町（現在の加古川市）に置かれ、山陽電鉄が開通するに及んで「港町」高砂は決定的となる。この鉄道は明石、姫路間を走り海岸線より奥にひかれ「土山」と「加古川」に停車場が作られた、これ以来、商業の中心は加古川に移って行く。明治26年（1893）の人口は6530人。江戸期より20%減少した。これから高砂は工業地帯と変化し「三菱製紙」「鐘紡」等の進出となった。

さて、高砂河合家はどんな姿だったろうか？「高砂河合家の歴史」を見る。

蔵元河合家、この家は豪商として大蔵元だった。

もともと兵庫県は近畿の両端で、幕府にとっては東に京、大坂を控え、西に外様の諸藩を睨む、体制維持の上で非常に重要な土地であったから、その行政体制は手の込んだ巧妙なものであった。最も信頼できる大名に姫路城と15万石を預けて西方の押さえとして、他はかなり広い土地に、諸領入り乱れて小大名の多岐多様の地であった。その領地から年貢として米が取り立てられる、本来なら所有者の役人が取立、輸送に当るが、その売却まで代理人を使って行った。これが「蔵元」と言われる人々であった。

加古川の大きな流れに乗って、川上の「番地」から河口の「高砂」に運ばれてくる年貢米の量は、それは大量であった。二つの有力な蔵元があり、中には軍の領地の物だけでなく、多くの領地の米を一手に引き受ける大蔵元もいた。領主から蔵元に指定されるには、何よりも信用第一であった。「人物」「才能」「財産」と、その腕も必要であった。年貢を徴収する側も納める側も、スムーズに事を行う技術と度量もいる仕事であった。それだけに一度、蔵元に指定を受けると特典も大きかった。町人であったが「名字帯刀」を許され扶持米（固定給）を与えられ、米の売却の利に応じて手当ても支給された。

この河合家の先祖は、加古川上流の河合村（兵庫県小野市）の出身で「高砂」に移り住んで以来、この川を上下に仕事をし「干鰯《ほしか》」「塩」を商い、諸藩の年貢を扱う有力問屋の一人で「小間物屋儀兵衛（こまぎ）」と言われた人で、父の儀平は、加古川流域にある徳川家の天領「一橋領」「田安領」と大きい領地だけでなく、徳川家に近い諸家の米を管理した。

「八・十八政変」の一ヶ月前、文久3年（1863）7月頃には組員も増員され組織が作られた。そして壬生浪士組第一次編成役員表が作成され「河合」も、幹部と名を並べている。

新選組第一次編成。

「局長」　芹沢鴨　近藤勇　新見錦
「副長」　土方歳三　山南敬助
「助勤」　沖田総司　永倉新八　原田左之助　藤堂平助　井上源三郎　平山五郎　野口健司　平間重助　明石浪士斉藤一　熊本浪士尾形俊太郎　大坂浪士山崎烝　大坂浪士谷三十郎　大坂浪士松原忠司　京都一心寺脱走安藤早太郎　以上14名

「調役並監察」　大垣脱走島田魁　大坂浪士川島勝司　大坂浪士林信太郎　以上3名
「勘定役並荷駄方」　丹波亀山浪士岸島芳太郎　和州植村脱走尾関弥兵衛　大坂浪士河合耆三郎　大坂浪士酒井兵庫　以上4名

35 河合耆三郎《かわいぎさぶろう》の事歴を補填する

私の知人に万代修さんという、地味な方ではあるが、この人こそ本当の新選組研究家という方がおられる。多くの研究家、作家たちが新選組について多くの出版書を出しておられるが、この一大事件と思われる、河合耆三郎（1838～1866）の「冤罪事件」について関心をよせられない中で、万代修氏のみが調査追求された。この中から一部を読者に伝える事にした。

「無謀な挑戦と成就への道」

新選組隊士・河合耆三郎義輝の生家は、播磨国加古郡高砂町で米穀流通を牛耳る特権階級（大蔵元）を得ていた。巷間《こうかん》でそう伝えられるが、これまで誰も史料的に証明した者はいない。家伝程度では万人を納得させる事は出来ない。説得力に富む確かな古文書で側証しなければ、只のありきたりの伝説と同一視されてしまう。……中略……筆者は平成6年（1994）11月4日に高砂市立図書館から調査を開始した。最初の検索は『高砂市史』と『近世の高砂』の二冊。この地方史書は、市内に散在する旧家所蔵の古文書を参考にして著述されている。筆者は有力視される七家を選出し調査を開始した。……中略……市内の船津重次氏「郷土史家」を訪問。高齢病気中で菅野雅和氏を紹介された。菅野邸は旧高砂港近くの会津町で、現在でも米穀店を経営されていた。同邸は外観や屋内に一部改修があるが、町内で唯一、江戸時代の有力商人（小蔵元）の店構えを残していた。当時の大店《おおだな》の威風を今に伝える貴重な文化遺産である。当主の雅和氏が在宅でお会いでき、「大蔵元定法運賃蔵舗極仲間連判状」という古文書記録があると事が分かった。今、加古川流域滝野歴史民俗資料館に貸し出し中であったので、筆者、万代氏は、滝野迄ミニバイクで調査に出張し、「河合家へ大蔵元株」が譲渡された一件を確認した。「一、赤穂屋繁蔵《あこうやしげぞう》、二見屋太兵衛《ふたみやたへい》、阿賀屋嘉右衛門《あがやかえもん》、右三人より株譲渡旨、文化11年戌11月書付被差出候に付、仲間相談之上、譲請主聞糺《ただし》、差障無之に付「年寄」加印を以願書差出候処、御上様御聞済被為成下、株譲渡申候事。但赤穂屋繁蔵株、加古川長兵衛譲。二見屋太兵衛株、魚屋仲兵衛譲。阿賀屋嘉右衛門株、小間物屋儀兵衛譲。」前掲書により河合家（屋号小間物屋）が問屋組合の協議審査にパスして大蔵元株を取得したのは文化11年11月某日であった。譲渡されたのは河合儀兵衛宜郷《のぶさと》、耆三郎の祖父であった。この祖父は天保10年12月11日行年62才で死去している。

小野から高砂の移り住んだ河合家が、この名誉職を手に入れるまでの道程は長かった。筆者は二度「菅野家文書」を検索した結果、享保18年4月某日付の「家屋売買契約書」を発見、この記録により初代の新右衛門が「五人組」に就任していた事が証明された。以後、この名誉職は、子息「勘兵衛《かんべい》」、孫「義兵衛《ぎへい》」と引き継がれ、曽孫「儀兵衛宜郷」の代になって、ようやく長年の夢（大蔵元就任）が実現した。正に四代、90年に渡る、血のにじむ努力の結晶と言えよう。

「耆三郎家族の消息」

新選組隊士の家族を調査する研究者は皆無である。こんな調査を行う人は万代修氏だけだろう。先ず両親、父親は「儀兵衛宜郷」の長男として文化5年12月13日生れ、「儀平宜芳《のぶよし》」と名乗る。明治20年10月6日52才で病死。母親は「ゆり」、文化12年2月2日生れ、明治27年3月6日45才で病死している。耆三郎には三姉一弟がいた。

長女鶴は高砂町の松浦家に嫁いだことのみが伝わる。次女道は2才で夭逝。三女菊は大坂の鯛味噌、鰹田麩商（二重八百源）当主・神田政七に嫁いだ。耆三郎は文化3年6月、上洛の途中に大坂の神田家に立ち寄り、一夜を過ごし、翌日京へ登ったという伝説がある。しばしの別れのつもりの挨拶訪問が「今生の別れ」となってしまった。

耆三郎死去後、河合家は儀一郎宜政が後継した。彼は寛永4年11月20日生れ、昭和14年3月23日、享年89才で没した。動乱期を懸命に生き抜き長命を保ち天寿を全うしたが、儀一郎は終生、耆三郎の事は語らなかったという。

「摂津昆陽宿の出張記録」

河合が組織に貢献した業績については殆んど顧みられてはいない。この有能隊士を調査し光を当てた研究者は万代修氏だけである。

元治元年7月中旬の「蛤御門の変」は、前月5日に起こった「池田屋事件」の余波であり、惨死した同志への報復戦であった。御所周辺で展開された兵乱は半日で決着し、幕府と諸藩の連合軍が勝利した。その後、数日間各所で残敵掃討戦が展開され、ほどなく鎮圧された。後は残置の武器類を回収し移送する仕事のみとなった。山崎地区の追討戦を終え、大坂入りした新選組に、町奉行所から残務整理の指令が下った。摂津国河辺郡昆陽宿（伊丹市）で長州軍の残置武器類を保管している。それを引き取り大坂へ移送する任務だった。この役目は河合と山崎烝が任命された。

元治元年7月25日付で、出張先の地域役人あてに通達書を送付した。連絡文には、翌朝に武器回収の為に出向く事、輸送に必要な人員を手配する事の依頼文である。

「封書表書き」。達書　口達　今日差留候、長州藩荷物、明朝大坂表迄、預り帰り候に付、両人の内罷出候間、当駅迄差越候。人足致手当可置候。新選組河合耆三郎　山崎大三郎（山崎烝と思われる）七月廿五日　昆陽駅

役人中　（伊丹市立博物館所収文書より）。

前掲書にある山崎大三郎という隊士に興味をそそられる。フルネームとしては初出の人物、諸士調役兼監察方として鳴らした山崎烝と思われる。保証が無く確定的でない。

「回送移送にまつわる交渉秘話」

さて、昆陽宿保管の長州軍残置武器類の新選組への引き渡しは、当初スムーズに運ばず難航した。7月26日夜に河合が宿役所に赴き交渉。翌日に再び山崎が出向いたが埒《らち》が明かない。保管主は管轄外だと主張し、申し入れを拒否。これに対し2名の隊士は「大坂奉行所も了解済みだ」と説明した。互いに主張を譲らず時間だけが、空しく通り過ぎて行く。多忙の身の両名は無駄な日数を費やす訳には行かない。そこで後日、この一件でトラブルを招かない様に「受領書」を発行する打開策を提案。相手を納得させ二日がかりの任務を終え、武器類と共に帰坂した。残存する各種資料は、次の如く当時の両者の交渉経過を伝えている。

当駅は高槻向へ出訴可訴仕旨被仰付、直様罷越御訴申上候所、廿六日夜新選組河合耆三郎様御越被成、右荷物此方へ相渡し可申候様、厳敷被仰付候得共、右荷物の儀は大坂奉行所様御手掛に付、段々御断奉申上候所、左候は右荷物外方より、請取り参り候ても相渡し不申候様、請証文相渡し可申被仰付、其表一札差入置申候。然る所翌廿七日新選組山崎大三郎様御越相成、右荷物此方より直様奉行所へ持参可仕候間、只今相渡し可申旨厳敷被仰聞候得共、問屋助太夫儀、御奉行所へ罷出、留主（守）中に付、段々右断候得共、少も御聞入無之候付、早速、人足五人斗仕立西の宮駅迄継立、御荷物左に…後略……

「預り一札」。此般長州藩荷物、当昆陽駅に予置候に付、迷惑の由聞込候間、当組之確かに預り置可申候。一札如件。元治元年申子年七月廿六日新選組出役…花押…昆陽村役人中、乍恐御請書。

一、長州御藩荷物、凡廿荷斗、右は当月廿壱日、従瀬川駅継立来り候処、当駅にて人足差支、昨今御預り申

置候処、右荷物今般不残御差留被為仰付奉畏候。以来、長州藩より受取に参り候共、其陣中之御届御伺不、申上内は些かにても相渡申間敷候。伝え、受書奉上候処如件。元治元年子七月廿五日　播州川辺郡昆陽駅、同心他行に付　代表丑松庄屋四郎衛門、松平肥後守御預り新選組御出役人中（伊丹市立博物館保管昆陽農業協同組合文書）

「威名に畏怖した昆陽宿役人」

余談だが長州軍残置武器類の引き渡し交渉の初期に際し、昆陽宿サイドは二人の隊士を粗略に扱った。後で彼らが京都で「飛ぶ鳥を落とす勢いの猛者」である事を知って、驚愕する。手痛い返礼を受けるかも知れないと、村役人達はビクビクし乍《なが》ら不安な日々を過ごした。相手の誤解を解き、降りかかる危難を避けるには、先手を打ってきちんとした事情説明をしておく必要がある。そう判断した宿場管理者は翌月六日付で、再び、今回の一件の経緯を要約した。次の「請書」を新選組宛てに発信している。

「乍恐御受書」。一、先月廿日長州御藩中御通行に付、人足五拾人継立可仕候、先触《さきぶれ》到来仕候に付、右人足継立仕賃銭受取候節、人馬方申候には、明廿一日尚又、人足五拾人手当致し呉候様被申候に付、人足差出し置候内、瀬川駅より問屋へ差向、継来り候に付、当駅、義も西宮駅より拾八丁手前に問屋有之。右道筋之継立呉候様申し候得共、問屋は勿論、脇道之継立難相成段相答申候に付、右荷物当駅にて相留り、罷在候。然る処同廿六日、新選組御出役様御越被成下、右荷物御引取被為成下、則其砌奉差上候点数の通継立仕候。全御威光様の御義と難有仕合奉存候。猶村内悉取調候処、長藩落人は勿論、武器類其外、何に不寄預り居候品、一切無御座候。若、隠置、後日相現候節は、如何様の越度被為仰付候共、申分無御座候。依之、乍恐御受書奉差上候処、如件。元治元年子八月六日　摂津州川辺郡昆陽駅、同心他行に付、代、丑松庄屋又右衛門　松平肥後守御預り新選組御出役様

一読して分かる様、極めて低姿勢である。出張当初のぞんざいな扱いとは「天と地」程の違いがある。そればかりか、少しでも新選組の心証を佳くしようと弁明に必死。その様子が語句に滲み出ている。長州軍が残した武器類保管に至る経過を詳しく説明し、仕方なく預かったと言い訳迄述べている。更に注目すべきは、「村中をくまなく探索し、落武者は無論の事、敗残兵から委託された物品を調査したが何も出てこなかった。もし後で隠匿が発覚した時は、どんな処罰でも受ける覚悟である」という、決意表明である。

この一文だけでも宿場役人たちが新選組に対して、言い知れぬ恐怖感を抱いていた事は一目瞭然である。ともあれ、二名の隊士は、長軍が残した武器類を無事回収し、調達した人夫を使い大坂へ移送した。大量の戦利品である。輸送に20人の人足、大八車が並んで街道を往く、その前後を二人の隊士が同行していた姿が浮かんでくる。

油小路の変と周辺

36 油小路の変の前哨戦。茨木司ら四人の死は、暗殺か切腹か？

伊東甲子太郎が高台寺党に分離した時、近藤勇派が斉藤一をスパイに高台寺党に入れたのと同じく、伊東側も何人かを残していた。佐野七五三之助、茨木司、中村五郎、富川十郎など計十人の人々だった。

新選組の近藤以下の隊士が正式に旗本に取り立てられたのは、慶応3年（１８６７）6月10日であった。この幕府からの下命《かめい》があると、佐野たちが早速異議を申し立てた。「我らは勤王の士であるから、幕臣になる事は絶対に出来ぬ」との異議申し立てであった。

この時、幕命の格式は、見廻組与頭格隊長近藤勇、見廻組肝煎格副長土方歳三、見廻組格は沖田総司、永倉新八、原田左之助、井上源三郎、山崎烝、尾形俊太郎。見廻組並は茨木司、村上清、吉村貫一郎、安東主計、大石鍬次郎、近藤周平。残り全員は、見廻組のお抱えの身分となった。近藤の禄高は、抱え元高三百石に役料三百石で、六百石取り。土方は元高七十石に役料五人扶持の待遇であった。

これに対して茨木ら十人は、直ちに高台寺党に合流しようとしたが、伊東は近藤との協定があり出来ず、伊東は守護職に願い出て分離する様アドバイスをした。そこで茨木らは守護職邸に出向いて分離を願い出た。会津藩では処理に困って、近藤の元に使いを出しこれを知らせる。近藤からは「脱退など、もっての外、直ちに帰隊する様、勧めて頂きたい」との返事が来た。その日は結論は出ずに、翌14日に、もう一度守護職邸へ掛け合いに出掛けた。

伊東は危険だからと止めたが、茨木は「いくらなんでも守護職邸では刀傷沙汰はあるまい」と言って、出掛けたという。会津藩邸では「公用人の諏訪常吉（1833～1869）は留守」と言って、茨木、佐野、中村、富川の四人と、他の六人を別々の部屋に通して待たせた。午前十時頃である、昼食が出てやがて夕食が出され酒も出た。それでも諏訪は帰らない。やがて深夜になった、問題はそれから起こった。

篠原泰之進の日記によると「十二時過ぎ頃、障子越しに槍が突き出され、不意に四人を突き殺した」といい、暗殺されたとしている。この時、瀕死の佐野は気丈にも、新選組の大石鍬太郎が入ってくるなり、浅傷ながら一太刀浴びせたという。この時佐野の懐に〝辞世の歌〟があった。「二張の　弓引かまじと　武士《もののふ》の　ただ一筋に　思い切るなり」。これを見ると、謀暗殺《はかりあんさつ》である。

これに対して京都西六条の商人、和泉屋伝吉の手記（定本新撰組史録）によると「四人は請願が受け入れられず、会津藩邸で自決して果てた」としている。永倉新八の『同志連名記』にも、佐野、富川、中村の氏名の上に「伊東甲子太郎に同意、申し訳相立たず、京都黒谷松平肥後守の〃使者の間〃に於いて、茨木司と共に切腹す」と注記している。

新選組は四人の死を切腹と発表し、盛大な葬儀を行った。そして別間に入った隊士は、隊より追放とした。

茨木司《つかさ》は、奥州中村の出身で慶応元年（１８６５）７月迄の京阪に於ける隊士募集に応じて入隊。同年７月、伊東らと共に浪士探索の為に奈良に出張し、同２年９月12日の「三条制札事件」にも出動した。慶応３年（１８６７）３月、伊東らが御陵衛士として分離の時は、密命を受けて隊に残った。同年６月幕臣に取り立てに対して、佐野らと反対。伊東派に合流すべしと計ったが、「編入禁止の協定」によって受け入れられなかった。伊東甲子太郎に影響を受け尊王派となった隊士が多く現れたのがよく分かる。薩摩の謀略での新選組〃潰し〃が成功したのだ。

これに対して油小路の仕返しが、伊東らを待っていた。

37 武田観柳斎は、本当は福田要という勤王家であった

武田観柳斎《かんりゅうさい》（?～１８６７）は、竹田観柳とも、観柳才ともいう。本名は福田《ふくだ》要《かなめ》、諱は広《ひろ》、徳裕《とくひろ》、出身地は出雲国母里藩《もりはん》。彼の故郷の母里藩では勤王志士・福田要なのだ。『郷士母里誌』によれば、勤王志士・藤本鉄石（１８１６～１８６３）が要を訪ねて来たこと、若い頃には陽明学を学び、激派の勤王家だったこと

を記されている。

若い福田要は、知識と行動は一致すべきものという陽明学を信奉する。激しい行動ゆえ、佐幕派である母里藩（松江藩支藩一万石）により入牢させられた。やがて彼は脱牢して母里より江戸へ逃げ込んだ。その彼が「武田観柳斎」と名乗り、京都で新選組に入った。当時の世相は「公武合体」であり、この新選組も、朝廷と幕府が仲良く共存共栄していくべきであり、これに基づいての京都の治安維持の武力集団であったので、彼も生活上、入隊した。

彼の燃える勤王思想は、思想的に低い新選組の中で孤立して行ったと思われる。伊東甲子太郎の、参謀としての入隊は、伊東の同志・藤堂平助によれば「佐幕派の新選組を勤王派に改革する為に、伊東一派が入隊した」と言っている。伊東の入隊は、分裂を目的に入隊した事がよく分かる言葉である。そして時を見て合法的に「孝明帝の御陵」を守る隊として分離し「高台寺党」を作った。

しかし彼はこの分離の時、隊から離れなかった。子母沢寛の小説では、彼が男色で美男五人男の一人、馬越三郎を想い言い寄った為、困った馬越が「彼が薩摩藩邸から出てくる所を見た」と土方歳三に密告したとあるが、これはどうも小説の為の〝フィクション〟であろうと思われる。

そして近藤勇は、なぜか離隊を許し、彼は故郷の松江母里へ帰る途中、慶応3年（1867）6月22日、竹田街道銭取橋で、「送り狼」の、送っていった斉藤一に斬り殺されたとなっているが、本当は公然と離隊したが故郷の松江の母里に帰らず、京都で勤王活動を始め出したのであった。そして京都で新選組の手で斬り殺されて死んだのか？

現在でも母里（島根県安来市伯太町母里）に、三百年続く旧家の福田家がある。彼の生家と思われる旧家である。医家で漢方薬の「むねむし」、肺病の薬を作っていた家である。只、慶応の頃に米子で斬られた人物がいて、その人の墓があるという。この人物が彼であったのかも知れない。

彼、武田観柳斎は甲州流軍学者で文久3年（１８６３）6月の「水口藩とのトラブル」、そして元治元年（１８６４）6月の「池田屋事件」でも大活躍し、金十両別段金十両を貰い、同月に起こった「明保野亭事件」では指揮官となり出動。事件の為に切腹した会津藩の柴司《しばつかさ》の葬儀に参列し、「我も同じ　台《うてな》也とはん　行く末は　同じ御国に　あふよしもがな」と弔歌を捧げた。

慶応元年（１８６５）6月の新編成では五番隊長、文学師範。同年11月の近藤勇の広島出張には同行したが、翌年1月の第二回目の広島出張には外されている。思想的には尊王主義が高まって来たのであろうと思われる。当時の隊内では思想的な変化が起っていたと思われる。伊東甲子太郎の影響である。

38 高台寺党主・伊東甲子太郎の愛人は、宮川町の芸妓であった

伊東甲子太郎《かしたろう》（１８３５～１８６７）、新選組参謀となった男である。江戸深川佐賀町で多くの門人を有する、北辰一刀流の伊東道場の主で、色白く、中高の整った顔立ちで、目の涼しい、特に目元が優しく、背高く、スリムなイケメンの道場主、学があり、和歌にも秀でていた。

「心なき　人を心に　思ひ初め　こころ乱るる　秋の萩原」。高台寺周辺は萩の名所で萩の花が咲き乱れていた。高台寺屯所の月真院で宮川町の愛人を思って、詠んだ歌である。新選組を分離して東山高台寺の月真院に屯所を構え、「高台寺党」として駐在していた。地理的に直ぐ近く、新選組の利用しない宮川町で遊んでいたと思われる。今も宮川町歌舞練場に大山巌《いわお》（１８４２～１９１６）の書が残っている。薩摩の下部組織となった

高台寺党の人たちと薩摩の青年武士たちも、共に宮川町で遊んでいた様に思われる。

弟の鈴木三樹《みき》三郎《さぶろう》（１８３７～１９１９）もイケメンで、オシャレで酒好き、衣服はおろか、寝巻から肌着まで、羽二重《はぶたえ》（絹物）でなければ身につけないので、「羽二重三樹」と、呼ばれるプレイボーイであった。

鈴木三樹三郎

永倉新八の『新選組顛末記』は、伊東の加入に際して、伊東と藤堂平助（１８４４～１８６７）との間に陰謀があったとしている。二人は年来の親友（藤堂は伊東の門弟ともいう）で、藤堂は江戸へ入ると直ぐ伊東の道場を訪ね「最近の近藤勇の態度を勘《かん》考《こう》するに、彼はいたずらに幕府の爪牙《そうが》となって奔走し、最初声明した勤王の事などは何時、目的を達するか分からぬ。そこでこの際、近藤を暗殺して、貴殿を隊長に頂き、新選組を純粋の勤王党に新《あらた》めたい所存である」と打ち明けた。

そこで伊東もこれに同意して、ひとまず加入して京に着いてから、秘謀を実行しようと密約した事になっている。

伊東は本名を鈴木大蔵といい、常陸志《ひたちし》筑藩《づくはん》の郷目付鈴木忠明の長男として、天保6年に生まれた。伊東は水戸で神道無念流の金子健四郎道場に入門し、また思想的にも水戸学を修めた。後に脱藩し江戸へ出て、深川佐賀町の北辰一刀流伊東精一郎道場に入門し頭角を現わした。国学と和歌と教養深く、人柄も厚い美丈夫だった。高台寺党を結成してから、隊士に英語を教えているという、異色の教養人であった。

現在も郷里には、弟、三樹三郎のご子孫が教員をしておられ、筆者も水戸玉造町で芹沢の講演に行った時お会いした。明治に入ってから、甲子太郎の子供を連れた京都の女性が鈴木家を訪れたが、認知しなかったとの話を聞いた。宮川町の愛人に子供があったのだ。

あの油小路事件の折、甲子太郎が歩いたのは木津屋橋通《きずやばしどおり》である。彼はこの通りの西洞院辺りに妾宅を持っていた。近藤との情報交換は幾夜と無く続き、その帰途は通りの右側を歩くのが毎回の習慣になっていた。そこを狙われたのだ。近藤から礼金を貰い、妾宅へ持って行き泊まる。駕籠屋は呼ばず、東に向って右側を、謡曲「竹生島」を歌いながらの酔い歩き。しかし、右側の板塀の後ろから大石鍬次郎（1838～1870）の槍が……。

木津屋橋通は、新選組記念館への通勤路、20年間同じ道を歩いている筆者には、このあり様が手に取るように見える。週刊朝日の記者にも、この事を話し案内したのを思い出すのである。

天満屋事件と新選組の衰退

39 近藤勇の不運は始まった。「勇のケチのつき初め」

それは、龍馬暗殺に端を発した慶応3年（１８６８）12月7日の「天満屋事件《てんまやじけん》」。司馬先生が『花屋町の襲撃』として書いておられるが、京都市下京区花屋町油小路下ルの西側に、日本茶を売っているお店があり、その隣のマンションの前、お地蔵さんの左側、小さな石碑に「中井正五郎殉難之地（維新之史蹟 天満屋騒動之跡）」と書かれている。紀州藩士三浦休太郎《きゅうたろう》（１８２９～１９１０）は新選組の援護で、頬にかすり傷を負っただけで無事だった。坂本派志士（海援隊）は、「三浦を討ち取ったり」と言う、誰かの声を信じて引き揚げて行った。（詳しくはＰ95）

だが新選組に犠牲者が出た。宮川信吉《のぶきち》（１８４３～１８６８）、享年25。

彼は天保14年（１８４３）、武蔵国多摩郡大沢村宮川家の分家弥五郎の次男として誕生する。近藤の従弟《いとこ》にあたる。（近藤勇の父宮川久次郎の妹の息子という）。文久2年（１８６２）12月、天然理心流の試衛館道場に入門して剣術を学ぶ。そして、書も習う。文久3年2月に近藤勇、土方歳三、沖田総司など試衛館道場の一派は、「浪士組」に参加、上洛に向かう。彼は、慶応元年（１８６５）4月、土方歳三・伊東甲子太郎・斉藤一・藤堂平助が江戸にて隊士を第二次募集した際に応募して、晴れて新選組に入隊する。

この時期、武州、相州、甲州からも集められた53名の新隊士を迎え、隊士は１４０名程になったという。4月27日、江戸から京に向かう際には、土方の秘書を務めたそうだ。5月10日に京に入った。慶応3年（１８６７）

6月の「新選組幕府召抱え」では、平隊士として記載され、同年11月18日の「油小路事件」において大石鍬次郎他2名と共に伊東殺害に関わったとされる。同年12月の「天満屋事件」で宮川信吉は、戦死。江戸で隊士募集に応じ、有無を言わさず京の街の戦闘の第一線に駆り立てられ、白刃を交える乱闘劇に巻き込まれ、新選組入隊後、僅か二年余での戦死だった。

地元の調布市の古老及び宮川雄三家（勇の生家分家）に伝わる話では、彼は色白のなかなかの好男子であったそうで、入隊許可を取り、嬉しさで上気した彼の白い頬はバラ色に染まって輝き、とても綺麗であったという。その時泣いて見送った村娘が多くいたそうだ。彼のお墓は東京都三鷹市の竜源寺の宮川分家の墓地にある。

彼や沖田総司《おきたそうじ》と仲良かった人物に、関田庄太郎《せきだしょうたろう》（１８４５〜１８９４）がいる。関田は信吉と一緒に新選組に入隊したくて願い出たが、関田家の後継ぎである為に許されず、無念さに男泣きに泣いたそうだ。彼は佐藤彦五郎《さとうひこごろう》（１８２７〜１９０２）、馬場兵助《ばばへいすけ》（１８４１〜?）と一緒に、土方歳三一行を見送りに品川宿釜屋まで出掛けた。まさかその時に、上洛した宮川信吉が鬼籍《きせき》に入ろうとは、誰も夢にも考えては無かったであろう。関田庄太郎は入隊出来なかったお蔭で、明治に入ってから、北多摩郡多摩村の二代目村長となり、明治27年12月3日に没した。享年49。未だ未だ若い死であるが、人生50年といわれた時代、信吉の約2倍生きて、世相の移り変わりを眺められて幸せだったであろう。関田家は甲州街道沿いにあって、現在は東京都府中市若松町。当時は武州多摩常久と呼ばれていた地に古くから住んだ。この辺りは関田姓が多いが〝旧家〟として有名である。この家が如何に新選組にとって重要であったか、「甲陽鎮撫隊」に、陣屋に使用されたのだ。

さて「油小路事件」の後、急激に時代は動き、その年の12月12日に屯所を不動堂村から元伏見奉行所に移転した。当初は二条城警備を担当したが、共同で担当していた水戸藩からクレームが付き、元伏見奉行所の管理に変えられた。当時、奉行所は廃止され、空所になっていた。（詳しくはＰ97）将軍慶喜は大政を返上し、慶喜を主としての新しい政治作りを、大坂城で模索していた。しかしあくまで武力革命を目指す薩長側は、これを無視し、江戸で後に「赤報隊《せきほうたい》」となる、小島四郎（相楽総三）をリーダーとした浪士たちを商家に押し入らせたり、江戸城下に火事を起させたり、江戸市中を〝パニック〟に陥れるという、挑発テロを行わせていた。さらに、市中取締りの庄内藩御預かりの「新徴組」を刺激し、その画策に挑発された結果、新徴組ら旧幕府軍の「薩摩藩江戸屋敷焼き討ち事件」に発展した。慶応3年12月25日である。

その頃京都では、近藤勇が銃撃された（墨染事件）。前述のように、新選組は「大政奉還」の後、不動堂村屯所から、元伏見奉行所へ移転した。伏見は京の表玄関として、平安時代から栄えた地である。現在も酒造りで有名で、酒蔵、御香宮、寺田屋（舟宿）など、昔懐かしい建物や風情が旅人を楽しませてくれる所だ。京と伏見を繋ぐ街道は、竹田街道と伏見街道の二つがある。京の五条から真直ぐに南下してきた伏見街道は、墨染《すみぞめ》の南で伏見城の外濠を避けて、西に折れる。そして京町通りの北端に合して、伏見の街に入って行く。墨染の辺りは、幕末頃は、山林と竹藪に囲まれた人気の無い場所で、近くに藤森神社と墨染寺があるくらいの寂しい所だった。

元伏見奉行所に屯所を移したばかりの慶応3年12月18日の事である。近藤勇は毎日二条城にここから登城していた。その帰途、竹田街道より、京町通りから伏見街道へ東に行く途中で銃撃された。襲ったのは「油小路事件」の生き残りの、篠原泰之進《たいのしん》、阿部十郎ら数人である。伊東甲子太郎の仇討ちとばかり、農家の納屋に隠れて待ち伏せ、近藤たち20人位の列に鉄砲を撃った。従者の隊士石井清之進《せいのしん》と、馬丁の久吉が討死。なお、近藤を警護していた島田魁によると、討死したのは隊士井上新左衛門と下僕芳助だったとされる。

近藤勇は肩に命中したが、強い男は落馬せず、馬を奉行所迄走らせ駆け帰った。襲撃者たちは、薩摩の中村半次郎に「将を射んとすれば馬を射よではないか」と、笑われたとか。高台寺党の連中は山へ逃れ、後々まで

篠原泰之進

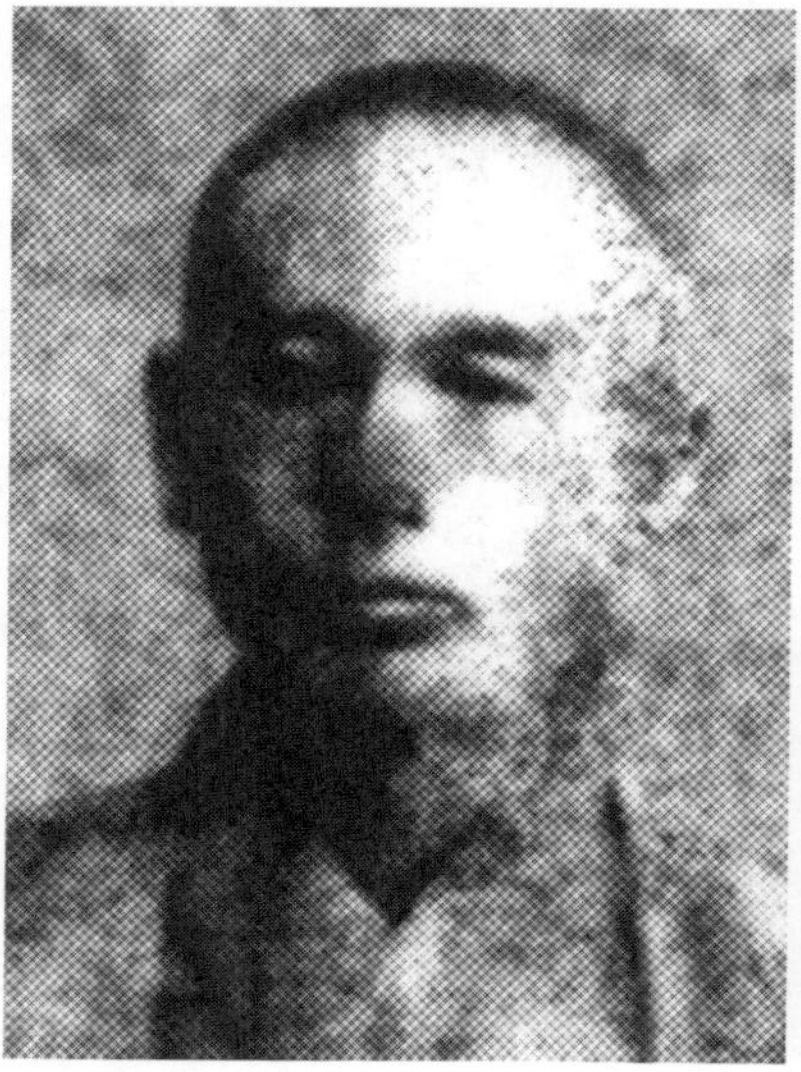

阿部十郎

近藤芳助

この事を口惜しがったと言われている。

藤森神社（伏見区深草鳥居崎町）に近藤勇が腰痛平癒祈願に、しばしば社を訪れたと書かれた木札がある。

この事件の後、この傷の治療の為、勇は大坂城に移り、沖田総司も近藤と共に療養する事になった。そして年が明けて慶応4年正月3日「鳥羽・伏見の戦い」が始まった。先ず下鳥羽で戦端が開かれ、新選組は会津軍と共に御香宮方面を攻める。だが開戦と同時に本陣とした元伏見奉行所へ薩摩の大砲を浴びせかけられ苦戦、奉行所は炎上し、御香宮の鳥羽・伏見の戦死者の名簿には新選組は死者24名と記されている。伏見の市街は戦火で燃え上がり、真昼の様だったと言われている。4日は午前3時頃、鳥羽街道から幕軍は淀へ向かい激戦が行われ、5日は淀城が入城を拒否した為、淀千両松で激戦。井上源三郎、山崎烝《すすむ》、真田四目之進、田村大三郎、古川小二郎、今井祐二郎、三品一郎、小林峯太郎、鈴木直人、林小五郎、水口市松、逸見勝三郎、諏訪市二郎、桜井数馬の14名が討死し、近藤芳助（後の川村三郎）らが負傷したという。山崎《やまざき》烝《すすむ》は、江戸帰還の船上で死去ともいう。

先年、井上の首を埋めた場所も分かった。淀競馬場辺りの、幽霊の出た話は別記する。

40 近藤の甥御の宮川信吉が討ち死にした〝天満屋事件〟とは、又、直後の〝北小路事件〟とは

花屋町堀川の西角に新選組屯所の跡「西本願寺太鼓楼」がある。その前の信号を渡って堀川通を東へ行くと、すぐ油小路。この道を右へ、そして右側に日本茶を売る店があり、その隣に小さな石碑がある〝中井庄五郎受

難の地〟と記されている。これが旅宿天満屋跡である。
当時、坂本龍馬の暗殺は新選組で、その裏は、龍馬と海難事故でトラブルがあった紀州藩ではないかと言う声が大きかった。慶応3年（1867）の「伊呂波丸事件」である。この時龍馬は八万三千両の損害金を捲き上げていた。

海援隊の疑いの目が、自分に注目されているのを感づいた紀州藩公用人三浦休太郎《きゅうたろう》は、守護職を通じて新選組に護衛を依頼した。そこで近藤勇は、斉藤一、大石鍬次郎、中村小次郎、中条常八郎、梅戸勝之進、蟻通勘吾、舟津鎌太郎、前野五郎、市村大三郎、宮川信吉の十人を派遣した。異説あり。

陸奥陽之助（宗光）を隊長とした海援隊士十四名、これに十津川郷士《とつがわごうし》の中井庄五郎、藤岡力雄を加えた十六名が、三浦の宿所の油小路の「天満屋」を急襲したのは、12月7日の夜であった。その時、三浦は新選組や紀州藩の者に囲まれ酒宴を開いていた。いきなり踏み込んで来た中井は、正面の三浦に「三浦氏か」と声を掛ける、「さよう」の答えと共に、中井は抜き討ちを掛けた。三浦は咄嗟にのけぞって顔を傷つけられた。すわっと新選組は総立ちになる、海援隊が突進する。暗闇の大乱闘になった。敵、味方の区別が付かない。斉藤一が咄嗟に中井を斬ったと言われている。このとき梅戸勝之信は、後ろより敵を抱き止め、遂に深手負う。斉藤、梅戸のために切り抜けるとある。

三浦はどさくさに紛れて、庭の泉水に飛び込み隠れた。その内に「三浦をやったぞ」と叫ぶ声で、海援隊は一斉に引き揚げた。これは三浦側の誰かの計略であった。

後から駆け付けた永倉新八が言っている。「斉藤が二、三人を引き受けて、得意の突きでバタバタ片づけた」と言っているが、この時の土佐側は、中井庄五郎の討死だけである。他に竹中与三郎が手首を斬り落とされる重傷を負った。この時、難を逃れた三浦休太郎は、後に明治政府の貴族院議員になった。

この時、余り知られない「北小路事件」が起こっていた。この天満屋事件の急報で、不動堂屯所の永倉新八や原田左之助らが急行した。この一方、西本願寺の紀州藩屯所から急を聞いて五十人余りの藩士が急行、西本願寺前の正面通りを下がった「油小路北小路」の角で、両者がバッタリ。そして斬り合いとなり、新選組は即死一名、負傷者三名を出したが、紀州藩はそれ以上の死傷者を出した。そして西本願寺に退却、それを追って行き、初めて「同志討ち」と分かったという、笑えない事件「北小路事件」であった。

この時に、近藤勇の従兄弟の宮川信吉（１８４３～１８６８）が討死したという。宮川は天保14年、武州多摩の大沢村宮川弥五郎の次男。母のリノが勇の父の宮川久次郎の妹である。慶応元年（１８６５）入隊、不幸にも若き命を落とした。紀州藩より四十二両の弔慰金が贈られた。墓は京都光緑寺と東京都三鷹市の竜源寺にある。

41 大政奉還後、二条城共同警備を拒否された新選組

慶応3卯年12月9日、新選組は龍馬殺害の件以来、「油小路事件」のこともあり、新選組廃止の声多く、「新遊撃隊」に編入される。同月12日、新選組が二条城入りをした時に、その軽視現象が端的に現れた。

当時の京都は、発足したばかりの京都新政府と旧幕府勢力との対立が強まってきた。このまま対立が深まれば洛内での武力衝突に発展する危険性がある。事態を憂慮した慶喜は回避策として大坂への勢力移動を考え、12月12日に主力を従え大坂城へ入った。そして二条城は空城化した。城主が去ったとはいえ、徳川軍の重要拠点である。そこで御三家の水戸が守衛を担当する事になった。内命を与えたのは榎本道章《みちあき》であった。その頃、

本圀寺に駐屯していた大場《おおば》一真斉《いっしんさい》以下の200名。彼らはかって「本圀寺党」と称した過激思想の集団であった。守城役として的確とは言い難いが、他に人員がない。不安のままに指令が下った。代表者が登城すると留守居役が出迎え守衛場所を案内された。徳川慶喜から一刀を下賜され、彼らは役目の重さに感激した。

そこへ別ルートからの命令で、新選組が城内警備増強の為、急遽投入されたのだ。本来ならば同じ徳川家の支援部隊の好しみとして歓迎し、両者間で円満に話し合って、担当区域を規定し、相互協力の元に共同事業を張るのが通例であるが、この時は幕府消滅直後の混乱期、この定義がもろくも崩れていた。

城中で新選組局長と水戸藩士が初顔合わせをする。近藤は先着警備者に敬意を表し丁重に挨拶を述べた。武士道の道理にかなった手順であった。これに対し隊長の大場は嫌悪感をあらわにした。水戸藩側は「他人の助力など一切ご無用。我が藩士のみで守城する」と宣言。新選組のサポートを断固拒否。相手を見ようとしない、素知らぬふりをした。この水戸側の無礼に対して近藤は頭にきた。水戸藩士の不動の決意に押され仲介者は説得を諦めて引き下がった。水戸の粘り勝ちとなった。

当てが外れた新選組は行き場を失った。知己の若年寄格永井尚志を頼った。律義な心に打たれた永井は、伏見奉行所守備を委ねた。その夜、近藤は「新遊撃隊」の名を返上し、元来の「新選組」を称する。そして「近藤勇の狙撃事件」、「鳥羽・伏見の戦い」へと舞台は廻って行ったのであった。

42 落武者狩りで死んだ隊士がいた、小田数馬

慶応4年（1868）1月、「鳥羽・伏見の戦い」で敗走した徳川軍は大坂へ逃れた後に、江戸に引き上げた。新選組の面々も、1月9日、土方歳三、永倉新八らは、天保山から幕府運搬船「順動丸」に乗船し江戸へ向かっている（12日品川着）。10日、近藤勇や負傷した新選組隊士ら40名・榎本武揚《たけあき》らは、幕府軍艦「富士山」にて、大坂から江戸へ向かっている（15日品川着）。しかし、敗残兵として大坂市中に潜んだ者も多くいた。落ち武者狩りは、慶長20年（1615）の大坂夏の陣以来の厳しさで行われたという。密告を利用して恩賞をエサに効果を上げた。小田数馬《かずま》隊士が周防国岩国藩の「日新隊」によって捕えられ、慶応4年1月11日、天満橋下の河原で打ち首となり、同橋上に斬奸状《ざんかんじょう》を添え晒首にされた。小田は果たして何者か？　誰かの変名かも。

「日新隊上京日記」より見てみると次の様である。

「前略　13日幕ヨリ暇出シ、与力《よりき》同心降参、百人余リ一小隊取立、朝枝辰太郎《あさえだたつたろう》司令士トナル。同夜新選組幕府小田数馬ト申者、潜伏イタシ居ルヲ、日新隊ノ一伍、罷越シ応接ノ上召捕エ天満橋ノ下ニテ今田束、切殺シ罪状ヲ書キ橋上へ梟首ス。15日夕、北野村ニ歩兵大隊幕兵、中貞吉、嘉三郎ト云者、潜伏居注進アリ。宗藩渡辺虎之助、日新隊西田金吾、村尾孝次郎、井尻源蔵、水谷琢磨、大草文太郎、同道シテ行、応接ノ上召捕エ帰ル。天満橋ノ下ニテ、喜三郎ヲ大草文太郎切殺ス。貞吉ヲ井尻源蔵切殺ス、皆橋上ニ梟首ス。」

この隊士は大坂市内に潜伏し、長州の名を騙って町家で狼藉を働いたとの風聞が伝わっている。鳥羽・伏見の直後の大坂の町はパニック状態であったのが、よく分かる。

こんな隊士もいた。谷川辰吉（のちの井汲恭平）（1822～1894）の様に、その前年大坂へ出張した時に脱走し、彼は要領がよい人物で、平野町の今井屋に奉公して逃げ切る。その後京都へ行き裏切り組の高台

寺党の阿部十郎のコネで、赤報隊に入ったが運よく、赤報隊から四条少将の隊に移り、赤報隊のトラブルに巻き込まれなかった。色々な隊士が居た事が、これでよく分かる。

43 〝壬生義士伝〟で、つと有名になり、中年女性の新選組ファンが増えた―吉村貫一郎

2004年のNHK大河ドラマ「新選組!」が決ったのは前々年の2002年であったが、2000年頃から新選組の小説やドラマが動き始めた。1999年には、大島渚さんが、執念で病の身体に鞭打って、ビートたけしの新選組(映画『御法度』)を作られ大ヒット。続くように、『壬生義士伝』と銘打つ歴史小説が、浅田次郎氏によって書かれミリオンセラーとなり、渡辺謙氏のテレビドラマや、松竹の映画で大ヒットした。笑い話であるが、「新選組記念館」に来館した青年は「たまたま、公衆トイレで忘れ物の本が壬生義士伝で、これを読み大ファンになった」と言っていた。

丁度その前頃だったろうか、筆者の「新選組記念館」にB社の編集人らしき人が数人来館にされ「少し変わった隊士はおりませんでしたか?」と聞かれた。私は以前から、幕末の志士の人々は「宵越しの金は持たぬ」のスローガンでよく遊び飲んだというのが常識で、この中で一人、隊士から「守銭奴」と呼ばれ、給金を妻子に送っていた人を注目していたので彼を教えた。吉村貫一郎のことである。

さて、この吉村貫一郎(1839?～1868?)は、奥州南部の出身で、天保11年生まれ、「北辰一刀流」

の使い手である。慶応元年（1865）5月に土方歳三の江戸での隊士募集に応じて上洛し、同年夏の編成では諸士調役兼監察となり、剣術師範も兼任する。慶応3年（1867）6月には調役として見廻組並の格を幕府から受けた。翌慶応4年（1868）1月の「鳥羽・伏見の戦い」に敗走し、大坂で脱走した。

これが「壬生義士伝」では、傷つき敗残の姿で、大坂南部藩の蔵屋敷に、元の親友の留守役にすがって帰藩を訴えるが、留守役はここで友情の切腹をする様、説得し、切腹の為の銘刀を友情として渡したが、彼はその銘刀を故郷に送る様に依頼し、切れない自らの刀で血まみれになって死去したという劇的な話となっていて、映画もテレビも本も大ヒットとなったが、本当は鳥羽・伏見の戦いで戦死したとされる「嘉村権太郎」と同一人物らしいのである。子母澤寛氏の『新選組物語』では、南部藩の下級武士で、文久2年（1862）に脱藩し、大坂で出稼ぎをやっていて、京都に給与の大きい新選組の情報を聞き入隊した、中年の人物で、給金を自分の為に使わず妻子へ送ったと書かれ、慶応3年（1867）12月の不動堂村屯所引揚げの時支払われた退職金を送金に直ぐ走ったので、島田魁はそれを見て脱走と思ったと書いている。

壬生義士伝では、切腹の時に遺品を妻子の元に届けてくれるよう、血文字で認めているが、これもフィクション。本書は、浅田次郎氏がたいへん上手に、書き上げた、大ヒット小説である。

「鳥羽・伏見の戦い」で負傷し、大坂城で治療中に、1月7日、城外の火災を敵兵の攻撃と誤認して自刃した、肥後出身の諸士調役兼監察の〝村上清〟と言う隊士がいる（『会津戊辰戦史』）。鳥羽・伏見の戦いの後の大坂では色々の事が起ったが、一般には全然知られていないのである。

甲陽鎮撫隊

44 新選組と甲州街道　甲陽鎮撫隊のありさま

東京と甲府間の自動車の走行距離は約140キロ。2時間半で新宿から到着するが、昔の甲州街道は、日本橋から甲府へ36里とされていて普通、男の足で二泊三日の旅。女・子供であると四、五日を考えねばならない。日本橋から四谷の大木戸にかかり内藤新宿、高井田、布田五ケ宿（調布市）、府中、日野、八王子で一泊。二日目は小仏峠を越えて与瀬（神奈川県相模原市緑区）、吉野、関野、上野原（山梨県上野原市）を通って大月で一泊。三日目は笹子峠を越えて、駒飼《こまかい》、勝沼、石和《いさわ》、甲府という順で1日12、13里を歩き続けたものであった。

甲陽鎮撫隊（新選組）も、当時のようにしっかりと作戦計画をたてて行動したならば、板垣退助の東征軍の出鼻を叩いて維新史の一頁を飾るにふさわしい成果を上げていただろうに、近藤勇（1834〜1868）のとった行動は理解出来ないものであった。もっとも近藤は、甲州入りに先立って慶応4年（1868）2月17日、隊士3名に三百両の軍資金を持たせて、甲府城内に届けている。これは勤番士の呼応の手引きの為で、更に10日後には人切り鍬次郎の大石を派遣した。これで甲州は完璧と思ったのか？

道中一日目（3月1日）、鍛冶橋の宿舎を出発の150名ばかりは、2里ばかり行軍して内藤新宿に入ると、早々と女郎屋に分宿して大盤振る舞いをやった。翌日は5里ばかり行軍して府中泊り。近藤は近くの上石原村（調布市野水）の出身であり、実兄・宮川音五郎（1830〜1871）が居たので、親戚縁者の者に上級幕臣としての「晴れ姿」を披露し、故郷に錦を飾ったのである。これも予定の行動であった。三日目の昼、日野に入った一行は、佐藤彦五郎（１８２７〜１９０２）宅で昼食の接待を受けた。佐藤の妻は土方歳三の実姉であったからである。近藤は右肩の傷が治っておらず、出陣の祝盃も左手で持つ程だったが、元気よく談笑した。最高の時だったのだ。

日野で「春日隊」が合流する事になった。「春日盛《かすがさかり》」と名を変えた彦五郎を長に、日野の若者30名ばかりの農兵隊である。こうして２００名に膨れた一行は、充分休養を取って出発したが、このあたりから空模様がおかしくなり雪が降り出した。小仏峠を越えて、三日目、与瀬泊り。旅人の一日旅の処を三日も掛ける、のんびりムードの進軍であったが、信州の諏訪に進んでいた東征軍には、近藤の動きがスパイの手で知らされ、板垣も慌てて甲府に軍を進めていた。四日目の雪中行軍は大変で、特に笹子峠に掛かると〝上り下り二里八丁〟と短いが急坂であり、持参した鉄砲や弾も谷底に投げ捨て、落伍する者も続出した。駒飼《こまかい》に着いたところで点検すると、馬丁を入れて１２１名になっていた。３月５日、援軍を求めて土方歳三を引き返させた。この隊が駒飼でモタモタしている頃、東征軍は3月3日には甲府に到着し、5日には甲府城を占領していた。そして、谷干城《たにたてき》に命じて、因州、諏訪、上州の連合軍８５０人を勝沼に向かわせた。近藤は作戦の変更をし甲州街道の柏尾大善寺の東門といわれる山門の近くの山の中腹に本隊を置き、砲二門を設けて布陣。この辺りの甲州街道は大善寺山の裾を開いた道で、片方は白川の急流で山道、その上、深沢川が街道を中断し木橋のみである。橋を落せば東征軍は前へ進めない、守備には絶好の地形であった。3月6日「甲州勝沼の戦い」、衆《しゅう》寡《か》敵《てき》せず、4時間余の攻防戦の果て、敗走に追い込まれた。あんな道草せずに甲府城に入っていたならば、近藤の命運もまた異なっていたのだろう。近藤は故郷に錦を飾ったが、大きなマイナスを背負う事になってしまったのだった。砲術担当の軍監・結城無二三も笹尾峠で離脱し、隊士は大砲の取り扱いが分からず、玉が飛ばず転げ落ち、サッカー観戦の様に見ていた百姓衆が、ドーッと笑ったとか。

45 16才の官兵に討たれた、甲陽鎮撫隊士・加賀爪勝之進

加賀爪《かがつめ》勝之進《かつのしん》定則《さだのり》は、元美濃国加納藩士で、加々爪勝太郎とも言われている。生年不詳であるが、彼は慶応2年(1866)に入隊した隊士で、翌3年6月の幕臣取立により見廻組並御雇の格を得た。慶応4年(1868)の「鳥羽・伏見の戦い」に参戦し、江戸へ戻り「甲陽鎮撫隊」に参加し近藤勇に従い出動した。日野宿名主佐藤彦五郎を隊長とする「春日隊」と共に同年3月6日に甲州勝沼で東山道《とうさんどう》先鋒の板垣退助の率いる土佐・鳥取・高島の三藩連合軍と激突した。

甲陽鎮撫隊は、土佐藩士谷干城《たにたてき》の率いる鳥取藩兵二小隊、土佐藩砲兵の中央隊と交戦していたが、やがて岩崎山で春日隊が土佐藩士片岡鎌吉《かたおかかまきち》の率いる土佐・鳥取・高島の藩兵各一小隊の左翼隊によって撃破されると、反対側の高地から甲陽鎮撫隊の背後に回った土佐藩士谷神兵衛《たにしんべえ》の率いる土佐藩兵一小隊の右翼隊との連帯によって、甲陽鎮撫隊は三方から攻められる事となった。この時、加賀爪は、谷神兵衛隊と戦い討死する事になったのである。

戊辰戦争官軍従軍医、病院頭取の弘田親厚《ちかあつ》の書いた「東征道の記」を見てみると「谷・北村・小笠原の人々は勝沼にて賊に出逢、北村重頼は正面大砲にて押寄、小笠原、谷は閑道より進み、因州勢も道を分かって閑道を廻り、賊を挟撃にしければ、正面の賊、砲玉に打立てられ、敗走の折から閑道を廻りし、谷、小笠原の兵、急に攻立《せみたて》、賊よりもきびしく打出す砲玉の中を事共にせず打入、々、々、切斃《きりたお》す。其時、谷の手に属せし小橋清太郎倅、千代馬《ちよま》16才に成りけるが、賊の隊長加賀爪某を打討首級を得たりける。」

この戦況を見ても、甲陽鎮撫隊の戦いは、新選組には大砲の砲手が居ず、砲弾がとばなかったとか、敵の一方的に優勢で挟撃され、一少年兵に加賀爪隊士の様な隊長格が討たれ、大敗北であった事がよく分かる一つの

事実である。官軍先鋒隊にも16才位の少年兵が多く参戦していた事がよく分かるのである。本当は5名の青少年隊で一斉射撃をしたようであり、この5名が恩賞を受けた話は無いが、この5名共々負傷もせずに「戊辰の役」を乗り越えて生きたのであった。

46 新選組新発見 五兵衛新田屯所の話―「近藤勇の写真はこうして残った」

新選組の江戸へ戻ってからの行動の中で、少し分からない部分がある。甲陽鎮撫隊として甲府へ、慶応4年（1868）3月6日、「勝沼の戦い」で敗れ、バラバラに別れて敗走、江戸へ潜入。「新選組」に復して、それから流山に陣を張る迄が不明である。きっと秘密に行動したのだろう、史料は殆んど存在していなかった。中島登《のぼり》の覚書に「是より追い追い、東都へ引揚げ、一泊どまり、今戸に至り、是より、五兵衛新田《ごへいしんでん》に宿陣し、当所にて歩兵を抱きたり、凡《およ》そ弐百人余り成り、是より、下総流山に至り宿陣ス」と、簡単に書いているだけである。では五兵衛新田の誰の家に宿陣したのか？　ある研究家T氏が「本陣となったのは、名主金子左内邸で現在の足立区綾通4丁目金子章吾氏邸」に当ると、記しておられる。金子家の過去帳によれば、金子左内家は寛永4年（1627）10月に新田開拓者である五兵衛家より分家した家である。当時は宅地３０００坪の邸内の周囲に、幅一間位の掘割を巡らし、約１４０坪程の母屋と倉が建ち、松や樫の大木が茂り、小さな城の様な住居であったといわれる。最近、金子家の倉から新選組が陣を構えていた当時の古文書が発見された。明治期の砂糖の紙袋の中に束ねられ、錠前が錆び付いた手文庫の中に納められていた。この発見された文書の中から、勝沼戦争開始の「届け書」がある。

「内御届」

火急達書申し上げ候。然者《しからば》兼て、ご案内の通り、鎮撫隊方駒飼、鶴瀬両宿に止り、居り候所、上方勢、繰り出し、柏尾山前并並びに、勝沼宿迄、焼き立て、互いに炮着仕り、折角合戦最中の由、承り候間、此段御達し申し上げ候。右の趣、黒野田宿より当宿迄達し、これ有り候間、此段取あえず御達し申し上げ候。以上。辰三月七日子中刻、上野原宿問屋役人。関野宿より、内藤新宿迄、宿々　御問屋役人中。右の通り、当道中、甲州郡内、上野原宿問屋より宿々へ内達これ在り候間、写しを以ってこの段申し上げ奉り候。尤も鎮撫隊と申すは、甲州鎮撫方御用として、大久保剛様、副長内藤隼人様、御引き纏《まと》め鎮撫隊百四、五十人御召し連れ、当月朔日、江戸御出立甲州表へ御越し相成り候所、当月四日頃の由、上方勢、最早甲州表へ相廻り入り込み居り候に付き、右鎮撫隊は甲州駒飼、鶴瀬辺りに止りおり候。折柄前書の通りの次第にて戦争相成り候、戦に相聞き申し候。尤も風聞の趣きにては鎮撫隊は少人足、上方勢は多人数に付き追討ちにまかりにし候と申す風説には御座候はずこれに依り、取り敢えず此段内御届け申し上げ奉り候以上。三月八日内藤新宿名主高橋善六。松村忠四郎様御役所

慶応4年1月「鳥羽・伏見の戦い」に敗れ、江戸に引き揚げて来た新選組は、将軍を甲府へ移す為に、甲府城乗っ取りを計画、そのために170人の隊士を「第二次新選組」として集めた。軍資金五千両、大砲二門、小銃五百挺を拝領して、3月1日に江戸を出発した。この時近藤は老中に次ぐ「若年寄格」で、土方は三千石の旗本に準ずる「寄合席格」と、破格の御大身となり、近藤は大久保大和剛《おおくぼやまとごう》、土方は内藤隼人《ないとうはやと》と、それぞれ偽名を用いた。その頃、乾（板垣）退助の東山道先鋒枝隊600人は、既に3月4日に甲府に入り開城を迫り、5日には甲府城を完全に占拠した。予期せぬ官軍の急進に、約1日遅れた鎮撫隊は止む無く、甲府への進軍は中止、勝沼の上宿と下宿に柵門を築いてバリケードとし、下は深沢川が流れ、背後は柏尾山の中腹に布陣した。

6日昼頃に決戦が始まり、山下から攻めてくる、上州・因州両軍を防守する為、近藤勇は柏尾山下の数軒の民家と橋に火を放った。その煙は逆に味方の方へ流れ、逃亡する隊士も続出。大砲の取扱も出来ず、弾が転げ落ち、見物の農民衆がドーと笑ったという話も伝わる。弁当持ちで現在のサッカー観戦の様に見物に出掛けたとか。大砲を扱える結城《ゆうき》無二三《むにぞう》は、前日のトラブルで戦線を離脱していた（詳細は結城無二三伝Ｐ２２１参照の事）。土方歳三は援軍依頼の為、江戸の勝海舟《かつかいしゅう》の所へ出張していた。こうして敗走した隊士が五兵衛新田に結集したのだった。江戸の地理に暗い、薩軍の兵士6名が、芝田町四丁目の「自身番」に来て「近藤らの隠れ場所は五兵衛であるとか案内せよ」と命令し、これまた何も分からない役人は同じ町内で商売をしている「五兵衛さん宅」へ隊士を案内した。藪から棒に何の事か分からず、五兵衛さんは目をパチクリパチクリ。

「招かれざる客が来る」。

綾瀬川沿いの平和な農村の五兵衛新田が突然、維新の動乱に巻き込まれたのは、3月14日も夜更けてからであった。村名主健十郎の夢を破ったのは、長屋門を叩く、荒々しい音と、下男下女の叫び声であった。この事件について、村役人総代は関東郡代役所宛ての書状でこう書き残している。

「恐れながら書付をもって申し上げ奉り候。武州足立郡五兵衛新田役人総代年寄源右衛門申し上げ奉り候。当村名主見習健十郎方へ、昨十四日夕方、大久保大和様と申す御人、上下五十人程の御人数にて、四、五日の間、立ち退き居り申し度き候間、健十郎居宅借り呉れ候よう申し聞かれ、尤も焚き出し等の儀も同人方にて、相賄い居り候儀に御座候。これに依って、此段御届け申し上げ奉り候。以上、辰三月十五日　武州足立郡〃五兵衛新田〃役人惣代、年寄源右衛門　佐々木半十郎様御役所。」

五兵衛新田は思わぬ被害を受けた。色々と語り伝えられている話もあるが、健十郎の口上書がその全てを物語っている。

「口上」当、三月十四日夕、親類泉谷次郎左衛門殿、使へ不図来《ふときた》り、当御時節柄に付き、右同人出入屋敷御国表へ御発駕遊さるべき故、親宿御継ぎ立ては勿論、道中筋人馬継ぎ立て方、大いに差し支えの趣にて、近在へ一先御立退遊さるべしと仰せ出され候えども、差し当たり差し支え依って上下十五人程、一両日の間、御逗留遊ばさるべき段、達《たって》で頼みに付き、縁者共の申口に託し承り置き候。其夜四ツ時頃、右次郎左衛門殿、親類案内にて付き人数四十人程、御引き連れ参られ、御見請け申上候処、申し込みとの相違いに驚き入り、直様同人へ掛合い候処、揶《いささか》心配とれ無き由申され候えども、何分諸間御触面もあり候間、再三断入り候処、何分深夜の儀に付き聞き入れもこれ無く、既に論談仕り候処、御重役様と御見請け申し上げ候御方より、種々御申聞かせ、これ有る付、猶、廉々《れんれん》御歎願かたがた自退申上奉り候えば、厚く御教諭仰せつけられ恐れ入り候。よんどころなく、一両日内は御請り仕り候義に御座候。尤も乱妨は一切これ無く候えども不調法のかどこれ有候ては、重々恐れ入り、奉り候に付き、当御支配様へ御訴え申し上げ候儀然る処、追々御人数相増し候様子に付き、小前共は勿論隣郷にては、以ての外の風聞に相成り、当御時節に乗じ、彼是、如何の義も、これ有るべき哉。基外、私欲にて御人数を取り集め、屯所同様にて勝手ままの儀等致し候様に、諸方にも異聞を聞き及び、猶々、其御筋よりも御短くこれあるべき哉。」

その後、主人の健十郎は家にいなかった。やくざの様な隊士の幾人かに殺されかけたのだ。奥庭の池の横の桜の樹に帯をほどかされて、その帯で逆さにつるされた。妻の「つる」が「命ばかりはお助け下さい」と、許しを乞い、健十郎は家を出たのだった。この健十郎も彼らが流山に移動してから、官軍に呼び出され取り調べの時も、匿ったのではなく、自分達は被害者であると堂々と申し開き、明治になって名前を健重《けんじゅう》と改名し、第一期東京府議会議員を福沢諭吉らと共に勤めた人物である。

この広い健十郎宅も旅籠屋では無い。幹部の近藤、土方らは奥の十畳間に、士分や兵士も下男部屋から物置まで占領、これでも不足して、近くの滝二郎宅や観音寺に分宿した。

「迷惑料金弐千疋」、関東郡代の佐々木半十郎から松本良順と近藤に宛てた二通の書簡が残っている。永倉新八の記事によると、「勝沼の戦い」敗退後、江戸にもどった新選組は、再度の挙兵の為、軍用金三百両を借り入れている。

勤王佐幕に全く関係の無い、一農村の五兵衛新田で最大の迷惑を受けたのは、左内家《さない》であった。米蔵の米は年貢米まで残らず食べられ、主人の健十郎は家出の〃憂き目〃に遭い、やがて官軍から大砲を撃ち込まれまいか、近藤たち屯所引き払いの際は、家を焼き払われはしまいかと、パニック状態の半月間であった。

この中で、女手ひとつで、近藤、土方を無難に応接した「賢女つる」の大働きを見逃してはならない。半紙一枚を折りたたみ、表書き「乃し、金弐千疋　大和」の「乃し紙」が残されている。これは近藤個人が置いていったものらしい。そこからは小判五枚のかわりに、腕を組んでいる「勇の写真」が一枚包まれていただけであった。近藤勇の写真はこうして残っていたのであった。知られざる話である。

47 永倉新八と原田左之助は、なぜ、近藤勇と訣別したのか？

甲陽鎮撫隊で参戦しない隊士と八王子で近藤と別れ、江戸で再会しようと約束して、三々五々に別れた隊士は、それでも落ち合い所に定めた本所二ツ目大久保主膳邸へ足を運んでみたが、まだ隊長の近藤が来ていなかったので、大部分は全く新選組から離散してしまい、残るは永倉、原田、島田魁、矢田賢之助など10人ばかりである。

これらの残党は「会津藩に投じよう」と決議し、永倉の発案で、今戸八幡の境内に住む松本良順から、軍用金として三百両を借り入れる。金子《きんす》が出来ると「先に離散した同志や近藤勇も合わせて会津に赴こう」という事になった。この時、離散の同志は新吉原で名残の遊興を試みていると聞き、永倉らは駕籠を飛ばして新吉原の「金瓶大黒楼」に乗り付けた。「折角、同志を結んだ我々が、一朝にして離散するのとはいかにも遺憾に存じて、まかりこした。して、各々がたは何れへと赴かれるや」と聞くと、何れも「会津に投ずるつもりだ」と言う。「それでは我々と同じ目的でござれば、ここで更に新勢力を組織し、近藤、土方の両名も説き入れて、会津に赴き、最後の奮闘をいたそうではござらぬか」と相談すると、一同も異議なく、「万事は永倉に一任する」と言うので、その夜は結党の祝宴を張り、徹宵《てっしょう》の豪遊を試みた。

翌朝3隻の船で一同が近藤のいる和泉橋医学所へ漕ぎつけ、勇に面会して前夜の決議を述べて賛同を求めると、勇はふうぜん色をなし、「拙者は左様な決議には加盟致さぬ。但し、拙者の家臣となって働くと言うならば同意も致そう」と断った。離散した一同も折角訪ねて来たのに、近藤に突っ放されると、怒気一時に燃えて袖を払って立ち去った。

永倉と原田も、「二君に仕えざるが武士の本懐でござる、これまで同盟こそすれ、未だお手前の家来には相成り申さぬ」と激し乍ら、これまでの交誼の礼を述べ、矢田と共に立ち去った。これが最後の別れとなったのであった。慶応4年（1868）3月のことであった。

48 永倉新八の甲陽鎮撫隊従軍記「何故、土方歳三は菜葉隊《なっぱたい》の応援を頼みに行ったのか」

新選組は江戸へ帰って、表面は甲州鎮撫という事になり、軍用金五千両、大砲二門、小銃五百挺を下付された。しかも軍事総裁勝義邦（海舟）が、近藤勇のこの願意を容易にいれたのは、この際、爆裂弾の様な危険人物を慶喜の前に近づけたくない所存からなのであった。勇の心中では、江戸城の堅要を固持して、あくまで官軍に反抗しようと考えていたのである。

かかる内にも、官軍は続々と東下して来た。勇は慶応4年（１８６８）3月1日、甲州鎮撫の為と触れて、「甲陽鎮撫隊」を甲州街道に進めた。八王子を過ぎて猿橋の宿で、「はや、官軍は下諏訪にあり、甲州に入るのも、ここ2、3日の内だ」という情報を聞いて勇は大いに驚く。そして、即座に70頭の馬匹《ばひつ》を集め騎馬隊を編成して、官軍に先立って甲州に入ろうとした。官軍も又、もし、甲州城が幕府の手に落ちては容易ならざる事になるので、そこに巧妙な手段を巡らした。結果、甲州城は一戦に及ばずして官軍の手に落ちる事になった。甲州城を乗っ取って百万石を掌握しょうとした甲陽鎮撫隊（新選組）の野心は、「一朝の夢」に過ぎなかった。剣をとっては本朝随一の近藤勇も、徳川幕府という大廈《たいか》の倒るるに際しては、これを支うる一木に過ぎなかった。その意味で甲州合戦は、完全に失敗で終わっている。

詳しい事は省いて、新選組離散の話をする。3月4日勝沼の宿へ甲陽鎮撫隊の騎馬隊が着くと、甲州城はもはや官軍の手に落ちている事が分かった。隊員を点検すると馬丁《ばてい》を合わせてわずか１２１人。この小勢をもって大軍の官軍に対抗すべくも、あらぬ。隊士はそれを知って永倉と原田左之助の両人へ「この際、後援が来なければ無謀な戦いはしたくない」と、申し込んだ。これを伝えるとさすがの近藤もよわって「然らば、隊士を欺くとは士道に背くけれど、非常の場合ゆえ、よんどころござらぬ。会津の侍３００名が猿橋迄来ている、明朝着くはずであると偽って一戦をするように進めて貰いたい」と頼む。一方には、副長土方を神奈川に馳せて、旗本の一隊たる「菜葉隊」を迎えにやった。その夜、勇は大砲二門を要害の地に据え、更に農民に説いて、一把二把の薪を出させ、山の中腹や街道筋に篝火を焚いて虚勢を張った。官軍はこれを望んで、大部隊の幕軍が押し寄せたものと早合点し、急に後詰めの部隊を甲州城に集めて備えを堅くした。要するに近藤勇は、益々敵をして、有利な位置に立たしめるようにしたのである。今度は更に、手を変えて、甲州城に入った岩倉具定《ともさだ》に使いを出し、「幕府の甲陽鎮撫隊長・大久保剛《たけし》に候、岩倉公に面会して申上げたき儀がある」と、勇が自ら進むと、「挨拶は鉄砲でいたす」と言って相手にしない。この時永倉は、同志10名と、駆り集めた猟夫20名の一隊を率いて街道の向山に進むと、一軒の農家に官軍の兵が潜んでいた。するとそれを見るなり猟夫は裏切り、反対に永倉の方に鉄砲を向けた。「衆寡敵セズ」とみて、永倉以下が引き揚げてくると、隊士たちは、隊長近藤が前夜、会津の援兵が来ると言ったのが、根も葉もない事であるのと、兵糧さえ十分で無いのを怒って、早くも離散の決心をしたものとみえ、勝手に小仏峠の方へ引き揚げてしまう。

永倉と原田は大いに驚いて、馬に乗って追いかけ、吉野宿（神奈川県相模原市）でやっと追いついて、色々と一行を説得した。次いで近藤もやって来て説得したが、駄目。近藤もここに最後の一戦をと吉野を陣地として試みて討死すると動かぬ。永倉は何とかして隊士を引き止めようとして、八王子迄追いかけ説いたけど、彼らはもはや甲陽鎮撫隊（新選組）に復帰するのは意味が無い。何れも会津藩に投じて徳川家の為に尽くそうと決心しているので、永倉ももはやこれまでと、「それでは致し方が無い、しかし今一度隊長に会い、これまでの暇乞いをしてから、会津へ行くが宜しかろう」とした。

近藤は、「この上は拙者も会津の城を枕に討死を遂げる事に致そう。隊士は、永倉、原田氏にお任せ致しました。一同は江戸で会おう」と約して別れる事になった。散々な有り様になって隊士は江戸に帰った。

近藤勇斬首

49 近藤勇を捕え、命を助けようとした男、有馬藤太

幕末、天皇親政を画する志士の心胆を寒からしめた新選組も、時に利《り》、非《あら》ず、甲陽鎮撫隊の頃は、近藤勇（1834～1868）は若年寄と大名格、土方歳三は旗本格と、名のみは景気よく兵200名、大砲二門、銃五百挺を支給されたとはいえ、往年の猛者も、もはや烏合の衆に近かった。

「新選組」に復して、慶応4年（1868）4月2日、下総流山、味噌の長岡屋を本陣として、対峙した相手は東山道軍総督府参謀伊地知正治（1828～1886）（薩摩藩士）が板橋から派遣した、副参謀・有馬《ありま》藤太《とうた》（薩摩藩士）（1837～1924）率いる彦根軍三百であった。

この時、何を思ってか、近藤は、自ら軍使に立ち、有馬隊に帰順を申し出た。

この時の有様を有馬は記している。

「近藤本陣の配備をことごとく見極め、一旦後方に引き下げ、散開を命じ村落を包囲した。やっと敵も気付いたと見え、慌てて射撃を開始してきた。然し、形勢は既に味方に有利で、敵は正に袋のネズミだ。次第に夜は明けてくる、味方は益々勢い付く。すると向こうの田圃の中を二人の壮士が刀を抜き、打ち回しながら、一人の大将らしき人物を護衛して、静々と近寄って来た。私の部下の中にこれを見て「やあ近藤ぢあ、近藤ぢあ、打ち殺してしまえ」と、騒ぐ者もあった。「何だ騒ぐな、近藤なんて、たかが一個の剣客ではないか。よしや斬り込んで来たって、屁でも無い。黙ってすっこんどれ」と、叱りながら様子を見る。三人は段々近付いてく

る。壮士は刀を鞘に収め、丁寧に礼をして「大久保大和」と書いた名刺を差し出す。私も下馬して礼を受け「私は東山道総督府副参謀、有馬藤太と申す者であります」と、言いながら、よくよく見ると紛れも無い近藤である。大久保大和として応対したが、ややもすると「近藤さん」と、口に出そうになって困った。勿論、向こうでも京都以来、よく私を知っていたのだ。

彼は非常に恐縮した態度で「朝早くから、互いに射撃を交えましたが、先程、菊の御旗を拝見して官軍だと分かりました。存ぜぬ事とは言いながら、官軍に対して発砲した事は誠に申し訳がない。今、慶喜公に置かれても、既に謹慎帰順を唱えておられるのに、真実、申し様無き不敬でありました。私の方は、射撃中止の命令を出しましたから、どうか攻撃を中止して下さい」と、申し出た。私は、早速、射撃中止を命じ、彼を本陣に連れて来て「御旗に対し発砲したからは、一応、軍法を以て正さねばならぬ。ともかく粕壁（埼玉県春日部市）迄、同行せられたい。向こうには参謀の宮も参っております」と言うと、「承知」の旨を答えた。「では兵器と弾薬を全て、こっち迄引き渡し、兵隊は直ちに解散して貰いたい」「それも承知しましたが、兵隊の解散、その他、色々後始末も致したいから、暫くお暇を貰いたい」。私は近藤に千両を贈って、官軍の寛大な所を見せてやりたかったので、「宜しい、尚、必要あれば多少の金の融通をしても宜しい」と言うと、「御好意は有難いが、その点は兼ねてより準備してありますから」と、辞退した。近藤の物腰、格好を見ると実に立派で全く敬服した。」と。

この様に、両者は正に武士の様な応対であったが、有馬藤太の留守の間に、チョットした手違いで斬られ、三条河原で晒首となった。有馬は近藤を将として扱い、死刑に反対であった。鹿児島の人はこれに賛成したが、土佐の谷干城《たにたてき》が、龍馬の暗殺が新選組と思い込んでいて、強硬に斬首を主張した為、切腹も認められず斬首となった。有馬は地団太を踏んで悔しがったという。慶応4年（1868）4月3日、有馬32才の事であった。

有馬は明治10年（1877）の西南戦役の時、大坂に居たが、日頃から西郷党を任じていて、8万円の軍資金のトラブルの為に、京都の獄に入り、1年余ほど拘束された。その後、民間企業に就職し、ついには満州へ渡る。この有馬も原田左之助の如く、満州へ何の仕事をしたか、何年間住んでいたかも分からない。大正13年7月、88才の長寿にて、旅順の寓居にて長逝《ちょうせい》したという。有馬の事跡は判然としないままである。

50 近藤勇の最期を見、言葉を選んだ野村利三郎

野村利三郎（1844～1869）は、弘化元年、美濃大垣に生まれる。理三郎とも、源義時とも記される。入隊は慶応3年（1867）6月以降に入隊、局長付人数となるという。土方の遺品を日野の佐藤家に届けた。市村鉄之助（1854～1873）とは同郷で鉄之助の兄辰之助（1846～1872）も同時期に入隊している事から、利三郎と市村兄弟は顔見知りでしかも仲良しと推察される。利三郎と鉄之助とは十才近く離れているので利三郎と、辰之助が何時も行動を共にし、その二人の後を、鉄之助が追っていた様である。また辰之助は江戸帰還後に新選組を脱退している事から、利三郎が消極的な辰之助を誘って入隊したらしい。辰之助はきっと弟には内緒で離隊したのだろう。慶応4年1月、鳥羽・伏見の戦い、勝沼の戦い敗走後、同年4月3日下総流山で新政府軍に包囲される、其時近藤は、「己に割腹の決心をもつて、暫時、時間の猶予を乞い、二階に上り、三、四名が会合す。土方曰く、此所に割腹するは犬死なり、運を天に任せ、板橋総督府へ出頭し、あくまで鎮撫隊を主張し説破《せっぱ》するこそ、得策ならんと言う。此議を諾し、若党一人、口取頭一人、馬上にて板橋に出頭する事に決する」と、新政府軍に投降し越谷に連行される。この時の若党が利三郎で、「近藤某と付き添い、野村利三郎、村上三郎、右、有馬と同道にて板橋駅官軍本営に至る。村上三郎、途中より流山に帰る」。

「戦友絵姿」の野村利三郎

野村利三郎は近藤勇の従者として官軍本営に行き、近藤と共に捕縛されている。なおこの時、流山に戻った村上は本隊と共に会津へ向かい、大砲役として奮闘、後に仙台で降伏している。近藤の死後、助命嘆願の手紙を持参して捕縛されていた相馬主計《かずえ》（1843?〜?）と共に解放された利三郎は、一才年上の主計と共に行動する。旧幕臣・春日左衛門（1845〜1869）の陸軍隊に属した利三郎たちは、海路で江戸を脱走後、奥州平潟方面の戦闘で活躍。箱館渡航後は、利三郎は陸軍奉行添役介として、土方歳三の指揮の下に復帰した。五稜郭入城の時、行軍順をめぐって、土方軍の利三郎と、陸軍隊の春日が斬り合いの口論となったと伝えられている。翌明治2年（1869）3月25日、「最も恐るべき」といわれる甲鉄艦の奪取、奇襲作戦である。この「宮古湾海戦」に主計と参加した利三郎は回天に乗船し、勇敢にも甲鉄艦ストーンウォール号に乗り移って突撃し、壮烈な討死を遂げた。享年26。

「（前略）相馬氏鉄艦に入り傷く。故に新選組野村氏、直ちに是を我艦に投げ上げ、自ら数人を斬り、将に退かんとするや、敵其背を衝き、水中に没す」。（戊辰戦争見聞略記）。

利三郎は、中島登覚書によれば、「性質剛直にして、酒を好み、事に臨んで怯《ひる》まず、一己《いっこ》の英雄なり」と記されている。その最期を惜しみ、新選組は屯所にしていた「称名寺」（北海道函館市船見町）に墓碑を建立したといわれる。現在はその墓石は無く、同寺新選組供養碑にその名が刻まれている。日本海戦史上最初の海戦で大活躍した新選組の戦いは、余り知られていない。

51 ミステリー！　愛知県岡崎市の法蔵寺《ほうぞうじ》に、近藤勇の首塚がある

その昔、2000年の頃、京都新聞社にH氏という記者が勤務されていて、筆者と交流していた。「〃京の女物語〃の特集で、ずっと連載して来たのですが」と、H氏。そこで筆者の近くの末慶寺前に建つ石碑「烈女畠山勇子墓」と、三条大橋で近藤勇の「晒首」の時、この一大ショ―に講談芸人を使って、勇の立派な事歴を京の市民に宣伝した女性「三本木の駒野」の話をした。駒野《こまの》は賢い女性で、近藤の子の男子を素早く、東福寺の塔頭に入れていた。岡崎市の法蔵寺に首塚があるとお教えし、H氏からは色々と取材で得た話を貰った。

昭和34年（1959）秋、伊勢湾に一大被害をもたらした「伊勢湾台風」の時、このお寺の墓地も大風害で荒らされた。墓石を整備する中で自然石の台石が出て来た。

この石に土方歳三はじめ数人の氏名が刻まれていた。その時「守り刀」も発見された。その台石には、「土方歳三、戸村静一郎、小笠原新太郎、内田良太郎、鈴木万之助、佐藤善三郎、鈴木源兵衛、菰田幸之助、松下信三郎、市橋鐘太郎、太田政一郎。世話人清水三右衛門、堀川廉之介。慶応三年辰年とあり、内山勝行建て」とあった。大神光二村山法蔵講寺執事謹誌（パンフレットより引用）。

これを読んでみると、土方以外は伝習第一隊士官と回天隊士官である。この内、戦死者として記録されてい

るのは七人で、太田政一郎慶応4年4月20日宇都宮城で戦死。小笠原新太郎伝習隊指南役頭慶応4年4月22日下野板室で戦死。以下、蝦夷で戦死（土方歳三）。菰田幸之助伝習士官隊明治2年5月11日一本木で戦死。佐藤善二郎伝習仕官隊一本木戦死。鈴木万之助伝習仕官隊明治2年5月11日箱館で戦死。内田良太郎伝習隊差図役頭取明治2年5月16日千代ケ岳で傷、23日湯の川で死去。この石碑はなんだかさっぱり分からない。小刀が出たのみで頭蓋骨は発見されなかった。岡崎出身の箱館新選組の同士が解放後、郷里に帰り供養碑を設けたと思われる。

昭和33年4月、法蔵寺の総本山京都新京極の誓願寺の記録に、近藤の首が法蔵寺に埋葬されているとの記録がある。要約すると「近藤勇は総てを京都で画索したから京都三条の大橋を西に渡り左側の二家目の地に、塩漬の勇の首が晒しものにされた。この首を同志の士が三晩目に持ち帰り、かつて勇が在京時代信頼、敬慕して居た、称空義天大和尚が新京極裏寺町に居られたから、同志の士共が首の埋葬方を依頼に行った。然しながら称空義天大和尚は、半年前、京都より法蔵寺三十九代貫主として転任していた。法蔵寺は山の中で境内も広大で、松杉桧等の大木が生い茂り密かに埋葬するに好適地であり、特にこの寺は徳川の始祖・松平親氏の建立で、七代目の住職は家康の叔父に当るから快諾された。そして埋葬して供養し、其の当時は石碑の目立つを恐れて土砂をかぶせて、ただ普通の無縁仏の如く装い香華を供えた。其れが、確実に判明したので、東京都三鷹より勇先生の近親者三名、剣道の関係者三名が昭和三十三年の秋、当寺を訪れて、岡崎市より教育課長始め、関係者の来山を得て合同で供養をし、永く無縁仏同様の勇先生の霊を慰めた。其れより参拝者も日に増し多くなり、勇先生の霊も地下に歓んで安んずる事と存じます。」。

何と近藤の首は中山道板橋から東海道を京都へ来て、又、京都から藤川そして赤坂の間の宿・本宿迄、七十二里を旅した事になる、「首の旅」のギネス入りである。

板橋では近藤の首を斬った横倉喜三次（1824〜1894）は、「右首級、御本陣ニ於テ参謀北嶋仙太郎殿実検ノ上、白木綿ニ巻キ、アルコウルニテ詰、又箱ニ入、駕籠ニ乗セ北嶋氏騎馬ニテ一同警固シテ夕方出発、夜ニ入リ江戸表板倉殿へ着ス」、「翌26日の早朝、道中取締役として本陣より北島仙太郎、長州藩片山持作、備中国岡田藩今井半二、矢野和助別添として、三昼夜にて京都大政官へ参着。同地三条大橋の東詰河原に三日間晒しの上、東本願寺の誓願により御下げとなり、同門主自ら大谷に埋葬せられたり」と言う。

ここから考えると、明治29年（1896）夏、勇の義兄弟であった小島鹿之助の四男、小島誠之進が東大谷の霊山で「近藤勇之墓」を発見したと言われている事も信憑性がある。近藤勇は京都在洛の時、東本願寺と深い接触があった事を万代修氏が研究して書いておられ、門跡寺院であるこの格の高いお寺が皇室に申請してこの首を取り下げたのではないか。首は東大谷廟へ納骨され墓石だけが建立されていたが、その後、無縁墓となり朽ち果てて取り除かれてしまったのではないかと思う。

52 近藤勇と東本願寺との意外な交流

近藤勇の首は三条大橋に晒された。その後、首の行方は諸説紛々であるが、晒された後に東本願寺の門跡に渡されたとの説もあり、勇と東本願寺の関係に注目して見た。

『東本願寺史料第四巻』（昭和47年6月刊行）に、近藤勇及び新選組に関する「新事実」を伝える記載があり、研究家の万代修氏がこれを考察されておられる。

注目の記事は、元治元年（1864）6月24日に初登場する。

「新選組近藤勇、東本願寺にて休息。一、新選組別手組、臨時出張にて休息、相願候に付、当席寅刻（午前4時）より、何れも出勤。一、丑刻（午前2時）過頃、新選組近藤勇、人数召連参上於いて御門前休息有之。」

これは「禁門の変」の時、京都周辺に迫った長州軍に対応して出動した新選組が、東本願寺門前で休息した事を語っている。会津守護職よりの指令で、始めは四ツ塚関門を警備し、その後九条河原に出陣したとされていたが、6月24日の午前2時過ぎに東本願寺に到着し、門前で暫く休息し、午前4時になって再び出動して行った。これが東本願寺との交流のキッカケになったのかも知れないが、その3年後の慶応3年11月中旬に、近藤は一通の手紙を東本願寺家臣筆頭の下間《しもつま》宮内頼功《くないらいこう》に宛てて書いている。江戸小石川に末寺の一つ新福寺（東京都文京区白山3丁目）がある。その第二十世祐泰《すけやす》が、当時病気で本山に上京出来ないので、在京中の近藤勇に願意の周旋を委託した。この要請を受けた勇は、自ら筆をとって、嘆願書を認めて東本願寺に提出した。この文中に「下拙（私のこと）江府表寓住新福寺儀、毎々御厚情ニ相成、万々奉謝候」の文が注目される。これは近藤が江戸表に下向した時、仮住まいとしてこのお寺を使っていたという事なのである。

近藤の首の話に戻るが、京都へ送られた首は到着後、太政官に引き渡された。そして京の町衆に披露する前に、二条城内に於いて、新政府要人の「首実検」が行われた。この儀式の様子を美濃苗木十二代藩主・遠山友《とも》詳《あき》が述べている。

「一、閏4月7日、今日、太政官へ罷越節、総州にて打取に相成候、賊者近藤勇の首、塩漬に相成、御先手総督府より参り二条城にて近衛殿実検有之。拙者、傍観致候。余程臭気強し、翌八日より三日の間、三条橋下にて梟首に相成申候事。」

これは当時「一大ショー」となり、周辺地区、下鳥羽からも、当時5才位だった超高齢老母より聞いたと言う話。親に手を引かれ見物に行ったとか。京雀は「トンヤレ節」を「替え歌」にして唄ったと言われている。

その三日後、東本願寺の御門跡が貰い下げられて、東山の東大谷墓地に埋葬せられ、墓石を建てられ、忘れ去られていたのを、日野の小島氏は見たのだろう。

新選組逸話

53 近藤勇の試衛館の経営は、出稽古による収入によった

幕末の動乱期に入ると剣術の価値も次第に見直されてくる。これにつれて、町道場も自然に、雨後のタケノコの様に増えてくる。となれば、ここに過当競争状態が出来るのは必然で、諸流はこぞって自分の道場の繁昌に、これ努めなければならないことになり、どうしたら他の道場と差をつけるか、どうしたら不足なく食べていけるか、そんな深刻な問題が起こっていた。その点、勇の江戸牛込甲良屋敷（東京都新宿区市谷柳町25番地）の道場「試衛館」は、不思議な道場であった。当時は「いも道場」の異名をとったというように「天然理心流」という響きはよいが、たいして〝あかぬけ〟ない剣法を売っていた。だから門人は余りない。しかも5、60人いた門人は、近藤勇やその養父の周助同様、百姓出身がほとんどだった。そんな道場であるが、広さ三間、四間の稽古場に、七間ほどある住居は案外、コザッパリと手入れがゆきとどいていた。貧乏道場の感じではない。お金には不自由していなかったのである。どうしてかといえば、出稽古による収入がバカにならなかったからである。勇の養父周助の代から、天然理心流は多摩に広く門系をつくっていた。しかも門人の大部分が名主な

小島鹿之助（右端）

どの富農である。自衛のために剣を学べるならというわけで、金には糸目をつけない。

さて、この出張の収入は、いったいどれくらいだったのか。出張先の一つ、小野路村に小島資料館（東京都町田市小野路町）がある。そこの小島政孝氏は、新選組、なかでも天然理心流と近藤勇の研究家である。この小島氏をたずねると、その内容は、「当館所蔵の『伎撃連諸立替其外控』によると、近藤勇は、門人一人二回の出張で金ならば二朱、銀ならば十匁をとっていたこと。

沖田総司や山南敬助の出張はこの半額であること。出張日は、とくに定めておらず、試衛館の先生がやってくると、名主の下男がふれまわって門人たちを集めたこと。文久2年（1862）を例にとると、この先生たちは小島家へ18回出張してきている。つまり月に1回以上の割合である。この年、近藤勇に次いで、出張に来た回数が多いのが沖田総司である。よく「誠のマンガ本」に沖田の出張の様が描かれている。この出張に来た先生は、大抵、二、三日滞在したが、その時の食費3食はタダであった。出張練習場は、近藤と義兄弟の契りを結んだ小島鹿之助の邸の他に、2ヶ所で行われていた。こうした収入が、ほとんど道場の収入となり、試衛館はお金に余裕があり、永倉たち食客が多く集まり住み、江戸道場はにぎやかであったのだった。

ここから日本史を輝かすことになる新選組が、生まれてくるとは誰が信じたであろうことか。

54 新選組のビック後援者、佐藤彦五郎

新選組のパトロン、近藤勇（1834～1868）を支えた男、佐藤彦五郎（1827～1902）の存在は大きい。勇と義兄弟の交りを結んでいる。日野の寄場《よせば》名主である。近藤勇の養父、周助の門人で、天然理心流を日野に導入するのに功績のあった人である。

当時、経済的に豊かであった日野には、彦五郎宅の他に4つの道場があり、近藤勇の江戸の道場の出稽古先になっていた。こうした道場は、日野の治安維持にも一役買っていたという。

佐藤彦五郎

勇が日野の豪農の五男坊の土方歳三と知り合ったのも、この佐藤彦五郎を介してである。

彼らが参加した、清河八郎の「浪士隊」は一ヶ月で江戸に帰り「新徴組《しんちょうぐみ》」となり、京都に残った浪士たちが、会津藩預かりとなり、文久3年（1863）3月12日「壬生浪士組（のちの新選組）」と名乗る。この資金援助者は彦五郎であった。

勇は彦五郎に常に手紙を出している。「脇差は長いものであることにこしたことはない」とか、実兄の宮川音五郎（1830～1871）に「五両金、至急御貸被下度《くだされたく》」と盛んにお金

の無心をしているが、この彦五郎にも相当、借金をしている。「扨亦金二十両差送リ申候間。去る二月借用分、家根替分、御請取置被下度、老父、家族共、差支有之候節、何分宜敷奉希候」。これは、池田屋事件4ヶ月余りあとの手紙である。彦五郎が金を貸しただけでなく、勇が上洛後の、試衛館や周助や家族の世話も行っていた。こんな多摩の人の支えで、新選組は世に出て行くことになったのである。

55 近藤勇の養父周助は、希代の艶福家《えんぷくか》で、「ゲテ物」食いだった。そして、名経営者だった

天然理心流の勇の先代、養父の近藤周助（1792～1867）という人は、一風変わった剣客であった。「剣術は試合なんかどうでもいいのだ!! 負けても勝っても、ふだんにやっていりゃ。それでイザという時には役に立つ。役に立てると立てないのは心の問題だ!!」常々こんなことを言っていた人だから、試合を申し込まれても、こやつが苦手だと思うと、恥も外聞もなく、誠にシャアシャアと降参した。これは子母澤寛《しもざわかん》氏が書いている話である。子母澤氏は実に深く、近藤の周辺も研究している。

近藤周助は蛇が好きだったらしい。食べるのが大好きで、青大将だろうがシマヘビでもマムシでも、彼は蛇を見るとすぐに、こいつを引っ捕まえて、皮を剥《む》き、これを肴にして大酒を飲んだ。もちろん、蛙も好物で、夏は蝉やイム虫が彼の酒肴《しゅこう》に供せられたという。酒乱であった。しかし、彼は小柄なのに、女のようにやさしい顔をした男だったので女にもてた。一生のうちで女房が9人、妾が7人というからスゴイ。酒池肉林《しゅちにくりん》の巷《ちまた》にいないと、どうも生きている張り合いがなかった人のようで、養子の勇もこれに閉口したらしく、なんとか、

かんとか言って、養父を四谷の舟板横町に隠居させたが、その隠居宅でも妻、妾四人と同居したという、すごい人だった。文久元年（1861）の隠居で、名を「周斎」と改めた。しかし反面、周助は卓越した経営手段を持っていた。天然理心流は、彼の代で多摩に門系が広がったし、「試衛館」を江戸に開いたのも周助だった。彼の出身は、多摩の百姓の五男坊。二代目近藤三助《さんすけ》（1774～1819）に天然理心流を学んだが、どういうわけか30才の時から相州、藤沢、八王子そして生家の多摩郡小山村と転々としていて、八王子では「マンジュウ屋」をやっていたらしい。39才の時、天然理心流三代目を継いだ。

ここで少し不思議な筋もある。二代目の三助は、周助が統《とう》を継ぐ十年前に46才で急死している。この間の十年の空白は謎である。三助の高弟がこの近藤の剣の筋を支えてきたのではないかとも言われているが、それにしてもこの十年の空白は長い。流転の身の周助が、そういう高弟をさし置いて、近藤家を継ぎ三代目に就任したのはどうも不自然であり、〝何か〟そこに後継者争いがあったと思われるが、史料は何も語ってはくれない。ここに、彼の剣客としては珍しい経営手段を持つ力量が、ものを言ったと思われるのである。

幕末変動期、経済的安定を基礎に、近藤勇をはじめとして、土方、沖田、永倉、原田、藤堂、等々の新選組の原点となる人材を生むことになったのは、養父周助の特殊な才能のたまものであったと思われるのである。

56 近藤勇も恐れた、薩摩示現流《じげんりゅう》の初太刀の威力

近藤勇は「薩人の初太刀《はったち》をはずせ」と隊士たちに、くどい程、言って聞かせたという。「薩人の初太刀」というのは薩摩の二才《にせ》どん（青年）たちが、だれでも修行する、示現流の最初の太刀筋の事である。

剛剣をもって鳴る近藤勇がどうして、それほど示現流の初太刀を恐れたのか。示現流の初太刀に地獄を見たからであろう。「肉を切らせて骨を断つ」という言葉がある。示現流とはこんなものだろうと思っていたら、これが大きな間違いであった。

肉を斬らせていい、即ち、自分への打撃を軽くしておいて敵を倒すという剣理には、微細ながら、なお、生への執着がある。示現流はこれを採らないのである。「敵に向い、死を極め打ち申す儀、毛頭疑無く落着至し候事」と起請文《きしょうもん》にある様に、死を極め、初太刀に吾が生命を燃焼しつくすのが、示現流の精神である。当流ではこのことを「意地」という言葉で表現している。例えば茶釜に入れた水は熱すれば湯になるが、ではなおも強く熱を加えればどうなるのだろう。茶釜はやがて紫色に変じ紅《くれない》になり、これに触れるものはすべてを焼きつくす状態になるだろう。実は、この時の茶釜の状態こそが「意地」である。と、流祖・東郷重位《ちゅうい》（1561〜1643）の高弟、薬丸兼陳《やくまるけんちん》（1607〜1689）は、島津綱久《つなひさ》（1632〜1673）の問いに答えている。

その薬丸兼陳と摘子の東郷重方《しげまさ》（1604〜1659）に、ある夜、重位が、やかましく吠えたてる野犬どもを斬り捨てるように命じたことがある。さて野犬どもを一匹残らず斬った二人は自分たちの刀が地面にあたらず、少しも損傷していない事を誇りに思い、そのことを師の重位に告げた。すると重位は、おもむろに太刀をとると「わいらには意地がわかっとらぬ!!」。こういって、かたわらの碁盤を「チェーイ!」と切りつけた。重位の刀が碁石と碁盤を両断し、畳を割り、さらに床下の根太木の半ばまで切り込まれている。これが示現流の打《うち》、あるいは業《わざ》である。この打、あるいは業は、意地と表裏一体のものなのである。

〝意地〟をもっと幻妙に表現しているのは『薩藩旧伝集』に書かれている。重位と高弟の東郷与助との「春駒問答」である。「春駒が幾尋《いくひろ》とも知れぬ崖上で、窮地に立ったそのようなとき、片足を踏みかけて大空にむかっていなくさま!!——これが示現流の〝意地〟だと思う」と、この与助が答えたところ、重位は首を打ち振って「否、窮地に立たされた、そのようなときに春駒が平然と草をくらっている様が〝意地〟なのである」と教えている。「戊辰の役」の旧幕軍側の人たちのなかに不思議な死に方をした例が少なくない。自分の刀の峰が、自分の身体にめり込んだまま果てていたのである。地軸の底まで斬りおろす薩兵の示現流の初太刀を、まともに受けたせいであった。

恐ろしい示現流の話である。

■薩摩郷中は、青少年を「稚児《ちご》」と「二才《にせ》」に分けて、勉学・武芸・山坂達者（体育・スポーツ）などを通じて、先輩が後輩を指導することによって強い武士をつくろうとする組織であった。当時、示現流を学んだのは上級藩士が多く、下級藩士・郷士が鍛練したのは、その傍流たる「薬丸派自顕流」とされる。天保年間（1830～1844）、薬丸流は郷中教育に取り入れられ下級藩士を中心に伝わり、門弟たちの中から明治維新の元勲が数多く出たため、「薬丸どんの剣」として高名になり、「明治維新は薬丸流でたたきあげた」といわれるまでになる。

57 恐ろしい新選組、〝局中法度〟は成文化されていなかった

よく筆者の「新選組記念館」に、マスコミから「〝局中法度《きょくちゅうはっど》〟の筆跡とか、何か映像になる物は無いか」との問い合わせがある。

これは皆無であるという事は、成文化《せいぶんか》されず〃口頭言い渡し〃であったと思われるのである。浪人隊の有様や、博打打ちの親分に子分も入っている様な隊で、「無学文盲」の人々が多く含まれている隊士には〃言い渡し〃以外の手段は無いのである。新規募集で色々な階層の人が入っては出るという状態であったと思われる。

この時、長州藩は、スパイを既に多く入隊させている。慶喜が大坂でフランス式の陸軍（伝習隊）を立ち上げる為に傭兵《ようへい》を募集した際、多くの長州のスパイが潜り込み、6年後の「鳥羽・伏見の戦」で、スパイが伝習隊の指揮官を射ち、形勢を鳥羽で逆転させている事実がこれを証明しているのである。

そして新選組は百人以上の大世帯になってきたので、これを統制する為のルールを決めたのだ。永倉新八の手記によると、芹沢鴨が、近藤勇と新見錦に相談して四ヶ条の禁令を定めた事になっている。

子母沢寛氏の『始末記』では「間もなく、近藤の主張により〃局中法度〃が掲示された」とあるが、これは小説の創作であると見なければならない。これによると、一・士道に背きまじきこと、二・局を脱するを許さず、三・勝手に金策を致しべからず、四・勝手に訴訟取り扱うべからず、五・私の闘争を許さず。右の条々相背き候者は切腹申し付くべく候也。

更に、この五ヶ条には、それぞれ細則が付いている。たとえば、もし隊士が公務以外の事で、町で人と斬り合いになった場合、仕留めずに逃がせば法度。つまり切腹だと決めた。これは一旦斬り合いの場合は必ず倒す必殺剣法である。後ろ傷を受けたら切腹という条目もある。相手に背を見せるのはペナルティという事だ。切腹々と恐ろしい法度である。

新規の参加者の入隊式では、入隊誓紙に署名捺印の上、幹部一同列席の上、この五ヶ条を読み伝える。その役は沖田総司であったという。隊に入ってくる者は大抵、喰い詰め者の浪人で、食いつなぎに給与の高い隊に気楽な感じで入った者も多くいたのだ。そして、やがてはこの法度の為に、30数人の隊士が次々と切腹して行き消されて行った。

切腹の作法は、畳を裏返し、その上に座って腹を切る。作家赤間倭子《あかましづこ》さんが、「堀川に血まみれの畳が放り込まれ、流れてきた」と、古老に聞いたという話を残している。

58 陣中法度《じんちゅうはっと》は知られていないが、厳しいルールがあった

新選組は、元治元年（1864）7月の「禁門の変」では守護職軍として出動の命令を受けた。始めは見廻り組と共に、四ッ塚（九条西大路）に部署されたが、この後、九条河原へ防衛線を布いた。その折、局中法度を上回る、「軍中法度」を発表した。元治元年（1864）11月の布告ともいう。
一、役所を堅く相守り、式法を乱すべからず、進退組頭の下知に従うべき事。
二、敵味方強弱の批判、一切《いっさい》停止の事。奇矯妖怪不思議を申すべからず。
三、食物一切美味禁制の事。
四、昼夜に限らず急変これ有候とも、決して騒動致すべからず、心静かに身を堅め下知を待つべき事。
五、私の遺恨ありとも陣中に於いて喧嘩口論仕《つかまつ》り間敷き事。
六、出勢前に兵糧を食ひ、鎧一縮《しめ》し槍太刀の目釘、心付べき事。
七、敵間の利害、見受之あるに於いては遠慮及ばず申出るべく、過失を咎めざる事。
八、組頭討死に及び候時、その組衆その場に於いて戦死を遂ぐべし、もし臆病を構え、その虎口逃来る輩、これ有るにおいては、斬罪劓《ぎ》（鼻を削ぐ）罪その品に随って申渡すべく候、予て覚悟未練の働きこれ無

き様、相嗜むべき事。
九、烈しき虎口に於いて、組頭の外、屍骸を引き退く事をなさず、始終その場を逃げず忠義を抽《ぬき》んずべき事。
十、合戦勝利後、乱取り禁制なり、その御下知これあるに於いては定式の如く御法を守るべき事。
右之条々堅固に相守るべし。この旨執達、件の如《ごと》し。

何とも凄まじい法度である。この中八条の、組頭が死んだら部下はその場で戦死せよとか、戦死者の死体は組頭の他は引き下げてはならぬ。その場を退いてはならぬと言うのは、過酷過ぎる。これを守っていたら、兵はいくらあっても足りないと思われる。これは戦争に勝つ為の軍法ではない。勝ち負けを度外視した、新選組独自の「士道」を重んじる軍法である。

新選組は、伏見より竹田街道を進んだ、長州の伏見方面軍を破り敗走させ、直ぐに御所に急行。その時にはすでに長州の敗北が決していたため、今度は残存兵の掃討にあたる。原田左之助は左肩を負傷したが、翌日、天王山攻めの山下追撃隊として島本村で戦った。山上隊は近藤を隊長として登り攻め、真木和泉《まきいずみ》ら十七烈士は、天王山の頂上直下で自爆自決して果てた。7月21日である。

今も天王山中腹に「天王山十七烈士の墓」として、大きな立派な石碑が真木和泉を真ん中に並んでいる。

この時、島本村でも多くの長州の人が死んだ。村の人々はそれを埋葬し「残念さん」として祀った。十七烈士も、始めは藪の中へ遺体を放り込まれたが、明治になった藪から現在の十七烈士碑墓に葬り直された。

59 新選組の名前の謎「名前は、八月十八日政変で、天皇から貰ったのは本当だ」

子母沢寛氏の小説『新選組始末記』によると、芹沢、近藤ら13人が守護職に残留の嘆願書を提出したのは3月13日。即日、この嘆願書が聞き届けられ、「八木家の表門に新しい檜の板を削った墨書で〝新選組宿〟の大札を掲げた。幕末浪士隊〝新選組〟は、始めてここに、雄々しい呱々《ここ》の声をあげた。13人は徹夜をして酒を飲み、その歓喜に涙を落したものである」と、いう事になったとしている。

また別に、出版された『新選組異聞』には、〝壬生話〟として、八木為三郎老人の話として載っている。「私の家の門の右の柱に、幅一尺、長さ三尺位の、檜の厚い板で「松平肥後守御預新選組宿」という新しい標札を出しました。これを掛けて喜んでいました」とある。

しかし永倉新八の『顛末記』には、「この13名は当藩で預る」と、会津容保が認可したので、八木家の前へ〝壬生村浪士屯所〟と大きな看板を掲げ、13人はここに独立した」とある。

ここから考えると発足当時の隊名は二つの説があるという事だが、それを裏付ける資料に『井上松五郎の日記』と『島田魁日記』が存在する。井上松五郎（1823～1871）は源三郎の兄で、将軍家茂《いえもち》が文久3年（1863）3月4日に入洛する時、千人隊同心として入洛し、その前後の事を詳しく書き残している。それによると松五郎は、5回壬生の屯

八木為三郎

所を訪問している。全て、浪士組・三生浪士・壬生浪士・壬生村浪士と書いている。ではこの壬生村浪士が、何時〝新選組〟となったかというのを調べてみると、『島田魁日記』に、「文久3年8月18日、長州人引き揚げの節、当組、南門（建礼門）を守る。その節、伝奏より新選組の隊名を下さる」と、明言してある。つまり新選組の名称は、発足後5ヶ月の後に生れたのである。

「八・十八政変」では、芹沢鴨が隊長として隊を率いて、その豪気さが評判になった。学習院から武家伝奏飛鳥井雅典が、天上《てんじょう》に申上げ認可されたのだ。

現在、飛鳥井さんの領地には、孝明帝が崇徳上皇を幕末にお祀りになられた「白峯神社」が残り、飛鳥井家の「蹴鞠」に因んで、〝サッカー〟の神様として多くのスポーツマンがお参りしている。この飛鳥井さんが名付けたものかも知れない。

「新選組」と「新撰組」の使い分けは、公式文書は「撰」を使って区別したようだ。NHKの大河ドラマの際、筆者の「新選組記念館」にも問い合わせあり、そう申し上げたら「選」の字を使いますとされ、「選」が一般化している。

チョットよい格好をしたい研究者は、「撰」の字を使っているのである。

■「八・十八政変」の一ヶ月前、文久3年（1863）7月頃には組員も増員され組織が作られた。そして壬生浪士組第一次編成役員表が作成された。

新選組第一次編成。

「局長」　芹沢鴨　近藤勇　新見錦

「副長」　土方歳三　山南敬助

「助勤」　沖田総司　永倉新八　原田左之助　藤堂平助　井上源三郎　平山五郎　野口健司　平間重助　明石浪士斉藤一　熊本浪士尾形俊太郎　大坂浪士山崎烝　大坂浪士谷三十郎　大坂浪士松原忠司　京都一心寺脱走安藤早太郎　以上14名

「調役並監察」　大垣脱走島田魁　大坂浪士川島勝司　大坂浪士林信太郎　以上3名

「勘定役並荷駄方」　丹波亀山浪士岸島芳太郎　和州植村脱走尾関弥兵衛　大坂浪士河合耆三郎　大坂浪士酒井兵庫　以上4名

60 「粛清の集団」新選組の犠牲者は、何人だったか？

粛清《しゅくせい》と新選組はセットで語られている程、有名で、京洛での取締りや活動中に、対敵を死に至らしめた数より、自己の隊士の犠牲者の方が多いというのは、つと有名である。

さて、現在、ファンの必ず行くというスポットの一つが〝光縁寺《こうえんじ》〟である。新選組屯所・旧前川邸（現田野家）から東へ綾小路通りを少し歩くと、ここも寺町で寺院群がある。左側の初めてのお寺の門前に「当山新選組の墓」の石碑がある。くぐり戸から中に入り、玄関の鐘を打つと住職がお見えになる。ここは共同墓地で墓石が三基並んでいる。山南敬助と河合耆三郎、柴田彦三郎、施山多喜人、石川三郎の五人の名を刻んだ墓石、中央のは大石造酒蔵、何かお酒の香りのする様な名前だ。これは一橋家の家臣・大石鍬次郎（人斬り鍬次郎）の兄の墓である。左側は松原忠司、桜井勇之進、小川信太郎、市橋鎌吉、田内知、田中寅蔵、加藤羆、矢口健一郎、佐野七五三之助、中村五郎、茨木司、富川十郎ら十二名の名がある。他に墓は無いが野口健司、葛山《かづらやま》武八郎、大谷良輔、谷三十郎、藤堂平助、服部武雄、毛内有之助、伊東甲子太郎、宮川延吉らの名が過去帳に記載されていて、二十七人で、この内、大石造酒蔵は隊士ではない。

「粛清事件」を挙げてみると、芹沢暗殺の後、文久3年（1863）9月26日、御倉《みくら》伊勢武《いせたけ》、荒木田左馬之助、越後三郎、松井竜三郎、松永主計、楠小十郎らが長州のスパイであると判明し、斉藤一が御倉を、林信太郎が荒木田を斬り、越後、松井、松永は、いち早く逃走した。楠小十郎は、原田左之助に前川邸の前の畑で斬られた。

次に、慶応2年（1866）2月の「河合耆三郎事件」があるが、これは冤罪事件として、筆者は特に注目し、別に書いているのでお読み頂きたい。

同年4月1日には、隊内随一の槍の名手・谷三十郎が殺された。新選組では「祇園石段下に於いて頓死」と守護職に届けているが、斉藤一が斬ったとの説がある。これから実弟・谷万太郎は、新選組から離れている様である。

慶応3年（1867）正月10日、平隊士の田内知《たうちとも》（さとる）が切腹を命じられた。田内は洛外八条村に妾を囲っていた。ところが、相手の女と密通している水戸藩士が訪ねて来たので、押し入れに隠れていたが、突然飛び出して斬りつけた。傷害事件であったが、近藤勇は士道不覚悟だと切腹させた。

又、同年4月15日には、剣道師範であった田中寅蔵が切腹させられた。過激な攘夷論をぶって、隊規を乱すという事であった。御陵衛士に合流を望んだ田中は、真面目な人だった。

又、同年6月22日には五番隊長の武田観柳斉が斬られた。近藤が軍師として信頼していた隊士。離隊して郷里に帰るとことなり、帰国途中、伏見の銭取橋で斬られたとなっている。これのどうも小説らしいのである。武田観柳斉については別に詳しく書いている。（P86参照）。

年代順に切腹や、その他、死に追い込まれた人を列記すると、粛清者第一号の殿内義雄（文久3・3・25）から、

家里次郎（文久3・4・24）、佐々木愛次郎（文久3・8・2）、佐伯又三郎（文久3・8・10）、田中伊織（文久3・9・13）、芹沢鴨（文久3・9・16）、平山五郎（同）、御倉伊勢武（文久3・9・26）、荒木田左馬之介（文久3・9・26）、楠小十郎（文久3・9・26）、野口健司（文久3・12・27）、葛山武八郎（元治1・9・6）、山南敬助（元治2・2・23）、大谷良輔（元治2・3・4）、施（瀬）山多喜人（慶応1・6・21）、石川三郎（慶応1・6・21）、酒井兵庫（慶応1・7頃）、松原忠司（慶応1・9・1）、桜井勇之進（慶応1・12・12埋葬）、河合耆三郎（慶応2・2・12）、小川信太郎（慶応2・2・28）、谷三十郎（慶応2・4・1）、柴田彦三郎（慶応2・6・23）、市橋鎌吉（慶応2・10・7）、川島勝司（慶応2）、田内知（慶応3・1・10）、田中寅蔵（慶応3・4・15）、岡戸万次郎（慶応3・6?）、茨木司（慶応3・6・14）、佐野七五三之助（同）、中村五郎（同）、富川十郎（同）、武田観柳斎（慶応3・6・22）、浅野藤太郎（薫）（慶応3年頃）、小林桂（啓）之介（慶応3・12・16）など。犠牲者はこれを見るだけでも30数名。特に前半の新選組は粛清の嵐だったのである。

61 新選組の埋蔵金の面白い話―伏見奉行所のご金蔵の千両箱の行方は？

先年、「戊辰の役。鳥羽・伏見の戦いの戦跡ウォーク」で、竹田・鳥羽の開戦地や赤池の激戦地から千両松へ、毎週の様に出掛け、旧淀京阪駅前では、コーヒーとケーキのお店へ度々入り、その奥さんと仲良くなった。ある時、「この辺り新築の時は、必ず土地を深く掘ってはりまっせ、うちもしましたんや！」。そうだ、この辺りは淀城のお堀の跡で戊辰の役の時、新選組が千両箱をお堀に投げ込んだという伝承があるからだ。きっと何処かで千両小判が出土したのに違いない（笑）。

筆者の住んでいる宇治に知られざる伝承がある。筆者の住む町内に元市会議長をしていた、H氏という人に話を聞いた。「昭和40年頃、市会議員の人で、新選組埋蔵金を探している人が居はったんでっせ、西の方の成田山不動さんの近くの人で、もうお亡くなりになったんですけど……」。その話を聞いて、宇治に〝塔の島〟という、高さ約15mの「十三石塔」が建つ島がある。ここに新選組が埋めたという話がある。「あおいに山」とかの暗号もあったという。この人は金属探知機で探したらしい。考えてみると可能性は充分にある。鳥羽・伏見の戦い「開戦の時」、伏見御香宮よりの砲撃を受け、元伏見奉行所に臨時駐屯していた新選組は戦闘状態に入ったが、奉行所は砲弾で大火が発生し、隊は西へ移動している。その時、御金蔵に入っていた千両箱を、二隊に分け、一隊は西の方淀へ、一隊は東南の方の宇治へ運んだのではないかと思われる。どちらも宇治川を船便で運べば容易である。〝塔の島〟は、宇治川の中に浮いている様な島であるし接岸もしやすいし、土地は上林家支配の天領で徳川家と深い関係がある。そして何処かへ埋めたのだろう。淀の場合はきっと淀城を基点に戦おうという戦略があった為、撤退したのだが、淀藩は徳川家とは深く、「春日局」関係の稲葉家の支配であるのに、裏切って城門を閉じた為、淀城に持ち込む千両箱を、きっと新選組隊士は堀の中に投げ込んだのである。それが現在でも何処かに埋っていて、何処かの家の工事現場から出土したのであろうと思われる。

有名な徳川の埋蔵金は、小栗上野介（忠順《ただまさ》）のがある。現在でも掘り続けていて、これを探しているという、水野家の伝承によれば、初代水野智義の叔父で義父の元公儀勘定吟味役・中島蔵人が明治9年（1876）、「埋蔵金がある」と遺言した事に始まる。「小栗上野守の埋蔵金」探しは小栗が新政府に捕えられ、慶応4年（1868）閏4月6日、鶴川河畔で斬られた時から直後から今日に至るまで続けられている。この理由は大老井伊直弼に重用されてから慶応元年迄、その政治的手段をフルに発揮した小栗は外国奉行、軍艦奉行、勘定奉行を歴任した。戊辰戦争では討幕軍を江戸に侵入させておいてから一挙に撃滅する作戦を立て、徳川慶喜を口説いたが退けられてしまった。これにより「職」も免じられた小栗は、慶応4年2月故郷の上州権田村に引き籠もった。

埋蔵金の話が持ち上がったのはこの時である。荷物運搬の人夫が「あまり長持ちや箱が重いのであの中には小判が入れてあったのに違いない。なにしろ勘定奉行もやっていたし、軍資金も持っていたので隠し金であろう」という噂をたてた。その後、小栗の才能や手腕を怖れていた薩長側は、彼が故郷に運ばせた武器を反逆説のネタに利用し、一方的に小栗を処刑した。この時立ち会った上野国巡察使兼軍監の原保太郎《やすたろう》（後に貴族院議員）（１８４７～１９３６）は、軍用金や隠匿武器を調べるという名目で、小栗の荷物を検査したが、彼は清貧だという事が分かったが他に何も出なかったと言っている。

中島蔵人の遺言とは？　小栗の腹心の部下であった中島蔵人は、義理の縁につながるわが子の智義に「場所は上州赤城、おおよそ三百八十四万両。古井戸を掘る事を手掛かりにすべし」と遺言した。

21才の時、この事を聞いた智義は、明治12年（１８７９）私財を投じて赤城にやって来て赤城榛名《はるな》山麓を歩きまわり、遂に津久田原《つくだがはら》が埋蔵地だと確信した。その根拠は彼の日記を見てみると、慶応3年に奇妙な武士団が津久田原にやって来て、約九ヶ月間滞在した。「君命により開拓を行う」と言った。これは埋宝作業と推定される。「私たちは非常に重い油樽を担がされたが、途中で刺青をした男たちと入れ替わった」と言う人夫の話。刺青をしていた男とは「咎人《とがにん》」で、彼らは金の埋蔵の後、処刑されたのだろう。彼は遺言の古井戸を探した。

そして明治16年（１８８３）に古井戸から一個の壺を掘りだした。中には「子」と「社」の文字を刻んだ銅皿と、高さ15センチ程の徳川家康の黄金の像だった。更に、彼は赤城村の双永寺《そうえいじ》に目を付けた。ここの住職が、埋蔵金の守護をした前橋藩の武士の一人の遺子の為だった。案の定、古井戸から壺が出た。二ヶ月後、庭番が寺の下から三枚の銅板を発見した。その一枚は地図、他の一枚は方位が刻まれ、他の一枚は七行の文字と数字の脇に「得一将達七臣達七臣天下平也」の文字があった。「一将ヲ得レバ七臣ニ達シ」、この一将は先に発見された家康像に他ならない。そこには蜀漢《しょくかん》の諸葛孔明《しょかつこうめい》の八門、遁甲法《とんこうほう》の下敷きがあったのだ。彼は「兵法講義」を理解していなかったところが、この探しの欠点であった。「天下平也」は、成就という意味に解すれば、埋蔵金は七ヶ所に分散されていると見られるのである。これで確信した智義は、掘りまくったが何も出ず、例の古井戸もその底面（深さ50ｍ）の横に石垣が発見されたにもかかわらず埋め戻した。「掘れ、必ず出る、水野の血脈が絶えるまで掘りつづけよ」と遺言して智義は大正15年（１９２６）に他界した。

二代目愛三郎も執念で掘り進めた。40余年にわたって探査の末、昭和56年（１９８１）に他界した。二代目はこう遺言した。「これだけ掘っても出ないのは、水野家の不運なのだから、秘蔵の巻物をこっそり焼き捨てよ」と、妻に託した。

その後は、智之氏が父の跡を継いで十五年間、億単位の資金投資をしてきた。彼は「小栗の埋蔵金は土中に永久保存するのではなく、同世代に軍用金として役立てるために埋めたのだから、そう深くは無いはず」と、踏んだ。これ以来、地元の人がどんな作物を植えても育たない場所、金霊が舞ったといわれる所を当時は掘っている。

１９９０年からは、ＴＢＳが視聴率25％というのに目を付け、米の超能力者、キャロル・ペイトとジム・ワトソンの二人にこれを透視させた。すると、「ワイルドドックが見える、そして日本語の様であって日本語でない文字が見える」と、ヘリコプターの上から水野家の庭の一角を示した。これで智之氏の家の下まで家を壊して発掘し、高視聴率のＴＢＳのテレビ番組になった。しかし、埋蔵金に直接繋がるような発見は無く、プロジェクトチームも解散、糸井重里はのちにこの番組について「世界唯一の土木番組」だったと自嘲している。

2008年にも、赤城山埋蔵金発掘プロジェクトを立ち上げている。埋蔵金は、ひょんな所に埋っているのだろうか。

宇治でも平等院にも、そんな話があると聞いた。新選組は案外ハッキリした所、平等院の下とか、池の下に埋めたのかも知れない。

62 本当の新選組の隊旗の色は何色か？

2004年、NHK大河ドラマ「新選組！」が三谷幸喜さんの脚本で放映され、京都へ大勢のお客様が来られた。筆者が指導して壬生に「京都新選組町作りの会」のNPOが立ち上って、土産物に「誠」の旗を作った。当時は、赤いイメージは過激と写るので、筆者は俳優たちの着ている色と同じブルーを薦め商品化した。お蔭でブルーが誠の旗と思われた様である。

本当の隊旗は三通りある。子母澤寛の『始末記』では、赤地に真白と〃誠〃の一字を染め抜いた、縦四尺、幅三尺の隊旗である。又、『新選組遺聞』には八木為三郎老人の談として「隊の旗は緋羅紗《ひらしゃ》で、縦に長く四尺位、幅は三尺位の物で、白く誠という字を抜き、その下の方に波型の山型が付いていていました」としていて、高島屋に作らせたとか。ちなみに羽織は、大文字屋呉服店（現在の大丸）とか。

永倉新八の『新選組顛末記』には「六尺四面の大旗、赤地に白く、〃誠〃の一字を染め抜いたもの」と、なっている。三者三様に違う。山型が付いているのは八木老人だけだ。

これに加えて、淀で出た幽霊の話がある。千両松の埋骨塚を、昭和48年（1973）に駐車場にすべく整地を始め、何も知らないで工事作業が始まり、「塚」もブルドーザーで削られてしまった。その時、その飯場小屋に宿泊したブルドーザーの運転手の枕元に、血まみれの髪を振り乱した隊士、「紫地に誠」の旗を持って現れた。この色は紫地である。

筆者もテレビ取材と同行し妙教寺（京都市伏見区納所北城堀）に行って、ご住職と夫人からその話を聞いた。「主任さんとお二人で来られたし、二人とも見られたとの事で、これは本当ですよ」と、そこで妙教寺で大きい位牌を作り供養しているので、それからは出ないという。この色は紫赤地で永倉の話の色と、似ているという。この色も本当であるし、二人も体験しているのでこの亡霊の話は本当であろう。

他にも、鳥羽では呻き声が毎夜聞こえるとか、伏見区中島北ノ口町のワコール流通株式会社ウイング流通センターの宿直員がうなされたという話もあり、慰霊碑となって建っている。

「戊辰役東軍西軍激戦之地碑」（幕末の戦闘ほど世に悲しい出来事はない　それが日本人同族の争いでもあり幕軍・官軍のいずれもが正しいと信じたるまま　それぞれの道へと己等の誠を尽した　然るに流れ行く一瞬の時差により　或るは官軍となり又或るは幕軍となって士道に殉じたので有ります　ここに百年の歳月を閉じ其の縁り有る此の地に不幸賊名に斃れたる誇り有る人々に対し今慰霊碑の建つるを見る　在天の魂依って瞑すべし　昭和四十五年）。

隊士たちの逸話

63 近藤勇や土方歳三の差料は？「差料《さしりょう》とは所持刀のこと」

最近、ゲームから火が付いて、日本刀のブームが起きている。先日、筆者の新選組記念館へ、中国の女性がやって来た。彼女いわく「堀川国広の屋敷跡はどこですか?」。最近、外国の人々に大ブームになっているのだ。一条天皇の宝刀「小狐丸」の三条宗近の事も教えてあげた。

歴史上の人物がどんな刀を差していたか、興味は尽きない。刀にはそれぞれ、個性がある。一振り一振り、精神を込めて打つ、芸術品である。その刀と、所持者との相性がピッタリだった時、その刀は「愛刀」となる。江戸中期の頃、刀の長さや銘から、その刀を差す人との相性を占う職業があったらしい。刀は女性と同じだとよく言われる。そのスタイル、肌、肉置きの良し悪し、刃文《はもん》の美しさ、静かさが、鑑賞のポイントとなる。

幕末期の名物男、高杉晋作のものは、土佐郷士の田中光顕の差料である。たいして有名でも無い、古刀「芸州貞安（二尺五寸）」を見て一目ぼれして、自分の差料の最も位の高い刀と交換して貰った有名な話がある。長崎で撮影したと言われる、彼の有名な写真には、この長刀がしっかりと握られているのが印象的である。

新選組副長の土方歳三の差料は、古刀の美濃もの「和泉守兼定」とよく言われているが、本当の差料は新々刀の「会津兼定」である。この会津の刀工も和泉守を名乗り、混同されているのである。この刀が五稜郭で戦死する少し前に、日野に送られ、現在も残っている。筆者も２００２年に京都で土方歳三展を、京都のサンエムカラー、大平印刷さんと共に開催し、その時、日野の土方家からお借りして展示し、その輝きを目にした。この新々刀の「会津兼定」が「和泉守」を、名乗ったのが、文久3年（1863）の暮れである。歳三が浪士隊として、清河八郎たちと京に上ったのが、文久3年2月であるので、この刀は、京へ来てから会津藩お預かりとなり、会津藩の下部組織となった、そんな関係のルートから入手したのではないだろうか、元治元年（1864）6月5日「池田屋事件」の際、この刀は活躍したのだろうか？　二尺三寸五分の「ノタレ刃」で如何にも「もの斬れ」しそうな感じの刀である。柄巻の糸は、手の油がしみ込んでテカテカと光り、歳三の体臭が臭ってくる様であった。

慶応3年（1867）11月15日、坂本龍馬が京都の近江屋で、見廻組に襲われた時の、龍馬の刀は、土佐の新刀で「陸奥守吉行」、刃渡り二尺二寸の直刃《すぐは》であった。西郷隆盛を京都薩摩邸に訪ねた時、床の間に飾ってあった物を西郷にねだって、自分の国、土佐の刀を差料にしたものだったという。あの事件の際、抜くことが成らず、とっさに鞘で受けた。受け傷の付くこの刀は、龍馬のご子孫から、京都国立博物館に寄贈され、先年の「坂本龍馬展」には展示されていた。2016年（平成28）10月15日（土）～11月27日（日）の「没後150年坂本龍馬」でも展示されるはずだ（編集時点情報）。

最後の幕臣で勝海舟と共に、江戸城明け渡しに活躍した、大久保一翁（忠寛）（1818～1888）という英傑がいる。この人は勝の大きい陰に隠れ、その存在は余り知られていないが、明治政府では東京府の第5代知事となった人物である。彼の楽しみは、明治9年（1876）「廃刀令」以後の「刀集め」であった。彼の最愛の刀は、無銘の古刀「当麻」。刃渡り二尺二寸六分の直刃である。そのなかご（茎、中心）に、彼の和歌が金象嵌されている。「雪深き　山もかすみて　ほのぼのと　明けゆく春の　たきまちの空」。

新選組局長の近藤勇が、鼠小僧次郎吉の刀を買った。こんな話は誰も知らないが、本当の話である。この刀は無銘の古刀、美濃物の二尺一寸五分で細身である。次郎吉（1797～1832）がこの刀を浅草の研ぎ屋に出して居た。「まん悪く」、その時に御用となり捕えられた。引き取り人が居ない、この刀を研ぎ屋から買ったのが近藤勇であった。刀その物は、当時、安物であったが、質は実によい実用本位の物であり、近藤は実践武芸者としての眼力があったのだろう。池田屋事件で活躍した彼の差料「虎徹」も偽物であったといわれている。

この鼠小僧の刀は、現在、東京の建築会社の社長が秘蔵中である。

刀匠の〝虎徹〟は、慶長10年（1605）頃に越前に生れ、家は代々、甲冑師だった。明暦2年（1656）51才の頃、江戸に出て、刀鍛冶に転向した。古い鉄の処置法に長じていた事から、最初は銘を「古鉄」としていたが、後に「虎徹」の字をあて更に「乕徹」と改めた。「虎入道」としたものもある。偽物が多い。一説では、近藤は江戸の刀屋から、虎徹と作風のよく似ている、山浦清麿（1813～1855）の刀に、偽銘作りが手を加えた刀を買ったともいう。

近藤はそれとは知らずに愛用し、池田屋事件後、江戸に下った折、わざわざ刀屋を呼んで、礼を述べたと言われる。他に大坂の豪商鴻池から貰ったとか、将軍家からの拝領とかの説がある。

■堀川国広（1531～1614）は、安土桃山時代の刀工、新刀の祖といわれる。享禄4年、日向国飫肥にて誕生。はじめ日向国の戦国大名・伊東氏に仕えたが、天正5年（1577）、島津氏の侵攻に会い主家が没落。主家の遺児伊東満千代（天正遣欧使節の伊東マンショ）に従う。諸国放浪して刀工を続け、天正18年（1590）下野国の足利学校で、当主の長尾顕長のために鍛刀。慶長4年（1599）ころから京堀川一条に定住、堀川一派として大いに栄えた。

64 コラム……新選組隊士と京のいろいろ

三浦啓之助

テーマ1

東林院の沙羅の花

新選組隊士三浦啓之助（1848～1877）、佐久間象山（1811～1864）の息子。象山は三条木屋町上ルにて、肥後の河上彦斎に暗殺され、妙心寺に葬られた。彼は、勝海舟の妹が佐久間象山の正妻・順であった関係で、仇討ちの為、勝より近藤勇に依頼があり、近藤の小姓として入隊。父象山の墓参の際、「東林寺の沙羅の花」を賞《め》でた。彼は「戊辰の役」の前に、故郷の信州松代《まつしろ》に隊を離れて帰り、明治政府の官吏として生き残った。四国松山に赴任し、宴会で頓死した。

龍安寺の睡蓮の花

沖田総司は、二条城の御典医半《なから》井《い》家《け》に会津藩士として診療に通う内に、その息女との恋に落ちた。来洛した初夏の一日、二人は壬生より千本通りを北野天神に参拝し、龍安寺の石庭を観光し、池の睡蓮と衣笠山の山並みを眺めた。総司の青春の花が、一番開いた時であった。この恋も非恋に終り、沖田は剣の才能を発揮出来ぬまま江戸に帰り、その年の慶応4年（1868）5月31日初夏、新緑と「あの睡蓮の花」を想い出しながらさびしく旅立ったのであった。

初夏の花

土方歳三の句「白牡丹　月夜々に　染てほし」

白い牡丹の花を、月の光でさらにいっそう白く染めて欲しい…。白が好きで、竹や花を愛する鬼副長の一面である。

テーマ2

麻製品　京で夏支度を買ふ

「だんだら染めの制服」、麻の羽織。文久3年（1863）初夏、芹沢鴨は大坂の鴻池善右衛門へ談じ込んで二百両を借用し、京都松原の大丸呉服店を呼び付けて、麻の羽織を注文、公式用に浅黄地の袖にダンダラを染め抜いた、一寸、義士の討入に似た物を、隊士全員を採寸させ特注し、それから永く着用し、現在も新選組のシンボルマークになっている。

京の竹製品　土方歳三の愛した〝竹〟

甘いフェイスの役者の様な好男子、鬼の副長土方歳三。彼が意外の物を愛していた、それは〝竹〟である。武州日野の土方の生家の庭には、竹が植えられていた。彼の遠祖は武田軍団の武器衆として武器の生産に携わっていた。信長により武田家滅亡後、徳川家康はその集団を温存し、江戸の防衛の前衛として、「八王子千人同心衆」として保護した。彼は〝竹の縁〟で徳川家に義を尽くし、箱館の花と散った。そして後世に名を残した。

テーマ3

夕（夜）を楽しむ

土方歳三の〝句〟に、こんな名句がある。

「水音に　添えてきゝけり　川千鳥」

「志れば迷ひ　志なければ　迷わぬ恋の道」

文久3年初夏、来洛初年の土方は大いに遊んだ。小島家に出状の手紙に、女にもてもてで困っていると告白している。「報国の　心忘るゝ　婦人かな」これも土方の俳句。

彼らは木屋町や鴨川沿いの旅館でラブロマンスの花を咲かせた。土方歳三の句からその情景が浮かんでくる。

近藤勇はスッポンが大好物

土方と反対に近藤勇は、北野五番町の隣、四番町の「スッポンの大市《だいいち》」に〝ゲテモノ〟スッポンを喰べによく通った。今は「高級料理のスッポン」は、当時は「ヤッコ」（身分の低い者）の食べ物と、京洛人は言っていた。近藤の野武士的一面が見えるエピソードである。

テーマ4

屋形船　涼み船

文久3年（1863）初夏。芹沢鴨たちは涼み船遊びをした。斉藤一が腹痛で下船してのトラブル。大坂角力取りとの乱闘事件は有名である。

西高瀬川の船遊び

文久3年に壬生から島原方面に「西高瀬川」が開通した。壬生から中堂寺、島原は「芹《せり》」の田が一面に広がり、涌き水が清流を作ってゐた。壬生から島原通ひの屋形船に隊士たちは乗り、大いに都の初夏を楽しんだ事であった。

65 新選組の美男五人衆とは

子母澤寛《しもざわかん》氏が、『新選組始末記』に、新選組には「隊中美男五人衆」があると書いている。

楠《くすのき》小十郎《こじゅうろう》（1847?〜1863）。太紋ともいう。文久3年6月頃、入隊し、「八月十八日の政変」にも出動したイケメン隊士。前髪の取れたばかりの小姓の様な侍で、星のように目がパッチリしていた。色白で下ぶくれの顔、声まで〃女の様〃に優しかった。小十郎は、長州のスパイとして桂小五郎の指示によって入隊したが、これがバレて、文久3年9月26日、御倉伊勢武（1836?〜1963）らが長州のスパイとして殺された時、原田左之助（1840〜1868）によって、斬殺された。17才だったと言われている。在京中だった、真木和泉の日記に、7月17日の来訪者として、「楠十」との記述があり、彼が何か情報を持ち込んだろうと思われる。永倉新八が建立に奔走した、板橋「新選組慰霊碑」に名前が刻まれている。

楠より1才若い、**馬越三郎**（1848?〜1887?）という美少年もいた。彼は外出の時など紫色の着物に、大きな模様の絹の袴を着け、まるで絵に見るような若衆姿であったという。この馬越に武田観柳斉が懸想した。しかし馬越はなびかない。余り、武田がしつこいので、土方歳三に訴えた程だった。その武田が薩摩藩邸に出入りしているのを見付けたのも馬越だった。この事から武田が薩摩に内通している事が分かり、武田は銭取橋で斉藤一に斬られた。一方、馬越は故郷の阿波に帰されたが、明治20年（1887）頃、40才近くになって八木邸を訪ねて来て昔話をした。「その年になっても全く見惚れるような美男で27, 8才位にしか見えなかった」と八木老人が話をしている。

加賀脱藩の**山野《やまの》八十八《やそはち》**（1842〜1910）という、21、2才位の隊士がいた。愛嬌のある、実に可愛らしい顔つきだった。壬生にはこの頃、壬生遊郭というのがあり、ここの「やまと屋」という水茶屋の娘と恋仲になり女の子が生まれていた。彼は戊辰戦争で箱館まで戦い、その後どこにいたのか分からないが、敗残の身を京都へ戻っていた。河原町正面上ル東側、菊浜小学校の「小使いさん」として勤めていた。今は京都市の「ひと・まち交流館 京都」になっている。

この山野を、その頃、祇園の売れ子芸者になっていた娘が探し出し、引き取って大切にしてやったという。八木邸にも佳い姿をした山野が、やって来たという話も残っている。明治に入って、日野の佐藤彦五郎の長男が、土方の娘と近藤の首を探しに来た時、山野八十八と島田魁に会い、後々も探して欲しいと依頼して帰郷している、これは明治22年（1889）の話である。明治40年頃、山野が京都に戻ったと記されている本もあるが、これは間違いと思われる。文久3年（1863）21才の入隊であり、明治40年（1907）には65才位で、菊浜小学校を定年退職した後である。退職してからは行方不明である。

永倉新八が「古今の美男也」と評した、**佐々木愛次郎**（1845～1863）は19才。顔も身体も雪の様に白かった。この佐々木が八百屋の娘「あぐり」と愛し合う様になり、未だ存命中の芹沢鴨が横恋慕した。困り果てた佐々木は、彼女連れて逃げようとした。しかし芹沢の子分の佐伯又三郎に待ち伏せされ、千本朱雀の藪で斬殺され、娘は乱暴され自殺した。文久3年（1863）8月2日という。実はこの佐伯も娘に惚れていて、佐々木に逃亡をそそのかし、娘の死に際に、とうとう目的を遂げたという。佐伯も8月10日、芹沢一派に粛清された。久坂玄端により、長州のスパイでありながら、寝返ったので千本朱雀で斬られたともいわれている。

最後は**馬詰《まづめ》柳《りゅう》太郎《たろう》**（1844～?）。しかし余りもてず、屯所の近くの、壬生村郷士南部亀二郎の子守女を相手にし、孕《はら》ませてしまった。そこで「南部の子守のお腹が膨れた、種は誰だろ、馬詰《まずめ》のせがれに聞いてみろ、聞いてみろ」と囃されてしまったという。その為、居づらくなって、とうとう脱走してしまったという。この柳太郎は勘助とも言い、父信十郎と共に、文久3年（1863）5月迄に入隊、5月25日に、幕府に壬生残留浪士組35名連名の提出した上書（攘夷断行と兵庫開港反対）に入っており「八・十八政変」にも出動した。「池田屋事件」当日に親子共に逃走。この時父は46、7才、息子は21才だったという。元治元年（1864）6月5日「池田屋事件」のドサクサをチャンスと逃げた奴もいたという事なのだ。

66 新選組剣士ベスト9は？「この中に知られざる猛剣士服部武雄が入る」

沖田総司《そうじ》がまずトップとしてあげられるのが通例であるが、実戦では斉藤一《はじめ》ではないかと思われる。彼は「天満屋事件」でも大活躍し、その後、会津の如来堂で戦死したと言われていたが生き残っていた。斬り抜け重傷を負って、会津の農民に助けられ生き残り、最後は「西南の役」に会津抜刀隊として佐川官兵衛の隊下で出陣し大活躍し勲章も受けた。

こんな話もある。見廻組の今井信郎《のぶお》が、「結城無二三《ゆうきむにぞう》は、剣道場での時は本当に下手であったが、実戦で刀を持つと凄い剣士に変身した」と話している。彼は砲術が出来たので近藤勇が依頼して、慶応4年（1868）1月の「鳥羽・伏見の戦い」の少し前に新選組に入った人である。晩年はキリスト教に入信、牧師となり、浜松で活動し、「龍馬暗殺」を自白した今井信郎らと交友した人である。

さて通常通り考えると、**ナンバー1は沖田総司。**『新選組始末記』は小説なのでその点を考慮して見なければならないが、これには土方、井上など試衛館の生え抜きや、千葉周作の玄武館の北辰一刀流の目録者、藤堂、山南など沖田にかかっては子供扱いされたと言うし、「恐らく本気で立ち会ったら、師匠もやられるだろうと、皆で言っていた」と永倉は語っている。

『新選組遺聞』には、沖田の剣の特徴は「三段突き」で、日野の佐藤俊宣《としのぶ》（佐藤彦五郎の長男）の話では「ヤ、ヤ、ヤと足拍子三つが、一つに聞え、三本仕掛けが、一技《いちぎ》とより見えぬ、沖田の動きには同流、他流を問わず、感心せぬ者は無かった」と言っている。西本願寺の寺侍の西村兼文も、「沖田は近藤の弟子にして、新選組第一等の剣客なり」と評している。

ナンバー2は近藤勇。立会には決まって下正眼をとった。少し反り加減で、腹をぐっと出した構えである。決して名人では無かったが、こせこせした小業の無い、がっしりした手堅い剣法であった。ぴーんとうまく小手に入ると、大概の相手は竹刀を取り落とした。池田屋の斬り込みでは、谷三十郎が「時々物凄い気合いが聞えた。え！おう！という甲高い声が姿は見えないが、我々の腹の底へもびんびん響いて、百万の味方にも優《まさ》った」と、貫録の、大きい剣法だった。

ナンバー3、土方歳三は、沖田と並んで試衛館の師範代だったと言われ、相当な剣士だった様だ。理心流の平正眼は、左の肩を引いて、右の足を前へ半身開き、剣の先が右寄りになっているのだが、土方はこれが非常にひどかったと言われる。又、彼は「足斬り」もやったとも〝噂〟されている。

ナンバー4は永倉新八。彼は、神道無念流の達人岡田十松（吉利）が、人に会うごとに「永倉は拙者の高弟でござる」と評価している程の腕前だった。池田屋の時、近藤と共に戦った実戦が物語っている。

ナンバー5の斉藤一は、新選組生き残りの阿部十郎が「剣の腕は沖田、永倉同様、相当のものであった」と史談会に出て語っている、やはり彼は「左突きの名手」と言われ、トップクラスの剣士だったのだ。

ナンバー6の原田左之助は、新選組の大きな事件にはほとんど参加している。播州から四国は「東軍流」であり、赤穂の大石内蔵助も東軍流であるので、四国でも剣修業もしたと思われる。

ナンバー7は服部武雄。高台寺党へ加盟し「油小路事件」では、「斬って々斬りまくり、新選組の猛者とてもこの男には敵わず手こずった」と言われ、最後は原田左之助、大石鍬次郎たちの槍で殺された猛剣士だった。播州赤穂の出身で「東軍流」の使い手と思われる。

ナンバー8の山南敬助は、北辰一刀流千葉周作の免許皆伝者と言われている。鴻池京都店での実戦以外、彼の実戦跡が無い。

ナンバー9の伊東甲子太郎は、北辰一刀流の伊東精一郎の道場を任せられたほどの達人。実戦で人を斬ったのは最後の「油小路・木津屋橋の決闘」の時だけだった。この時は大石に槍で首を突かれ、重傷の中で一人斬り捨てた。そして油小路の本光寺前の仏碑の前で自決した。

ナンバー7に入った知られざる名剣士服部武雄《はっとりたけお》（１８３２～１８６７）とは、三郎兵衛とも、源良章とも。播州赤穂の人で天保3年生まれ。元治元年12月の編成時、尾形俊太郎の五番隊に所属、元治元年12月迄の大坂に於ける隊士募集に「中西小六」の変名で入隊したらしく、入隊場所は大坂か京都か分からない人物である。慶応元年（１８６５）5月頃の編成では諸士調役兼監察となっている。翌年9月12日の「三条制札事件」に出動し目付役として活躍し、千疋の恩賞金を受けたという。慶応3年（１８６７）3月に伊東らが御陵衛士として新選組から分離する際、伊東に同行した。同年11月の「油小路事件」では、鈴木三樹三郎たちが逃走する中を毛内有之助と二人敢戦し、新選組の猛者どもを手こずらした、その実力は凄いものである。彼は思想的にも尊王討幕思想に進んでいた。学識もあり剣も出来る人物であったのだ。「油小路事件」は、こんな立派な人物を失う事件でもあったのだ。

遺体は光縁寺に埋葬されるが、慶応4年（１８６８）2月13日、伊東甲子太郎・藤堂平助・服部三郎兵衛・毛内監物ら、御陵衛士（高台寺党）の遺体が、朝廷からの沙汰によって京都市東山区泉湧寺山内町の戒光寺墓地に改葬され、明治2年11月25日に墓碑が建立された。御陵衛士の生き残り（鈴木三樹三郎、篠原泰之進、阿部十郎、内海次郎、加納鷲雄、新井忠雄）が、戒光寺墓地に「油小路事件」「会津藩邸で横死」「戊辰戦争で戦死」など伊東甲子太郎ら同志の墓碑を建立した。石香炉・手水場は、墓碑建設時に毛内監物の出身・弘前藩から供えられたものである。

近頃マニアックなファンが戒光寺墓地に参拝するが、この服部武雄を評価する人は皆無に近い。彼を見て欲しと思うものである。

67 隊士たちの剣の流派はどんなのか

「新選組と剣」、これは「新選組と誠」と共にシンボルマークである。

先ず、近藤勇の**「天然理心流」**が多い。12名いるのである。近藤勇、土方歳三、沖田総司、井上源三郎、宮川信吾（天満屋事件で戦死）（１８４３?～１８６８）、大谷勇雄《いさお》（１８３３～１８６８）、大槻銀蔵（?～?）、小川一作（１８４３～?）、横倉甚五郎（１８３４～１８７０）、中島登、松本捨助《すてすけ》（土方歳三の縁戚）（１８４４～１９１８）、近藤芳助《よしすけ》（１８４３～１９２２）。

「北辰一刀流」は11名である。伊東甲子太郎、山南敬助、藤堂平助、内海次郎（１８３５～?）、中西昇（?～?）、阿比留鋭三郎（１８４２～１８６３）、吉村貫一郎（１８３９?～１８６８）、佐野七五三之助（１８３６～１８６７）、篠崎信八郎（のち佐原太郎）（１８４５～１８６８）、加納鷲雄（１８３９～１９０２）、高山次郎（１８４０～１９１４）。

「神道無念流」は、芹沢鴨を筆頭に7名。芹沢鴨、永倉新八、鈴木三樹三郎、新見錦、平山五郎、平間重助、野口健司。（長州の桂小五郎も）。

「一刀流」は、池田小三郎（1842～1868）、池田七三郎（稗田利八）（1849～1938）、佐久間荘太郎（1829～?）、細井鹿之助（1842～1865?）、水口市松（?～1868）。

「小野派一刀流」は、大石鍬次郎、塩沢麟次郎（1841～?）、島田弥一郎（1837～?）、小林桂之介（1847～1867）。

「東軍流」は、原田左之助、河合耆三郎。

「心形刀流」は島田魁。（隻腕の幕臣剣客・伊庭八郎（1844～1869）も）。

「直心流」は、谷三十郎、谷万太郎、谷周平。

「甲源一刀流」は柴田彦三郎（1839～1866）。

「小野派一刀流」は島田弥一郎（1837～?）。

「奥山念流」は沼尻小文吾（1835?～1902）。

浪士組・清河八郎、壬生浪士組・根岸友山（1810～1890）は「北辰一刀流」。（土佐の坂本龍馬も）。

松本捨助

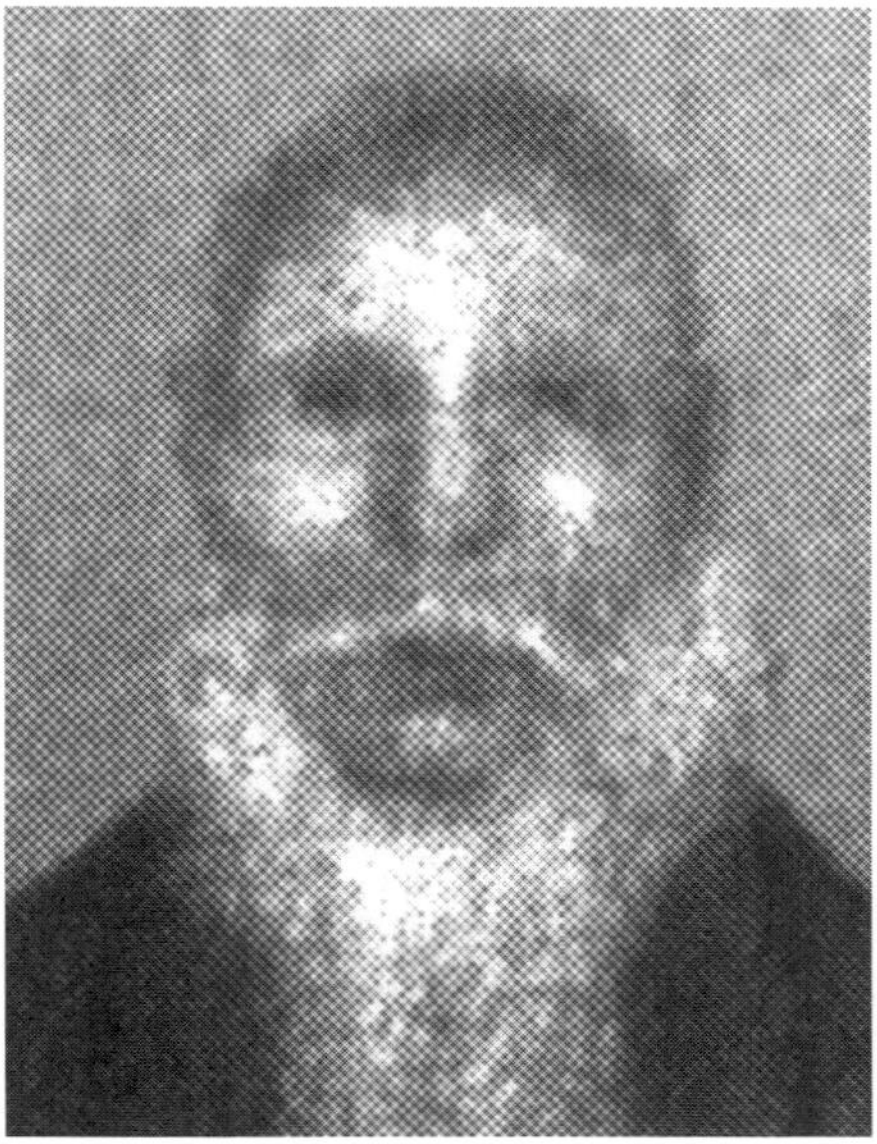
高山次郎

「油小路事件」での服部武雄《たけお》（1832～1867）、毛内有之助（1835～1867）は相当の名手であったが、流派は分からない。

斉藤一も、流派は不詳であるが、父の友人、京都の吉田という剣道場に居候をし、剣を修得したという

68 土方歳三の歌った歌、作った歌にはこんなのがあった

「いざさらば　我も波間に　こぎ出でて　あめりか船を　うちやはらわん」。歳三の残した一つの書簡がある。土方が武州武士の知人平 忠兵衛《たいらちゅうべい》に送ったものである。執筆の年月日は文中に「11月」とのみとあり、その内容から文久3年（1863）11月と思われる。文久3年2月に「浪士隊」として、江戸より京に上り、新選組副長職もようやく板についてきた歳三が知人の忠兵衛に、独自の時勢論を書いたものである。その中に「いざさらば」の歌が、土方の女性の様な筆跡で書かれている。隊士たちが宿舎にいる時は、詩吟を歌ったり、号令をかける様な声を出したり、流行歌の様なものを歌ったりしていた様だ。芹沢鴨が酒を飲むと手拍子をとって何時も唄った歌がこれで、「いざさらば　おれも波間にこぎいでて　あめりか船を　うちやはらわん」、その歌であったという。これは昭和3年（1928）11月18日取材の為、京都壬生の八木家を訪ねた作家の子母沢寛（1892～1968）氏が、少年時代に新選組を実見した同家の二男の八木為三郎から聞いた話である。筆者も『真田幸村　時代のおもしろばなし百話』を執筆、少年時代に親しく触れた、真田十勇士や、木村重成夫人が兜に香を焚《た》き込めて出陣に送り出すシーンが浮かんでくる。少年時代の興味深い思い出は、湧き上がってくるものである。

この歌は単に芹沢鴨十八番の宴歌のみでは無く、新選組隊士皆に好かれて歌われた隊歌の様なものだったの

だろう。アメリカ船という表現に見える、外国列強に対する攘夷、極度のタカ派的攘夷の表現である。初期の新選組の人々は、芹沢鴨の、水戸の攘夷思想を持っていたのだ。「佐幕尊王攘夷」を持っていたのだ。「池田屋事件」の時、山南たち尊王攘夷派は、同じ思想を持つ同志を討つ事をよしとしないと、参加を拒否した事により、参加人員が不足したとも言われている。後に続く、「山南事件」も思想的対立の産物と見えてくるのである。

この歌は芹沢の作品か、土方かを考えてみる。

文久3年の夏以降より、新選組は「八・十八政変」で、その偉名を上げ、隊士も増え、宴席も増え、この席で隊歌の様にこの歌を唄ったのであろう。夷敵打破の赤心《せきしん》を歌う。これは新選組の身のほど知らずの攘夷歌であったか。(実は、この歌の作者は、芹沢でも土方でもなく、水戸藩の前藩主の徳川斉昭《なりあきら》だったそうだ。)

他に土方は、文久3年(1863)春に編集した「豊玉発句集《ほうぎょくほっくしゅう》」に、俳人土方豊玉として「知れば迷い知らねば迷わぬ　恋の道」「梅の花　一輪咲きても　梅は梅」といった、少し変わった強い感性の句を遺している。又、同じく文久3年11月頃武州小島鹿之助宛の手紙の末尾に「報国の　心忘るる　婦人可那」。歳三、如何《いか》の思い違いという、「俺はモテモテなんだぞっ!」という句を書き添えている。あきれる様な句である。

69 土方歳三の女性関係は、どんなだったか

イケメンの大きい写真、現代でも通用する感じの写真である。新選組の人気を引っ張っているのは、この顔だと思われるが……。

八木老人談話にも「土方は役者の様な男だと、よく父が言いました。真黒い髪でこれがフサフサしていて、目がパッチリして引き締まった顔でした」とある。土方はモテモテの美男である。若い頃は松坂屋に奉公に江戸に出て、奉公先の女中と間違いを起こし、日野へ逃げ帰っている様に、江戸での女性関係は相当あった様である。京都へ来る前の彼の得意の俳句に、こんな面白い句がある。「しれば迷いしなければ迷わぬ恋の道」。彼は当時流行していた富裕な商人や農民の句会に入り「豊玉」という俳号を持っていた。多摩でも多くの女性関係があったのだろう。

上洛してからも面白い句がある。「報国の心ころわするゝ婦人哉」とある。尽忠報国の大志を忘れさす女とは誰か。文久3年（1863）11月、土方が武州小野路村（東京都町田市小野路町）の名主・小島鹿之助に宛てた手紙に細々と書かれている。

「尚々拙義共報国　有志と目かけ　婦人しとひ候事　筆紙難尽先京　二而ハ嶋原花君太夫　天神一之祇園二而ハ所謂けいこ三　人程有之北野二而ハ　君菊小楽と申候　まひこ大坂新町　二而ハ若鶴太夫外　弐三人も有之北ノ新地　二而ハ沢山二而筆二而ハ　難尽先ハ申入候」

（尚々、私どもは報国の有志を目指していますが、婦人（女性）が我々を慕うことは、手紙には、書き尽くせません。先、京にては、嶋原の花君太夫、天神一之、祇園にては、いわゆる芸妓が三人程います。北野にては、君菊、小楽と申す舞妓、大坂新町にては、若鶴太夫の外に二、三人もおります。北の新地にては沢山いますので筆では、書き尽せません。先はお知らせします。）と、正に選り取り見取りと、大モテ、モテ振りを小島に知らせている。

これを見ると、大坂にも相当遊びに行ってた事がよく分かる。幕末の志士達も「宵越しの金は持たぬ」とよく遊んでいるので、土方たちも同様であったのである。

土方の句は秀句もある。「白牡丹月夜月夜に染めてほし」「公用に出て行く道や春の月」「春の夜は難しからぬ噺かな」。

この土方も芹沢暗殺の後は、近藤一頭体制になり、副長として隊の専務的な仕事を、彼の天才的能力で処理し推進して行き、女性関係も安定的になった様に思われる。

これと逆に近藤勇は、女性関係を急増させていく。「池田屋事件」、「禁門の変」と新選組の大活躍と共にメジャーになった近藤は、女性関係を多く持ち遊び過ぎて、元治元年（１８６４）８月、永倉、原田たち六名により、会津藩主で京都守護職・松平容保に「近藤勇増長告発事件」が起こされた。

明治22年（１８８９）に日野の佐藤彦五郎の長男・佐藤俊宣が、京都に近藤の首と土方の彼女と娘を探しに来洛した事を『西遊紀行』として書き残している。これで初めて分かったのだが、土方歳三は、北野上七軒の芸者君鶴に、娘まで生ましていたのである。きっとこの話を甲陽鎮撫隊で日野へ行った時に伝えたのであろう。

彼女はその４年前に他家へ嫁ぎ、その後死亡していた。明治２年の土方の戦死を胸に抱いて嫁いだ彼女の心は……。

70 沖田総司《そうじ》の本当の享年は？

沖田家の文書に、次の様な物がある。「沖田総司、藤原房良《ふさよし》。法名賢光院殿仁誉明道大居士。沖田総司房良は９才の時、天然理心流、近藤周助邦武（後に周斉《しゅうさい》）（１７９２～１８６７）の門人になる。周助養子・近藤勇（１８３４～１８６８）の同門になり、剣法は天才的でわずか12才にして、奥州白河藩阿部家の指南役

沖田ミツ（光子）

と立会いたる時、勝ちを得た事あり。総司（１８４４？～１８６８）は沖田家の長男に生れ、父母には幼少の時死別し、姉妹は光子《みつこ》（１８３３～１９０７）及きん（１８３６～１９０８）の二人ありたり。当時元服し跡目相続なすべき所、何故か大望を抱き、禄を給わるを拒否して、主家（阿部藩）を脱藩。相続は姉光子、時に14才に婿を取り相続なさしめたり。其、養子は沖田林《りん》太郎《たろう》（１８２６～１８８３）、諱は藤原元常という。後に新徴組隊士となり、組頭を勤む。同じく姉きんは、奥州白河及上州、館林城主の媒酌により、館林の国家老中野伝右衛門由秀の妻となる。

「沖田総司は阿部豊後守の江戸下屋敷で生れた。総司は幼名を総司郎春政と呼び、後に総司房良と改む。文久3年3月、新選組成立の時、僅か20才にして新選組副長助勤筆頭となり、一番隊長として活躍したるも、慶応4年5月30日、千駄ヶ谷植木屋の離れ家で病死したり、時に25才であった。」

この一文（原文）は、沖田の菩提寺である、東京は一向山専称寺（港区元麻布）に残されている。

この書によって、25才で亡くなった事になっている。しかし総司の姉ミツの後裔《こうえい》の要さんの建てた同寺の墓碑には、慶応4年5月30日、房良、行年24才と刻んであるばかりか、近藤勇の学問の師である小島為政（鹿之助）（１８２９～１９００）は「史談会速記録」の「殉国志士之事歴」に次の様に27才と記述している。「沖田総司名房良、白川藩士沖田某の子、撃剣称新選組巨壁、丁卯二月罹疾、戊辰5月没江都年二十有七」。

しかも沖田の享年が27才であった事を裏付ける、一書が別にある。

沖田家と専称寺の一文では、文久3年の上洛時に20才であったとしているが、この時の浪士名簿によると22才になっていて、総司が亡くなる時は27才となる。この辺りの資料価値をどう考えるか、他の同志の年齢を考えて見る事にする。六番組岡州中村浪人小頭、西恭助《にしきょうすけ》22才。仙台浪人山南敬助31才。姫路浪人平山五郎35才。白河浪人沖田総司22才。松前永倉新八25才。水戸野口健次21才。伊予松山浪人原田左之助24才。武州多摩石田村土方歳三29才。府内浪人藤堂平助20才。水戸浪人平間重助40才。以上の様に定説の20才を越える事二つ。藤堂平助より年上だったとある。要するに近藤一派の若年者は、沖田だけで無く、藤堂もあった訳で、藤堂が伊東甲子太郎らと月真院に走った時、近藤が藤堂を惜しがった事も、うなずけるのである。この名簿には近藤勇が30才。総司の義兄林太郎が38才。井上源三郎35才とある。沖田の享年を27才とするには、余りにも抵抗があるようである。

沖田の話は、姉ミツ（光子）に繋がるのが多い。その姉ミツは天保4年4月8日、奥州白河藩沖田勝次郎の長女として生まれたと言われているが、日野史談会の故谷春雄氏は、ミツの父なる人は、新選組六番隊井上源三郎の家の分家で、井上惣蔵という人の弟だが、それまでミツの夫といわれていた林太郎元常ではなかろうか、そしてミツの夫なる人は、小島鹿之助の筆になる、万延元年3月15日の「沖田房政来る」という日記の人物、つまり林太郎房正と思われる、と、林太郎二人説を出して物議となった。谷さんは林太郎とミツの長男芳次郎が後年房政を名乗ったものの、この時は9才という事で、未だ元服前であったから房政を名乗る事も無く、房正に該当するのはミツの夫以外には無いというのだ。新選組のイケメン青年剣士沖田の謎は、深まるばかりなのである。

71 沖田総司の幻の恋人？

新選組トップの剣の使い手の、沖田の恋は、諸説色々と言われている。幻の恋人と言われる女性として、沖田氏縁者、戒名「真明院照誉貞相大姉《しんめいいんしょうよていそうだいし》」がいる。正体がはっきりしない女性だが、考えてみる。筆者もよくお参りに行き、光縁寺御住職とよくお話をする。御住職はこうおっしゃる。「この人は山南敬助の恋人の明里《あけさと》という、島原の天神さん（太夫の次の位）で落籍されて壬生に住んでいた。山南があの事件で切腹する時、彼女の保護を頼んで、その後を沖田が面倒を見ていたが、彼女が死んだので、沖田が当寺に葬ったのですよ。当時の金額で相当の永代供養代が納められていますよ。それと、真明院という戒名に明里の明《めい》が入っていますし、浄土宗では名前を一字入れ戒名を付けるので、あのお墓は明里の墓と思います。」と、おしゃっておられる。

しかし、この「沖田氏縁者」について別の説がある。幕末維新史研究家の川西正隆氏の調査によると、彼女は、偶然にも彼総司の次姉と同名の「きん」という人で、生まれは七条堀川の里茂（旅籠）の娘で、新庄藩御徒士小頭、酒井鑑左衛門意章の妻で美女だったというが、離婚して壬生の近くに住んでいたという。この仏さんと一緒に記されている、酒井意誠は、「きん」の子息で、大正5年（1916）頃、光縁寺に墓参したおり、当時の住職によって「沖田氏縁者」と書き加えられた。総司の姉の中野きんさんの子孫、凡野信雄氏が川西氏に次の様に語られた。「私の家の仏壇に酒井姓の美しい女性の写真が飾られてあった事を憶《おぼ》えています」。何故そんな写真があったのか、その写真の主が光縁寺の過去帳の人なのか、沖田総司とどういう関係なのか、今となっては一切不明である。

総司と町医者の半井《なからい》さんの娘とのラブロマンス（司馬遼太郎『新選組血風録』より）は、余りにも有名であるが、最近、小島資料館（東京都町田市小野路町）から出た聞き書きによると、江戸で彼に恋こがれた女性がいたという。彼女は近藤勇の養女（名は不明）で剣をよく遣った娘だが、総司が好きだった。ある日娘は、とうとう思い切って〝プロポーズ〟した。「塵取《ちり》りと箒《ほうき》しか持って行けない様なつまらない女ですけど、どうぞ、どうぞ、貴男のお嫁さんにして下さいな」。燃える思いを打ち明けてみたけれど、肝心の彼は知らん顔。剣道をやる女性は、彼のお好みに合わなかったのか、それとも、女だてらに男に結婚を迫る様な娘は嫌いだったのか、冷たくあしらった総司であった。恥を忍んで胸の思いを打ち明けたにもかかわらず、相手に無視され彼女のプライドは傷つけられ、受け入れられぬ望みのむなしさに嘆き悲しんでいたが、やがて懐剣で喉を突いて自殺を図った。幸か不幸か、発見が早くて生命には別条無かった。後年、近藤勇の世話で彼女は他所に嫁いだと言われている。この娘さん、現在であればと、筆者は思うものである。新選組の女隊士となれそうな娘である。

新選組漫画『風光る』（小学館）の様に沖田に惚れて男装して隊士となれば……。剣を遣う事だけで無く、男性に結婚を申し込むなんて……、江戸千葉道場の龍馬を慕っていた千葉さな子さんもこんな女性であった様である。親の決めた相手に泣く泣く、妥協して嫁に行くのが常識の時代に、自己をしっかりと持っていた女性だったのである。この人が妻となっていたら、沖田はあんな若死して無かったであろう。

沖田の恋人の不思議は、いま一つある。壬生の隣に中堂寺村、現在は下京区中堂寺西寺町にある通称「赤寺さん」善徳寺に、沖田縁者の墓がある。これは秘されていて誰も知らない。筆者は中堂寺生まれで、そのお寺の住職さんとも知り合いで、聞いて見ると、「昔から、うちの墓地にあります。只、沖田の姉の墓との伝承もあるだけですが、言わんといてくれやすや」と、口止めされていた。沖田は中堂寺村の八百屋の出戻り娘と仲良くしていて、女の子が一人あったという話も残っている。

２０１４年、記念館へ沖田の恋人の生まれ変わりだという女性が現れ驚いた。前川邸の南の方に医者がおり、その医者の娘だと言ってのけた!!

72 高砂太夫の語る、永倉新八の恋人たち 「京ことば」

岡田磯子(永倉新八の娘)

文久3年「八・十八の政変」の時は、皆さんご活躍されましたし、浪士組から新選組のお名前も天皇さんから貰わはって。皆さん、京にもお慣れやして、お遊びださはりましたんどすえ。永倉さんも中々がっちりした、よい男はんどすので、うちの廓の亀屋さんのお抱えの芸妓さんの小常《こつね》さんと、深い仲におなりやして、堀川花屋町の東へチョット入ったとこ、鎌屋町(京都市下京区鎌屋町)に小さな家をお借りやして、お囲ひやしたんどす。小常さんは色白でお鼻も高く、物腰のやわらかい、それはそれは、スラリとした佳い芸妓さんどしたえ。

こんなきれいなお人やさかい、永倉さんも一生懸命にお通ひやしたんどすえ。お西さんへお参りしはったとき、よくお会いしましたんどすえ。そんなこんなで小常さんは女《おなご》の「ややこ」を、お生みやしたんどす。そやけど、お気の毒にお産の「肥立ち」が悪おして、「ややこ」をおいて、お亡くなりになってしまわはりましたんどす。お可哀そうでお可哀そうでね。泣き泣きお葬式に行ったのをよく覚えてますのどす。永倉さんは松原から、ちょっと南に入ったとこのお寺へお墓をお作りやしたんどす。一粒種の赤ちゃんの「於磯《おいそ》さん」は、岡田さんといふお人がお育てやしたと、聞いておりますのどす。何でもこの於磯さんは「別嬪さん」で、おかあさんによく似て、スラリとした美人にならはって、芸人さんで尾上《おのうえ》小亀《こがめ》さんに、ならはりましたんどす。島原あげてお芝居を観に行きましたんどすえ。みんなで永倉さん、どんなにしてはるのやろなあと、あの頃がなつかしおす。おうわさでは「於磯さん」は明治の末にお亡くなりになったと聞いてますのどす。あとで聞いたんどすけど、永倉さんは生きていやはって、蝦夷（北海道）にお住まいでしたけど、遠い京へ「於磯さん」にお会いに来やはって、お西さんの近くの宿屋でお逢いやしたようです。永倉さんは本当に幸せなおひとやなぁと、涙が出てきたんどすえ。そーや、永倉さんには、ほかに大坂に「お鹿さん」という女《ひと》もいやはりましたんどす。この人は、大坂吉田屋の仲居さんどす。芹沢さんがお亡くなりになる少し前に大坂にお出ましになり、芹沢さんと吉田屋さんでお遊びの時に、なにか〝もめごと〟がありまして、それがご縁で「お鹿さん」と仲良くならはったとか聞いておりまっせ。芹沢さんも、そのあと「お梅さん」と、お二人とも死んでしまわはって悲しいことでした。それから、池田屋さんのとき、永倉さんのお見舞いに三条へ行きましたら、みなさん暑い暑いいうて、高瀬川に入っていやはりましたんどす。

73 こんな隊士も居た

①新選組隊士の中で、出自のひときわ高い出自の隊員もいた—小笠原胖之助《はんのすけ》

彼は十代唐津藩主・小笠原長泰の末子として生れ、老中小笠原長行《ながみち》の義理の甥にあたる。仙台で家臣と共に新選組に入隊し、三好胖《ゆたか》（1852〜1868）と称した。

明治元年（1868）10月24日、蝦夷渡海後の七重村の戦いに於いて17才の若さで壮烈な戦死を遂げた。同じ日に、家臣の小久保清吉も戦死した。二人の遺骸は戦死場所の近くの宝琳庵（現、亀田郡七飯町の宝琳寺）に葬られた。しかし現在は宝琳寺墓地に胖之助らの墓は見当たらない。

彼ら二人の墓は、そして遺骨はどうなったのだろうか？　これについて宝琳寺や七飯町《なないちょう》歴史館で調べた話をまとめてみると、明治5年（1872）、宝琳庵は賊軍の戦死者を葬った事を咎められ、新政府の命令で、当時の場所（現在の七飯町文化センター付近）から約1㎞離れた現在地へ移された。当時は二ヶ所であった墓地は、一つはそのままに現在の町営共同墓地になったが、寺に裏にあった墓地は無くなってしまった。現在、宝琳寺にある「箱館戦争」関係の墓は新政府軍の人々のものだけである。一方、佐賀県唐津市にある小笠原家の菩提寺、近松寺《きんしょうじ》には「胖之助」の墓がある。これは明治20年（1887）に建てられ、昭和31年（1956）に現在の場所に移されたものである。しかし小久保清吉については、過去帳に記載はあるが墓は見当たらない。しかし古い明治21年の墓地図には2人のお墓がはっきりと書かれている。過去には2人の墓が唐津に存在した事は確かである。唐津の近松寺に所蔵されている「小笠原胖之助、公子事蹟概要」がある事が分かった。これを書いた人は旧唐津藩士で海軍大佐になり、その後、唐津町長にもなった兼子昱《あきら》氏であった。そこに遺骨が故郷に帰った事が書かれていた。

「公子は唐津藩主小笠原長泰卿ノ令息ナリ。明治元戊辰年江戸桜田ノ藩邸ニ在ル時、鳥羽伏見ノ変アリテ討幕ノ計画再発シ徳川将軍恭順ヲ表ワスモ上達セズ征討ノ大軍江戸城ニ逼リ海内騒擾ス。公子齢十七歳ナリシモ奉公義勇ノ至誠抑え難シ、窃ニ藩邸ヲ脱シテ上野ノ彰義隊ニ加ワリ、同隊敗滅後奥羽地方ニ進展シ輪王寺宮を護衛シ奉ル。若松城陥落後ハ北海道ニ転シ、十月二十四日七重村ニ於テ箱館守備ノ衆兵ニ当リ奮戦力闘身ニ数個ノ刀痍弾創を蒙り遂ニ戦死セラル。嗚呼壮烈ナル哉、役後旧藩臣御遺骨ヲ収メ帰リテ当地ニ改葬セリ。法名三好院殿儀山良忠大居士と号ス。〈後略〉」昭和二年四月五日稿 兼子」。

新選組の戦列に、こんな貴公子も加わっていたとは驚くべき事実で、箱館新選組は如何に進化していたかを知る重要な話である。

②近藤周平は、板倉侯の落胤か？

近藤勇（１８３４〜１８６８）は何故、谷周平（昌武《しょうぶ》）（１８４８〜１９０１）を養子にしたのだろうか？元治元年（１８６４）の「池田屋事件」を知らせた近藤の手紙には、この事件の前に既に養子を迎えていた事が記されている。斬り込みメンバーに、「拙者（近藤勇）、沖田、永倉、藤堂、養息《ようそく》周平、今年15才」とあり、その後の方で更に、「先日、板倉周防守殿家来より、養子貰い申し候。当節柄死生も計り難く存じ奉り候間、右等心構え致し候。追ってくわしく、申し上ぐべく候」と書いている。養父の近藤周斎（１７９２〜１８６７）には無断で養子縁組した事が分かる。この周平は、実は板倉侯の落胤《らくいん》だったとの説がある。周平の名は谷昌武と言い。父は、備中松山藩（高梁藩）主板倉勝職《かつつね》（１８０３〜１８４９）の家臣で谷三治《たにさんじ》郎供行《ろうともゆき》といい、百二十石取りの旗奉行だった。兄に三十郎（１８３２?〜１８６６）、万太郎（１８３５〜１８８６）が居る。三十郎は剣の天分あり、又、槍の種田宝蔵院流の手練《てだれ》だった。三男の昌武が生まれたのは嘉永元年5月20日である。父供行の後、長男三十郎が継いだが、何故か安政3年（１８５６）10月13日、暇を出されてしまった。この理由は万太郎と藩主の娘との間に不義《ふぎ》があったからだという。藩主の娘との仲の話が紆余曲折して、年の離れた末弟昌武の〝イケメン〟も加わって、板倉侯落し胤となったらしい。江戸期はお家を守る為に、落胤を家来に育てさす事がよくあった。三十郎と万太郎は浪人となり、大坂に出て剣と槍の小道場を経営していたが、文久3年（1863）3月、「壬生浪士組」が京坂の浪士を募集した時、末弟昌武と共々三人で入隊した。（実は三十郎が近藤に、末弟を板倉侯の落胤と言上、売り込んだともいう）。三十郎は只ちに助勤に就任し、万太郎は大坂屯所（下寺町万福寺）詰めとなった。昌武は平隊士である。『新選組遺聞』では、「はっきりした記憶がありませんが、どうもハキハキした、元気ものでは無かった様に思われます」であり、池田屋の斬り込みの時も簡単に槍を叩き切られている。大した働きはしていない。近藤勇ほどの人が、どうしてこんな男を養子にしたか不思議と言われている。〝板倉侯落胤〟というのを信じた為であろう。沖田が天然理心流の跡目を継ぐのが正しいと、筆者は思いたいのだが……。近藤はわざわざ養父周斎の一字を貰って「周平」と名付けたが、この養子は「不肖の子」であった。その後も何も出来ず、二年後の再編成時にはまた平隊士であった。近藤の養子の兄という事で、羽振りを利かしていた長兄の三十郎は、祇園石段下で斉藤一に斬られたと言われる。次兄の谷万太郎も、兄の斬死から隊を離れた。周平は完全に無視される存在となってしまった。そして慶応4年（1868）「鳥羽・伏見の戦い」が起こる。近藤は負傷して、大坂へ沖田総司と移っているし、この混乱期をチャンスと、周平は脱走してしまった。その後、明治の初め、若い女を連れて江戸に現れたといわれる。やがて女とも別れ、高梁《たかはし》へ戻ったといわれ、その時、一人娘を連れていたといわれる。その後、神戸で播田という家に入り婿したが、明治20年（1887）に離婚し、その後、山陽鉄道の下級職員となっている。島田魁（1828～1900）が山陽鉄道で出会ったといわれている。明治34年12月2日に神戸で病死した。

もう一人、大名の落胤といわれる、藤堂平助（1844～1867）がいた。彼も藤堂和泉守高猷《たかゆき》の落胤といわれていた。江戸期は参勤交代で、江戸の生活時に、花街の女性との愛の結晶が生れ、家来の子として育てる例がよくあるのだ。こんな腰ぬけの隊士が居たのも面白い側面である。

③伏見奉行所の与力を逆恨みし、暗殺した不良隊士、後藤大助

慶応3年（1867）11月に伏見奉行所の与力横田蔵之助《くらのすけ》が殺害された。犯人は新選組隊士後藤大助であった。後藤は巨椋池《おぐらいけ》での狩猟を横田に注意され、守護職や所司代に訴える旨を申し渡されると、これを恨んで隊士3名と共に横田の自宅に押入、「問答無用」にて蔵之助を殺害した。これを所司代配下の役人の記録を見ると、事件の日は十一月八日、横田の自宅前で殺害、首級《しゅきゅう》は、竹田街道の蓮心橋の近くに晒された。それを知った息子の米之助《よねのすけ》が持ち帰ったと記されている。

「十一月八日、伏見組与力横田蔵之助儀同心、門前に於て、何者とも分らぬ帯刀の者3、4人取り掛り殺害、首級奪い取り、逃げ去り候間……中略……しかるところ、首級、竹田街道、蓮心橋際に梟首《きょうしゅ》いたし、これあり候に付、米之助、持ち帰り候由」（平岡政忠日記）

これを裏付けるのが『慶応丁卯筆記』で、同書には「十一月八日夜五ツ半過ぎ時分、伏見において、両替町辺にて切害に逢い候」とある。殺害場所は自宅の門前であり、首は蓮心橋近くに晒されたのが事実である。この時、伏見の町に「ええじゃないか」を踊る群衆があり、その人込みに紛れての犯行であったようである。

「この節、町々踊りおり候折がら、その人数に打ち紛れ、いずれの者か分らぬ浪人体二人ばかり、軒下より、ふと罷《まか》り出で、内蔵之助へ切り付け候ところ、もはや一人、後ろから肩先を切り付け候と相見え候えども、首は前へ落ちかかり候由」。

また、事件の報告を受けた京都町奉行所の役人が駆けつけたところ、半紙二枚の罪状書が首の側に残されており、それぞれ、次のように書かれていた。「伏見横田の首、万民のため、誅戮《ちゅうさつ》のもの也。よこたの首がのうて、世の中よいぢやないか、々、々」。

別紙歌に、「なきながらを横に　伏見のくらの助　首はこなたへ取りて　くれ竹」。

首の晒された場所は「東洞院通京街道筋伏見黒門より、一丁ばかり北の方、石橋の傍ら」とあるが、伏見黒門は現在では分らない。石橋は竹田街道の蓮心橋で、近鉄の伏見駅の北西、棒鼻交叉点の北側に現在もある。後藤らは不動堂屯所への帰途、「横田の首」を晒していったのだ。

この不法者の隊士後藤大助は、鳥羽伏見の戦いを経て江戸へ帰り、脱走し薩摩軍に参加編入していたが、強盗を働き斬首されたと伝えられている。新選組の中にはこの様な不良な隊員も多く居たことが良く分かる事件である。この時は龍馬暗殺と同時期で、京都だけでなく伏見の街も「よいぢやないかおどり」の大群衆がおどり狂っていたことがよく分かる。彼らもこの大群衆を利用して暗殺を実行し、逃れたことがよく分かる。不良隊士共の悪行の話である。善良な伏見の役人の暗殺に、隊幹部は対応していない様に思われる事件である。

④新選組、無名隊士・谷川辰吉「裏切りを重ね生き抜いた隊士、裏切り名人の谷川」

備中国窪屋郡倉敷出身の、谷川辰吉《たつきち》（１８２２～１８９４）という人物がいる。

草奔《そうもう》な人であり乍《なが》ら、節を曲げて変転の人生を送った青年の話である。慶応元年（１８６５）正月、大坂松屋町筋に宝蔵院流の槍術道場を開いている、備中松山藩（高梁藩）浪人・谷三十郎《たにさんじゅうろう》の所へ訪れた青年、そのまま居候をしていたが、いつの間にか新選組に加入して備中浪人「谷川辰吉」と名乗っていた。彼は倉敷前神町の板屋という商家の出身で本名は吉次郎といい、本姓は和栗《わぐり》という。倉敷では富裕な商家の一つで、分家は五軒ほどあったという。森田節斉《もりたせっさい》の門人となり、勤王論を吹き込まれ、勤王攘夷論者となった。が、倉敷では、彼は知られていない。

元治元年（１８６４）12月18日に起こった「下津井屋事件」で屋敷焼討に参加し故郷を捨てた。顔見知る下津井屋当主父子を倉敷代官と共に斬殺した。そして大坂へ。谷三十郎の紹介で新選組に参加していた。参加にあたって土産話がある。元治2年（1865）1月8日、土州人勤王論者の襲撃事件（ぜんざい屋事件）が、吉次郎（谷川辰吉）の密告により行われているのだ。谷三十郎も参加した。同志を裏切っての入隊である。隊内では裏切り者のイメージがあり、居心地は悪かったのだろう。「鳥羽・伏見の戦い」前の慶応3年（1868）12月に脱走し、井汲恭平《いくみきょうへい》と改名して、何と、再び勤王討幕派に入り、奥州征伐迄参加した。

明治2年（1869）春、倉敷にひょっこり6年振りに戻って来た。倉敷の町では彼に風当たりは強かった。彼は京都へ上って暮らし、明治27年1月2日に没した。

明治2年10月、倉敷県庁へ出された文書が残る。「私は6年前の12月17日に家出して大坂に参り、備中松山浪人谷三十郎方に寓居して剣術修行をしていたが、貯えも無くなり困窮の所、同人の世話で新選組に加入し、傍ら剣術砲術の修行を致し、一昨年迄勤めたが、天下の形勢も見極め難くなったので、同年12月隊中を脱し、大坂平野町の今井屋方に奉公し潜伏していたが、正月伏見表の戦後、大改革に相成り、早速京都へ出て、朝廷へ奉公致さんと奔走中、旧友・阿部十郎に会い、その世話で大原侍従殿付の「赤報隊」に入り、更に転じて、四条少将預りの徴兵七番隊に入り、東海道を江戸に上り、更に奥州出陣となり、私も出隊しました。同年11月私は東京に引き上げ滞陣し、その年の12月に京都に帰り朝廷から褒賞を受け、翌2年3月、主上御東幸の節は中軍たる坊城左少弁殿付属となり「遊軍隊」に入り、4月東京着で滞陣中、持病起こり養生致したく、軍務官の許可を得て、9月出発して京都まで帰り、用向を済まし、10月下旬出立し、去る7日に帰着を致しました。家出致した事、心得違いで、何卒事情有、御賢察の程」。

ところが吉次郎の帰郷を知った、下津井屋の遺族と親族は仇討ち願いを差し出している。その口上書を見ると次の様である。「倉敷村百姓、亡吉左ェ門後家「りう」が申し上げます。6年前の12月16日、当村の大橋平右ェ門、婿の年寄役敬之助と、年寄役仁左ェ門の弟吉次郎が無類の党を結び、夜中、家に乱入し夫吉左ェ門、倅寿太郎並びに召使い二人を殺し、私と他一人に深手させ、その上家財不残焼却して立ち去りました。私はその傷に歩行出来ぬようになり、敬之介、吉次郎も行方知らず探索も成らぬ中に、御一新になりました。私始め親族共、片時も怨み忘れがたき折、吉次郎、今回、兄仁左ェ門方へ立ち帰った事を知り、親族中血気にはやる者共もおり、この上は、お上の御威光を以て、吉次郎を召し捕る様、願い上げ申します。吉次郎は右四人の仇敵、かつては家屋敷まで火をかけ焼き払い、残る女子、子供を路頭に迷わせ家名断絶にさせたる怨み積もる男なれば……以下略」と、明治2年12月、倉敷村百姓亡吉ェ門後家「りう」、親族惣代浅口郡勇崎浜庄屋助勤　助左ェ門。この一文を倉敷県庁に差出。

寛政、天保年間から古禄派（従来諸特権を独占してきた13家の商人）と称する商人層の後退に代わり、新禄派（綿仲買によって新興してきた商人）と称した二つの勢力争いが、下津《しもつ》井《い》事件《じけん》をモメントして露呈した。そして明治から大正に至る二つの流れがこの町に目に見えぬ暗流として残されていた。

吉次郎は仇討願出を知ると、県庁に文書を提出した。「今迄朝廷に御奉公しており、今は病気養生の為、帰郷しましたが全快致しましたので、再び御奉公の為、上京致します」と、京都へ出た。それ以後消息は分からない。72才で死亡し、墓は京都市左京区黒谷の顕岑院墓地にある。

■谷川が裏切った事件「ぜんざい屋事件」とは。

長州藩は三田尻に「招賢閣」を設けて、諸国脱藩浪士を収容していたが、長州の降伏で、それらの浪士は四散した。そのうち、土佐脱藩の浜田辰弥（田中光顕）、片田源馬らが大坂に入り、折から藩主山内豊範《とよのり》が率兵上坂していたので、この兵力を利用して討幕の義兵を挙げようと計算した。しかし、これは藩内の同志・五十嵐敬吉に、余りにも無謀だと反対された。では自分達の手で決行すると浜田らは、南瓦町の石蔵屋という「ぜんざい屋」に身を潜め計画を練った。この石蔵屋の主人・政右衛門は実は、武者小路家の雑掌を自称する本田大内蔵（本多大蔵）という同志だった。彼らの計画は大坂市街に放火して混乱を引き起こし、これに乗じて大坂城を乗っ取ろうというものだった。この実行のために武器弾薬が密かに集められていた。谷川の密告で谷三十郎・万太郎兄弟と、門下の正木直太郎、高野十郎正と四人で石蔵屋を急襲した。慶応元年（１８６８）正月８日である。皆、出払っていて、主人と大利《おおり》鼎吉《かめきち》だけが残っていた。主人政右衛門は素早く逃げ、四人で大利を斬った。大坂の池田屋事件といわれる。松屋町の菓子問屋街に記念碑が、「贈正五位大利鼎吉遭難之地」と「ちりよりも かろき身なれど 大君に こころばかりは けふ報ゆなり」辞世。

⑤鳩首になって、「西郷どん」に「弥兵衛どん」と挨拶された、スパイ隊士富山弥兵衛

富山弥兵衛（１８４３～１８６８）は薩摩のスパイとして入った新選組隊士で、通称は四郎、諱は豊国《とよくに》。薩摩出身で天保14年生まれ。元治元年（１８６４）12月までに京阪の募集で入隊。同月の編成では松原忠司の七番大砲組に所属した。

薩摩藩が新選組の内情偵察の為、入隊させようとしたが疑惑を持たれて拒絶される所を、伊東甲子太郎の口添えによって入隊が許されたという。伊東に傾倒して学問をするようになり、伊東を大久保利通に紹介したという。

慶応元年（１８６５）７月には伊東・篠原秦之進・茨木司・久米部正親らと浪士捕縛の為、大和に出張し、年次不詳ながら、隊名をかたって金策していた川島勝司（元新選組探索方）を斬殺した。慶応３年（１８６７）

3月に伊東らが御陵衛士として分離した際、随従同志の身分で同行する。同年5月25日には金の無心を断られ、大坂難波新地で、医者・曲直瀬《まなせ》道策《どうさく》を斬殺した。11月18日の「木津屋橋・油小路事件」。御陵衛士伊東甲子太郎は、近藤勇の謀略にかかり油小路木津屋橋において、新選組隊士・大石鍬次郎らに斬殺される。

翌日未明、伊東の亡骸を引取りに来た高台寺党、待伏せする新選組により藤堂平助ら3名も殺害される。

富山弥兵衛は、鈴木三樹三郎らと共に、血路を開き、二本松薩摩藩邸に庇護される。中村半次郎（桐野利秋）が大久保利通と相談して邸内に匿ってくれたという。12月18日には阿部十郎らと伏見墨染で待ち伏せして、近藤勇に発砲し右肩を討ち抜き、薩摩の中村半次郎に「将を射んとすれば馬を射よ」と笑われたという。翌年の「鳥羽・伏見の戦い」では薩摩軍に属し負傷、治癒後には西郷吉之助（隆盛）配下として北陸越後へ出陣し軍の偵察方として従軍。「出雲崎」で水戸諸生党の武士団に、馬からヒラリと下馬した姿をスパイとして見破られ捕まり、脱走したが泥の水田に足を取られ、追手に依って殺害され首を晒された。捨札には「後世諸士ノ亀鑑大丈夫ノ士（後世の武士諸君の手本となる大丈夫の士）」と勇戦をうたわれたという。

ここへ通りかかった「西郷どん」が、「弥兵衛どん」と声を出し、その死を悼んだという。26才であった。

スパイ隊士は数多く入隊していたがユニークな隊士である。お墓は京都市の泉涌寺山内町の戒光寺にある。

箱館戦争

74 新選組は、日本海戦史上、歴史に残る戦いを宮古湾でやった

3・11東北大津波から、もう5周年が過ぎた。

「宮古湾で土方歳三たちが、日本海戦史上、初めての大戦闘を行った事は、全然知られていない」。そんな事を思いながら、京都駅裏の古物屋を覗いて見た。古ぼけた希少本に出会った、『幕末・明治・大正史』。大正10年（1921）1月2日発行、定価金壱円五十銭、東京神田猿楽町1丁目三、松本書院出版部とある。波瀾重畳幕末明治大正史「日之巻」原昌通著。北海の叛乱（承前）「宮古港の戦と官軍の進戦」（八艦の進討）。

「北海濤《とう》、荒れて妖気狂ひ、暗雲を蔽《おお》ふて白日を見ず、叛徒榎本武揚、荒井郁之助、大鳥圭介等はすでに蝦夷地を奄有《えんゆう》して朝廷に反抗す、辺陬《へんすう》と雖《いえど》も亦征討せざるを得ない。大総督府は最《さ》きに征討の兵を発したが、積雪のため青森に留って翌年の春を待ち、蝦夷は空しく叛徒の跳梁に委ねられてあった。既にして解雪の期は至る。明治二年三月、官軍は乃はち、海軍を発し、陸軍を応援して箱館の叛徒を討伐する事となった。是に於て中島四郎、赤塚源六、谷村小吉、山縣久太郎、岡敬三郎、入江良之進、小山辰彦、西田元三郎等は、甲鉄、春日、陽春、丁卯《ていおう》、飛龍、豊安、戊辰、晨風《しんぷう》の八艦に乗じ、先ず発して、北海に向ひ、宮古港に入った。叛徒は之を聞き、応戦に就いて議する所があったが、官軍の最堅艦たる甲鉄艦を途中に襲はんことに決し、海軍奉行荒井郁之助は、自ら其事に当たらんとし回天、蟠龍《ばんりゅう》、高雄の三艦を率ゐて箱館を出発した。

「叛徒船将の力戦」。三月二十五日昧爽《まいそう》、宮古湾外、忽《たちま》ち一艦の姿現すと、見る間に次第に港に近附いて来て、

掲げられたる米国々旗も鮮やかに見られるやうになった。官軍の軍艦は之を米艦と信じて何の備へをも、為《な》さざる間に、近寄り来れる其軍艦は、俄《にわか》に米国旗を徹して我国旗を掲げ巨砲を発しつつ、直ちに甲鉄艦に迫った。是れ実に叛徒の軍艦回天号である。不意を撃たれし甲鉄は、驚愕狼狽して、にはかに火を点じ運転を起さんとし、未だ発砲するのいとまもあらざるに、回天は既に舵を転じて甲鉄の舷に接触したため、両艦の舷は烈しく軋《きし》り合ひ、甲鉄の舷は深く水に入り、回天の舷は高く水を出て、上下一丈余の差を生じた。斯《か》くと見るや叛徒の兵・大塚浪次郎は忽ち身を挺《て》んじて、甲鉄艦上に跳《おど》り下り、野村、笹間、加藤、之に継ぎ、刀を揮《ふる》って猪突し来る。官軍、乃《すな》はち、六けう砲を以《も》って連撃し、或は短槍揮って之を倒した。回天の船将甲賀源吾は、艦橋に在って部下を指揮し、頻《しき》りに56斤砲を発し、其一弾は甲鉄に甲板を穿《うが》って、官兵多く死傷したが、斯くる間に官軍の諸艦は、救応して賊艦を挟撃すること甚《はなは》だ急になって来て、賊の船将甲賀源吾は股及腕に負傷したが、いかさかも屈せず益々衆を激励して奮戦するを、官軍は狙撃して遂に之を倒した。是に於て叛徒の兵、気は全く沮喪《そそう》し、俄に舵を転じて、港を脱して遁れ去った。回天は遁れ去るの途に僚艦蟠龍に遇《あ》った。蟠龍と高尾は風濤《ふうとう》の為めに進航を妨げられて、回天に遅れ遂に事を共にするを得なかった、のみならず、高尾は機関を損傷して航行不能となりしため、船将古川等は、艦に火を放って陸に上がり盛岡藩に着いて降を乞ふた。一方、官軍の諸艦は、港を脱せし回天艦を追って進航したが、途中、賊艦高尾を認め近づいて之を見るに、火は既に艦内を走って居たため、其儘に捨てて去った。」

この戦いで土方指揮の斬込隊として新選組が奮戦し、相馬主計は負傷し、野村利三郎は戦死した。首を取られ海に投げ込まれた死体が漂着したのだ。この古い本では「叛徒賊船将の力戦」として回天艦長で壮烈な艦上死を遂げた甲賀源吾を称えている。

新選組活躍年表にはこう記されている。

「明治2年3月20日、新政府艦隊の宮古湾寄港を知り、甲鉄艦奪取作戦が計画される、中旬とも思われる。21日甲鉄船奪取の為、蟠竜、回天、高雄が箱館を出航。24日、暴風雨のため蟠竜が脱落し、回天と高雄が集結地の山田港に入港する。25日、高雄の機関故障の為、回天が単独で甲鉄艦奪取作戦を決行するが失敗して箱館に敗走する。この戦いに艦長甲賀源吾、野村利三郎らが戦死。相馬主計ら多数が負傷した。機関故障の高雄は羅賀海岸に座礁、自焼して乗組員は南部藩に投降する。26日、回天、蟠竜、箱館に帰港。」

この海戦は現在でも、海上自衛隊戦史室資料のトップに記されるという。

75 箱館戦争期、土方歳三と会見した隊士高木貞作《ていさく》は、銀行員となった

箱館期、土方歳三と直接会談した人は少ない。さてここに箱館戦争末期に入隊した高木貞作（1848〜1933）という伊勢国桑名藩士がいる。彼は嘉永元年（1848）11月23日に桑名元赤須賀で生まれた。服部半蔵正義（1845〜1886）と酒井孫八郎（1845〜1879）の従弟にあたる。

慶応4年（1868）閏4月3日、恭順派の桑名藩家老・吉村権左衛門宣範《のぶのり》（1820〜1868）が越後柏崎で暗殺される。山脇隼太郎（正勝）（十左衛門の息子）（1849〜1905）と高木剛次郎（貞作《ていさく》）の仕業で、主君松平定敬の秘命という。大河内太郎（山脇正勝）と神戸四郎（高木剛次郎）の二人は、蝦夷地では土方歳三配下の新選組に所属する。

この高木貞作が、明治2年（1869）4月中旬に、五稜郭で土方歳三と対面したというエピソードがある。

この藩士高木氏は土方の新選組に属し、「箱館の山の上の寺に宿泊の由に付、其所を訪ねて、約20人の桑名人に会い、森弥一左ェ門（森常吉）に会うて、我々の来意を述べた。然るに先頃、桑名より酒井氏（酒井孫八郎）見え、暫く滞在せられ、五稜郭の榎本の同意を得て、一昨日横浜行きの商船に乗り、酒井氏らは晴山公（松平定敬）にお供して、忍びで出立せられたとの事でありました。私共は拝顔の栄を得なんだのを残念に思いましたけれど、御出立の事は賛成でありました。森氏の説に従い、私共も、暫、他の桑名の者同様、新選組に勤務

土方歳三

山脇隼太郎

高木貞作（剛次郎）

する事に致しました。組の詰所は箱館港の入口の台場にありました。これは4月中旬の事、私は初め坊主支度で何物も無いので、衝鋒《しょうおう》隊長古屋作左ェ門（作久左衛門）より、紺絨《こんらしゃ》の軍服に刀を添えて、我々に与えられました。依って、之を謝せんため貰った軍服を着て、五稜郭へ行き、古屋に会い、新選組の隊長土方歳三とも面会し、又、内地より新来の者の事なれば、榎本もちょっと面会せられ、其日に箱館に帰りました。」

これは昭和4年（1929）に桑名市で酒井孫八郎50年忌の席上、高木氏が講演したものである。彼は箱館戦争の後、本国送還になり解放され、家老殺害の罪を避けてか、明治3年米国行き、一旦帰国した。明治5年大蔵省派遣で米国に留学、商学を学び、明治8年帰国後、森有礼らと共に創立した、東京商法講習所（後の一橋大学）の助教授の後、内外各地の銀行畑を歩み、勇退。昭和8年1月14日、東京府玉川村（東京都世田谷区）の自宅に於いて、87才の長寿を全うした。現在桑名市の法盛寺墓地に、長男貞一氏が建てた墓碑が残る。銀行員になった隊士のお話である。

76 土方歳三の遺影や遺髪を届けた隊士、市村鉄之助

明治2年（1869）5月11日、義豊箱館ニ於イテ戦死ニ先立ツ数日、事成ラスシテ命ノ具タ《アシ》ニセマルヲ察シ、京師以来随従シテ尤モ寵遇セシ、旧濃州大垣藩市村鉄之助ト云ウ十六才ノ少年ノ共ニ必死ヲ期シヲ憫《アワレ》ミ懇々後事を遺嘱シ、我写影及ビ鬢髪《ビンハツ》数根并《アワセ》絶命ノ和歌一首ヲ斉シ、窃《ヒッカ》ニ全《ドウ》港停船ノ某外国船長ニ託シテ古郷ニ護送セシム。船長其義ヲ感シテ快ク之ヲ諾ス。鉄之助、少年ト雖《イエド》モ頗《スコブ》ル勝気アリ、性亦怜悧《レイリ》、百難ヲ凌《シノイ》テ遂ニ義豊ノ郷里ニ帰。其遺物ヲ伝テ運命ヲ全ス。『両雄士伝補遺』。

歴戦の勇将土方も、遂に最期を悟り戦死する数日前の5月5、6日頃、京都以来の小姓市村鉄之助（1854～1873）、美濃大垣出身当時十六才（現在の中学三年生位）に髪と辞世の和歌を託し、箱館港にいた外国船長に依頼し、快諾を受け脱出させたのであった。市村は勝気で賢明で、明治2年（1869）7月初旬、箱館脱出して2ヶ月経った頃、日野の佐藤家を訪れ、土方の写真、遺髪そして辞世の歌の短冊を届けた。横浜で下船の後、身を隠し姿を変えてやっとたどり着いたと話したと伝わっている。佐藤家では鉄之助を預かり、読み書きや手習いの他、剣術まで身に付けさせて、明治4年3月に郷里の大垣に帰らせたという。この鉄之助は慶応3年（1867）12月初旬頃の隊士名簿の中に両長召抱人（身辺雑務をこなす小姓）として、名前を見ることが出来る。兄辰之助と共に慶応3年秋頃に入隊した。兄辰之助は局長付人数に見られる。当時は幕臣となっていたので、幕臣に取りたてられている者を正式の隊士として扱い、それ以降の入隊者を局長付人数、両長召抱人として区別していた様である。名簿（仙台より脱出後）に土方家来として、沢忠助、松沢乙造、田村銀之助、そして鉄之助の名が記されている事から、土方歳三召抱人として入隊した様である。明治4年（1871）9月5日の島田魁の書簡を見ると、鉄之助が箱館を脱出したのは、明治2年4月15日とあり、これが本当だとすると、5月の5、6日は違うという事である。土方は一ヶ月前には、既に覚悟を決めていたのだ。土方は鉄之助の旅費や食費を配慮して、遺品の他に刀二本を持たせたらしいが、刀の行方は不明である。

大垣に帰った鉄之助は、兄と再会したが、明治6年（1873）に大垣で病死したという。兄市村辰之助（1846～1872）は江戸へ帰り、慶応4年（1868）3月、五兵衛新田屯集を最後に、新選組を脱走し明治期、大垣の官吏となった。

77 土方の遺品「刀の下げ緒」を日野佐藤家へ届けた隊士、沢忠輔

沢忠介、中助とも言う。慶応3年（1867）6月以降に入隊。両長召抱人となる。翌年1月の「鳥羽・伏見の戦い」を経て江戸へ帰り、甲陽鎮撫隊での同年3月の「甲州勝沼の戦い」で敗北。しかし、この戦いでは、本隊を指揮する近藤勇の馬の前で、褌《ふんどし》一丁になって駆け回り、獅子奮迅の働きをしたと語られている。近藤が流山で投降すると、島田魁らと土方歳三に従って旧幕軍と共に「宇都宮戦争」に参戦し、会津へ行き、斉藤一の新選組本隊と合流した。同年8月21日の「母成峠の戦い」に敗れ、斉藤らと別れ仙台へ、さらに土方歳三たちと蝦夷地へ渡航した。箱館では土方付属となる。明治2年（1869）5月11日、土方戦死を見届け、立川主税らと土方の戦死の報告を日野にするため、五稜郭から湯の川に落ち延びた。立川らは捕えられ久保田藩（秋田藩）に預けられたが、沢は落ち延び、明治3年中に土方の遺品である「刀の下げ緒（仙台侯からの贈り物）」を日野の佐藤家に届けた。

沢忠輔は、『智勇兼備の名将とは土方殿の謂ひなるべし。此人をして徳川全盛の時にあらしめば、必ず十万石の大名となるべきに、惜しむらくは幕末に生まれ、斯る名将も其の智勇を発揮する能はず、世に哀れとは武士の境遇を謂うかと、熱涙燦然たり。』の言葉を残したとされる。

佐藤彦五郎はメモ残している。明治5年頃といわれている。「五月十一日朝四ッ時　一本木鶴岡町　土方討死　附添　沢忠助　安富才助　別当熊蔵」。沢の立ち去った後の消息は不明である。

安富才助書簡読み下し文。『一筆啓上つかまつり候。雨天の節に御座候得共、揃われてご安泰、賀し奉り候。しからば土方隊長御義、江戸脱走のとき伝習第一大隊を率い野州宇都宮に戦われ、この後戦のとき手負い、会津でご養生ご全快、同所東方面を司られ後、同所瓦解のとき入城なりかね仙台に落ち、同所大君お逢いこれあ

り、説刀を贈られ、奥州福島へご出張のはず、また同所国論生通にて止む。辰十月、榎本和泉殿と誓い蝦夷に渡られ、陸軍奉行並海陸裁判を司られ後、巳の四月、瓦解のとき二股という処に出張、大勝利。そのほか数度戦い、松前表街ついに利なくしてついに引き揚げ、同五月十一日函館瓦解のとき、町はずれ一本木関門にて諸兵隊を指揮遊ばされ、ついに同処にて討死せられ、誠にもって残念至極に存じ奉り候。拙者義いまだ無事、何の面目やあるべく候。今日至り候よう篭城に軍議あい定まり、いずれも討死の覚悟に御座候。ついては立川主税義、終始付き添いおり候間、城内を密かに出してその御宅へ右の条々委細お物語いたし候よういたしたき存念に御座候。いずれその御宅へまかりいで候間、さようご承知くださるべく候。右は城中切迫に取り紛れ、乱筆ご容赦くださるべく候。まずはお知らせのみ、別に貴意を得、かくのごとくに御座候。恐惶謹言。

五月十二日　安富才助　正義（花押）　土方隼人様

なおもって、折角ご自愛お厭い、かつお目に係り申さず候得共、ご物客様方へよろしくご伝言くださるべく候。隊長討死せられければ早き瀬に　力足らぬか　下り鮎

封　五月十六日認　日野宿脇に而　土方隼人様　貴下　箱館五稜郭内　安富才介』。

78 土方歳三の遺体を五稜郭に運んだと伝えられる、小芝長之助《こしばちょうのすけ》は、南部陣屋の裏手で捕縛されていた

小芝が知られる様になったのは、明治2年（1868）5月11日、土方が一本木関門《いっぽんぎかんもん》で戦死した際、遺体を五稜郭に運んだと伝えられたことである。『佐藤彦五郎覚書』に「小柴長之助、使者一本杉江来り、土方引渡

す」。この覚書は、明治3年に隊士沢忠輔《さわちゅうすけ》が佐藤家を訪れ、土方の遺品である、仙台藩主より拝領の刀の下緒《さげお》を届けた際、沢が語った話を、佐藤が書き留めたものである。

しかし『箱館軍記』によると、当時、小芝は軍資金を集めるべく、1万2千両を用立てるよう、市中《しない》に申し渡している。5月3日より10日を期限としていたが、「此度は徳川家への香典と思ふて出してくれ」などの口上が効いたのか、10日の夜迄に8千両が集まった。しかし11日の未明より戦闘が始まったため、小芝は馴染みの店の築島茶屋町の亭主に頼み、町民4名を借りて8千両を持たせて、自分は馬に乗った。築島裏町より尻沢辺りに行くつもりで、南部蔵屋敷を抜けて地蔵町3丁目の平小路に出ると、大三阪《だいさんざか》へ登り、ロシアの屋敷に行き南部陣屋の裏手に廻ると、ここで小芝は若い長州兵に見付かってしまった。小芝は脱出しようと馬を走らせたものの、松前津軽の藩兵10余名に囲まれてしまい、その上、若い長州兵に右足を狙撃されて落馬してしまった。そして町民4名も捕えられて八ッ頭に連行され、終戦を迎えることになる。

これを見ると、小芝は、土方戦死よりも早い時間帯に捕えられていたのだ。土方の遺体はどうなったか「謎」が深まるばかりである。

79 土方隊に追悼句を送った安富才輔は、阿部十郎に斬られてはいなかった

「早き瀬に　力足らぬや　下り鮎」を、土方歳三が戦死した翌日に、日野の土方家へ宛てこの句を添えた手紙を書き、立川主税に託した隊士がいる。安富才輔（1839～1873）である。（P179参照）

山陽新聞に、地元岡山ではほとんど無名だった彼について、〃あさくらゆう〃氏の記事が掲載された。従来の説では、江戸で放免後、阿部十郎に殺害されたとされるが、実は明治6年（1873）5月28日、岡山の足《あし》守《もり》で亡くなっていた事が分かった。享年35。法名は無量院善来寿居士で、お墓は足守の田上寺にあると書かれ、墓石の写真も掲載された。阿部十郎殺害説は子母沢寛氏の創作であろう、子母沢氏は相当な創作で、新選組関係の小説を発刊しているのだ。

安富家のルーツは、戦国時代より前から現在の下足守《しもあしもり》にあった。『備中誌』によると、慶長6年（1601）から足守の領主となった木下家定（秀吉室・高台院の兄）が、安富一族をブレーンとして迎えた。安富一族の中には、戊辰戦争の時に官軍として戦った安富雄《たけし》もいれば、かの有名な緒方洪庵《おがたこうあん》の孫弟子の安富真庵（藩医）もいた。

才輔は足守藩士安富正之進の子として、天保10年（1839）に足守で生まれた。父は有能な藩士で、弘化3年（1846）藩士として迎えられ、25俵3人扶持として在府勘定方を務めた。この時、才輔を含む家族も正之進と共に江戸へ移住。父は才輔に武道より実用的な算術や馬術を教えた。嘉永5年（1852）正に元旦に、父正之進は急逝し、才輔はこの時14才で父の家督を相続した。

この後、安富才輔は元治元年（1864）10月、近藤勇の隊士募集に応じ入隊。名は才助、才介とも、又、正儀《まさよし》とも言い、大坪流馬術の使い手であった。募集者のほとんどが剣や槍を中心とした武芸者の中で、才輔のみが馬術という実用的な採用であった。新選組では武士としての「格」を求められ、才輔は、新選組のスキルアップに必要であった。

この年12月の編成では、斉藤一の四番隊に配属され、慶応元年（1865）夏には馬術師範となり隊士に馬術の訓練をした。伍長に昇進、剣の腕より実務能力に長けていた事から調役《しらべやく》（人事関係）に配属替えとなった。

こうして「縁の下の力持ち」として、局長や土方に重用された。

そして慶応3年（1867）6月の幕臣取立では調役として見廻組並（警察官なら警部）として厚遇を受けた。しかし、その後、維新の変革の波に巻き込まれる。慶応4年（1868）1月「鳥羽・伏見の戦い」を経て、無事に江戸に帰り、この中、彼は会計方として新選組を支えた。そして甲陽鎮撫隊、五兵衛新田と流れ、近藤勇が投降の下総流山から、本隊と共に会津に入った。彼は隊の小荷駄方《こにだがた》として一番重要な宿泊の手配、武具、会計の管理を任された。近藤投降の後は隊長代理として残っていた隊士を率いた。慶応4年6月の猪苗代湖南の三代で作成された名簿には、隊長の斉藤一に次ぐ副隊長役になっている。

慶応4年8月21日「母成峠の戦い」の後、会津に残る斉藤一たちと別れ、土方歳三と共に箱館に渡航。そして臨時政府旧幕臣の人達で作った政府外交もしていたが、明治1年12月15日、蝦夷政府が樹立され彼は陸軍奉行並添役として新選組を離れ政府の幹部となる。彼は他の隊士の持たない特殊な才能の持主だったのである事に注目せねばならない。

翌年春、蝦夷独立を認めない官軍の箱館侵攻が始まり、土方は5月11日戦死を遂げた。この翌日、立川主税たち土方側近の隊士が日野へ報告の為、五稜郭を脱出する時恩義の手紙を書き、その中に追悼句を添えて立川に託したのだった。「早き瀬に　力足らぬや　下り鮎」。こんな知的な、事務会計が出来て文学が出来た隊士は数少ない。この句は地下の土方も大変喜んだであろう。

安富才輔は、榎本武揚たちと降伏後、弘前の耕春院（現・宗徳寺）などに収容され、その後、放免後間もなく江戸で阿部十郎（1837〜、1907）によって殺害されたと多くの書物に記されているが〝あさくらゆう〟氏が、地味な調査で東京から岡山足守へ足繁く通い、その後、足守に護送され罪を許された後、明治6年、足守で亡くなったのをその墓と共に発見された。

〃あさくらゆう〃氏が新選組隊士の地味な調査をされている事に、本誌を借りて敬意を表し御礼を申し上げる次第であります。

80 立川主税を訪ねる旅―土方歳三の最期を見た男

立川主税《ちから》（１８４０?～１９０３）のお墓は、山梨県笛吹市春日居町桑戸の地蔵院にある。石和《いさわ》温泉で泊り、お寺に向かう。山門をくぐると本堂の左奥に墓地がある。自然石の形のいい墓石に「当山二十三世独龍巨海大和尚」と、刻まれている。この墓こそ元新選組隊士立川主税の墓である。独龍《どくりゅう》巨海《こかい》は、その出家名である。彼の過去帳に見ると、福岡藩出身とあるが身分は低かったようだ。「甲陽鎮撫隊」の時に入隊した。そして箱館戦争を生き抜き『立川主税日記』を、残した人物である。常に上司・土方歳三を敬恭《けいきょう》してやまず、明治になって結城《ゆうき》無二三《むにぞう》と共に土方家や近藤家の名跡建て直しに努力、力闘したが、それも空しく消えたという。彼はこの寺の住職になる前から、子供を連れてちょくちょく遊びにやって来たという。「チカサカ坂」を越えてやって来たそうである。40センチもある真白い顎髭《あごひげ》をしていて、大変おとなしく、さっぱりした人柄だったらしい。彼は明治17年（１８８４）に妻帯して、娘「春子」を設けている。この年、秩父事件が起こった。名前も高（鷹）林巨海と改め、西方寺というお寺からやって来て、明治18年、地蔵院の住職となった。箱館の敗戦で賊の汚名にまみれた彼は、多くの仲間の冥福を祈る為に僧となったのだ。晩年はゆとりのある安定の中で、悠々自適の生活をこの寺で送った。明治36年1月22日脳溢血で逝去。享年64。

立川主税の一女「春子さん」が嫁ぎ、子孫は笛吹市八代町岡の善国寺におられる。このお寺は交通不便の場所にあるので、タクシーでなければ行けない。甲州街道を石和から折れ、笛吹川を渡る。桑畑が未だに残る果樹園の中を登る、そこにお寺がある。「立川主税については、桑戸の地蔵院にしか話は残っていません。何でも主税は、都留《つる》のお寺に最初に弟子入りして、その師匠の跡をとって住職となったそうです。それから後、桑戸の地蔵院の住職となったそうです」。さて、立川主税の一女「春子さん」は渡辺という人に嫁いだが、後に離婚している。

さて、甲州から敗走した甲陽鎮撫隊（新選組）は、てんでばらばらに八王子とか、江戸近郊へ逃げ込んだ。こんな事もあろうかと、近藤勇たちは甲州街道沿いの、府中市若松町の関田庄五郎宅を負傷者の応急手当場所に指定していたそうだ。関田氏は沖田や宮川信吉と仲良い人物である。ご子孫の関田美《よし》さんのお話では、この土地は、昔は「常久」といって、関田家は代々製油業を営む、資産家で通称「あぶらや」と呼ばれ、居候が何時も2、30人はごろごろしていた。雑貨も扱い、ちょっとした〝スーパーマーケット〟の様な商いをしていた様だ。ここにはよい医者が集まるし、若い衆も多いので負傷者の手当てや、兵糧弾薬の輸送も出来たので、沖田総司も暫くここで療養をしていたと言う。沖田が療養していたのは、もともと近藤勇専用に建てた、四畳半と六畳の床の間付きの二室の家であった。沖田はここで甲州の惨敗を知ったのだろうか。

関田美さんのお話では「甲州出兵の前か後に、土方から手紙がきましてね、確か、人足の手配を頼んだ様です。随分頼りにされていました」という事であった。当時は甲陽鎮撫隊の話で「持ちきり」だったそうで、こんな話も伝わる。新選組の運用金を届ける際、吉野湯という風呂屋をしていた吉野家（宮川家・近藤生家の分家から婿に来ていた）に預けねばならないのを、全く無関係のの吉野家の石塀が立派なのを見て、間違って届けたと言う話もある。

此の常久から、程遠くない下染屋に粕谷良順（土方歳三の三兄）の家があり、甲州街道付近は天然理心流が根付いていた。昔の人の足で行けば、常久から下染屋は無論の事、上石原も六所宮も是政も稲城《いなしろ》の向こうの押立も、すぐお隣さんである。常に天然理心流を母体とした新選組の在所である。

稲城に大田という家があり、関田家の親族である。天然理心流の門人で、何時も近藤勇の写真を肌身離さず持っていたとメモされている。長男故に入隊出来ず、口惜しく泣きに泣いた関田庄太郎、そのお墓は常久の共同墓地にある。明治27年12月3日没。享年49。

これから見ると、沖田総司は、府中若松町へ逃れたが、甲陽鎮撫隊の勝沼敗北を知り、松本良順宅へ移ったに違いない。沖田の出た家、近藤たちが五兵衛新田へ移る前、ここへやって来たのだ。この頃は、運用金の話が残っている様に、5千両、浅草弾左衛門の出した資金が残っていたのだろう。五兵衛新田を去った時、資金は完全に欠乏し、近藤勇の写真一枚が、水引に包まれ御礼として残されたのだ。

立川主税は、築前国宗像郡鐘崎浦の町人「喜六」の子として、天保6年生まれ、慶応3年（1867）6月以降に入隊。慶応4年1月の鳥羽・伏見の戦いを経て江戸へ、甲陽鎮撫隊から会津へ転戦、同年8月の母成峠で敗れた後、箱館へ、そこで土方歳三付きとなる。明治2年（1869）5月11日、土方が戦死した際には付き従っていた。同月12日には土方の戦死を家族へ知らせる為、五稜郭から湯の川に落ちるが捕えられて、久保田藩（秋田藩）に預けられた。明治5年頃日野の佐藤家を訪れ、〝土方の最期〟を語り、従軍記の『立川主税戦争日誌』を示した。そしてその後、鷹林巨海として仏門に入った。会津戦の時は器械方頭取下役としている。母成峠の敗北の後、会津を死守する斉藤一《はじめ》たちと別れ、土方歳三と運命を共にした隊士であった。

81 土方歳三のお墓は何処にあるのか？

ＮＨＫ大河ドラマで「新選組！」を放映した年だったと思う。筆者の新選組記念館へ来られたお客があった。名刺を頂戴すると「歳さんの遺骨を故郷へ帰す会」とあり、その代表の福岡のＮさんであった。

「「鳥羽・伏見の戦い」で、長州軍のスパイが多く徳川伝習隊の中に入り、１月４日の戦いで勝機を迎えた小枝橋近くで、佐久間近江守や窪田播磨守の二人の指揮官が、至近距離から味方の伝習隊に入り込んでいたスパイに射撃され形勢は逆転した事実がある。土方は味方のスパイに同じく至近距離から討たれ、二発が彼の身中を突き抜けた。島田魁がこれを聞きつけ弁天台場から〝すっ飛んで〟来た時には、土方の遺体は無かったと書かれていた本を読んだ事があり、土方の死体はこのスパイの手で海にでも流されたのではと思っていた。」Ｎさんのお話では「仲間と共に五稜郭の土マンジュウを掘り、血液鑑定を行っている」と言う。「当該の役所の許可も取っている」と言われた。

これに刺激されて「土方のお墓や遺体の謎」を考える様になった。新人物往来社刊、上下2巻の『新選組研究最前線』によると、特に下巻は箱館関連の内容が中心で、諸説ある土方歳三の埋葬地について「五稜郭内の兵糧倉庫横」と、推定されている。同書は幕末の浪士隊・新選組を研究している全国の学者、郷土史家による共同編集で、下巻では11人が執筆され、地元北海道から近江幸雄（函館）、桑島洋一（函館）、小井田武（森町）の三氏が新選組と箱館戦争との関わりなどについて研究の成果を発表している。

この中で注目されるのが、横田淳氏（川崎市）の「土方歳三の埋葬地を確定する」と、藤堂利寿氏（東京）の「土方歳三埋葬地の謎」である。横田氏は雑誌『旧幕府』に残る「八郎君の墓は函館五稜郭、土方歳三の墓の傍にあり（八郎君とは箱館戦争で戦った旧幕府軍迎撃隊長伊庭八郎の事）との記録や伊庭と最後に居合わせた田村銀之助の証言、更に田村と交流のあった片上楽天の著作『五稜郭史』（大正10年9月刊）の記述などをもとに、土方の埋葬地を検証し、五稜郭内の兵糧庫横にあったとされる旧幕軍墳墓（土マンジュウ）に土方もここに埋葬されたと結論付けている。又、藤堂氏も同じく『五稜郭史』や、片上が発行した『埋葬地写真入り絵葉書』などをもとに同様の説を唱えている。

執筆者の一人で地元の郷土史家近江さんによると、土方の埋葬地については「土マンジュウ」を含めて、これまで諸説あり断片的に書かれて来たが「こうした確定的な形で発表したのは初めてではないか」と、言っておられる。土方ファンにとっては興味深い事である。道南の三氏は近江氏が『箱館戦争新選組隊士史料抄』、桑島氏が『写真師K・Gと土方歳三』、小井田氏が『箱館戦争・蝦夷の新選組』とする論評をそれぞれ発表されている。

慶応3年（1867）12月8日、新選組は、大坂の商家10軒より四千両を借用という記録がある。筆者は新選組の軍資金を調べる中で、新選組と豪商鴻池は非常に付き合いが深く、新選組末期の、同年12月に四百両の緊急融資を受けており、北海道箱館（函館）にも当時、鴻池の箱館店があり、土方は出入りしていた。鴻池の箱館店の店長が土方を埋葬したとされる鴻池の記録もある。「手代大和屋友次郎らが供養碑を称名寺に建立した、その戒名が日野の実家に伝わったという」。これから、何処かへ埋葬したのは確かである。

その後、Nさんの「歳さんの遺骨を故郷に帰す会」の成果の知らせは、未だ届かないのである。

新選組の最後とその後

82 新選組臨終の言葉

近藤勇、慶応4年（1868）4月25日没。享年35。「只まさに一死をもって君恩《くんおん》に報《むく》いん」。切腹も許されず斬首、板橋刑場の露と消えた局長の最期。

新選組組長として京都で活躍し、尊王派を震え上がらせた近藤も、慶応3年12月18日、伏見墨染で、鉄砲で狙撃され右肩を負傷してからは急に運が下がり始めた。翌4年正月に起きた「戊辰の役」では、肩の負傷の為大坂に移っていて土方歳三が指揮をとったが、新政府軍の〝新兵器と近代戦術〟の為敗北となった。江戸に帰り「甲陽鎮撫隊」を結成し出陣したが、途中故郷に錦を飾って時間を費し、甲府城は先に板垣退助の新政府軍の手中に入り、「勝沼の戦い」でも完全敗北した。新選組再起の為、近藤は綾瀬の五兵衛新田で新しく隊士を募集。新しい新選組を立ち上げ、会津支援の為、4月2日、下総の流山に布陣、訓練を行っていた。運悪く敵軍が接近、本陣は包囲された。対戦不可能と見た近藤は切腹しようとするが、土方の意見で旗本大久保大和として幕府の治安維持の隊であると出頭したが、正体が露見し4月8日板橋の総督府で訊問を受け、4月25日斬首に処せられ晒された。武士の切腹も否定された最期であった。

死の直前の近藤勇の辞世「孤軍援《たすけ》絶えて俘囚となる　顧みて君恩をおもえば涙更に流る　一片の丹衷能く節に殉ず　睢陽千古是れ吾がともがしら　他に靡《なび》き今日復《また》何をか言わんや　義を取り生を捨てるは　吾が尊ぶ所　快く受けん電光三尺の剣　只将《まさ》に一死をもって君恩に報いん」。見事な七言律詩である。これは小姓の野村利三郎（1844～1869）によって届けられた。野村は近藤処刑後謹慎となるが、解放され旧幕府の陸軍に入り、さらに土方に付いて箱館戦争に参加した。

土方歳三、明治2年（1869）5月11日没　享年35才。縁戚にあたる小島鹿之助（1830～1900）の子孫のお宅に、土方歳三辞世の句が伝えられているという。「よしや身は蝦夷が島辺に朽ちぬとも　魂は東《あずま》の君やまもらむ」。

「土方の遺骨を探す会」というのがあり、五稜郭内の土マンジョウを掘り、DNAで鑑定し探しているが、未だに発見されないという。榎本武揚《たけあき》（1836～1908）が指令して味方に撃たれたという説もある。一本木関門付近、馬上、軍を指揮していた土方の声を陸軍奉行添役の大野右仲《うちゅう》（1837～1911）が聞いている。「この機失すべからず士官隊に令して速進せん。然れども敗兵は卆《にわ》かには用い難し、吾れ（土方歳三）、この柵に在りて退く者は斬らん、子（氏）（大野右仲）は卆《そつ》いて戦へ」と、叫んだという。この時、弁天台場で籠城していた島田魁（1828～1900）が土方の死体を探したが無かったという話もある。

「鳥羽・伏見の戦い」の時、幕府伝習隊の指揮官は、味方の歩兵に撃たれ落馬して、別記の歩兵奉行並佐久間近江守（信久）（1833～1868）、窪田備前守鎮章《しげあき》（1827～1868）が戦死した。これにより、東軍の戦況は有利に展開していた局面が、それで逆転してしまっている。

この「一本木関門の戦い」時も同様、土方も至近距離から二発命中し討死を遂げた。一説には榎本が徹底抗戦を唱える土方を、味方の兵に撃たせたとの説もあり死体も見付かっていない。当日、土方に付き添い、その戦死を知らせる為、五稜郭から湯の川に落ちて生き残った、立川主税《ちから》（1840?～1903）も、この事は伝えていない。謎である。

沖田総司、慶応4年（1868）5月30日没。享年27。

「婆さん、あの黒い猫は来ているだろうなあ」。

死を前にした総司が、庭に遊ぶ黒猫を斬ろうとしたのは本当か？

トップの剣士沖田は、肺結核を病み、近藤の死も知らずに、その翌月5月30日27才で千駄ヶ谷池尻橋の植木屋の納屋で死んだ。死の三日前位から庭に一匹の黒猫がやってきていた。「刀を持って来て下さい、俺ァあの猫を斬ってみる」と、頼んだので仕方なく老婆が刀を渡すと、沖田は床を出て、柄に手を掛けて猫を見つめていたがどうしたものか「婆さん、斬れない、斬れないよ」と、落胆して納屋に戻ってしまった。翌日も猫に近づいたが、刀を振ることが出来ず黒猫とにらみ合っていたが「あっ、婆さん、俺ァ斬れない、俺ァ斬れない」と悲痛な声を上げると、納屋に転げるように行き、ぐったりと倒れてしまった。老婆の知らせで平五郎も駆け付け、すぐ医者を呼んで手当てをしたが、沖田は二度と立ち上がる事は無かった。翌日の昼ごろ「婆さん、あの黒い猫は来ているだろうなあ」と言った言葉が最期の言葉であった。この話は総司を看取った老婆が、姉ミツ夫婦に語ったものであると言う。これによって沖田が植木屋平五郎宅で死亡した事と、その最期の言葉が広く知られる様になった。子母澤寛『新選組遺聞』による説である。永倉新八は沖田の死亡地を千駄ヶ谷とせず、次の様に書き残した。「沖田総司。江戸浅草今戸八幡（台東区今戸神社）松本良順先生宿にて、病死」。だが、近藤勇五郎の証言による文書が後に発表され、今では、労咳（肺結核）（異説あり）を患い千駄ヶ谷池尻橋の植木屋平五郎宅で亡くなった後、東京都港区にある菩提寺の「専修寺」に埋葬されたとされる。亡骸は官軍の目を逃れるため、夜に密葬されたという。

さて総司の黒猫の話は……？

83 満州で馬賊になった原田左之助？

明治27年（1894）からの日清戦役の時、新選組の事を異常に良く知る老兵士が居たとの伝承が残り、それが原田左之助（1840～1868）ではないかと言われる。中国の東北部満州で馬賊の頭目となり、明治40年（1907）頃、郷土の伊予松山に現われたといわれている。当時は日本でトラブった雄気《ゆうき》ある人々が満州へ多く渡って行き、満州浪人といわれた。中国東北部は日本の戦国時代の様に、各地の土豪がそれぞれ領地を持ち、群雄割拠していた。

さて、イケメン左之助は、天保11年、伊予松山藩の最下級の中間を務める原田長次の子として生まれた。「中間《ちゅうげん》」という身分は、人夫の様に力仕事が業で、松山藩では江戸勤務もあった。中間たちは多少読み書きも出来、怜利《れいり》な者は、目付役の使い走りもした。安政2年（1855）左之助は16才の時、江戸詰となる。その怜利さから、江戸定付目付役の内藤家の小使いとして上がる事になった。平素は一刀差しなのが、小使いの役目の時だけ二刀を帯びるのを許される。内藤の息子で、後年俳句界の重鎮となった内藤素行《もとゆき》（1847～1926）にとって、左之助は七つ年上のお気に入りの遊び相手だったようで、「中々、怜利な男で且つ容貌万端、子供心にも美男であったと認めて居ります」と、後年語っている。また、中間部屋で折檻《せっかん》される左之助を見た事が語られる。土間に後手を縛られ、「猿ぐつわ」をはめられての水責めである。可哀そうに思い調べさせると、「どうもあの男は平常、年の若いのにも似合わず、目上の者に対しておとなしく言う事を聞かず、万事逆らう様があって憎まれておった。殊にあの日は、他から酒に酔って帰って来て、大分、挙動が荒々しかった。目上の者が之を制したが、却って反対に口返答をしたので制裁を加えたと、言う話でした」。

また素行は、安政4年（1857）の頃、伊予松山城下の親類の家で、その家の若党になった原田を目にした。

左之助は素行に気付いていたのに無視したらしい。子供にまで〝馬鹿らしい、何で気を使わならんのか〟と言う事である。最下級の藩士である彼の二刀差しに対して激しい憎悪が胸に渦巻いていたのであった。

変った事もした様だ。裸で褌《ふんどし》一つに「頬《ほ》っ冠《かぶ》りをして、オランダ式の銃隊に使う太鼓を、革帯で肩から下げ、バチでドンドン鳴らしながら、上士《じょうし》の住む屋敷町を歩いた。この変異で不遜の若党の奇行に、驚きあきれ馬鹿にした人々は、この男が後年、世に名高い新選組の幹部に納まるとは思いもよらなかったであろう。

小説では左之助が「腹切る作法も知らぬ、下司野郎」と、馬鹿にされ切腹に及んだとされているが、死に損ねた彼は脱藩した。そして江戸の天然理心流道場へ現れた。それまで何処へ行っていたのだろうか。その後の4年間は良く分からない。きっとこの間に種田流槍術を体得したのではないか。原田の剣は、河合耆三郎《きさぶろう》と同じく「東軍流」であった。四国は東軍流の藩が多かった。そして、試衛館に現れる事となった。当時、江戸谷柳の試衛館には、〝北辰一刀流〟で免許を持ちながら入門した山南や永倉、藤堂といった食客がゴロゴロしていた。この行きずりの町道場で腰を落ち着かせた左之助だった。実践剣法に重点を置く、ここには何か魅力があったのだろう。

この個性的剣客らにチャンスが訪れる。文久3年（1863）2月「浪士組」が編成され上洛、しかし清河八郎ら大多数はすぐに江戸へ引き上げた。京都に残ったのは、試衛館の人々と水戸の芹沢鴨たち、その他で25名だったという。「壬生浪士組」である。メンバーは、試衛館一派（近藤一派）は、近藤勇、土方歳三、沖田総司、山南敬助、永倉新八、原田左之助、井上源三郎、藤堂平助、斉藤一、阿比類鋭三郎。

芹沢一派は、芹沢鴨、新見錦、田中伊織、平山五郎、平間重助、野口健司、佐伯又三郎。

殿内・家里・根岸一派は、殿内義雄、家里次郎、根岸友山、遠藤丈庵、清水吾一、鈴木長蔵、神代仁之助、粕谷新五郎という。

さて、残った彼らはすぐに、京都守護職会津藩御預かりという身分を得た。原田左之助は幹部の副長助勤となり、やがて十番隊・七番隊を率いて、様々な活躍を見せる。同年9月18日の芹沢暗殺には、左之助も加わったかは判らない。永倉は加わっていないので、左之助も加わっていないと思われる。

八木老人談話に「原田は気短でせかせかした男でした。二言目には斬れ々と怒鳴りましたがいい男でした」と言っている。長州のスパイとして入隊した隊士・楠小十郎を斬った話や、酒に酔うとお腹を出して切腹の傷跡を見せた話が残っている。

元治元年（1864）6月「池田屋事件」では土方隊の原田支援隊として、鴨川東岸を探索、「池田屋惣兵衛が、捕えた長州志士の縄を解き逃がしたのを、原田が追跡し槍で仕留めた」との、彼の力闘ぶりを示す新資料も近年出た。又、井上源三郎（1829～1868）と二人で、討死したかたと思われるほど、屋内深く入って戦った。そして上位の賞金十両別段金七両を貰っている。又、その一ヶ月後の「禁門の変」では、左肩に負傷しながらも、天王山の山下隊として、土方の支隊として、河合耆三郎《きさぶろう》（1838～1866）らと共に戦った。

この頃、左之助と近藤との間に火種が出来ている。池田屋、禁門の変の成功と新選組の名が上がり、女色にも走る局長近藤勇の態度や行いが尊大になり、目に余るようになった。元治元年（1864）8月中旬、永倉新八、斉藤一、尾関政一郎、島田魁、葛山武八郎らと連名で守護職へ建白書を提出、近藤勇の非行を告発、批判した、松平容保《かたもり》のとりなしで、表面上は丸く収めたものの、幹部は謹慎を余儀なくされた。余波を受けて、9月6日、葛山は切腹した。これが、後の会計方河合事件と結びついた。又、後年、永倉・左之助と近藤の決別となって行くのである。

翌慶応元年（1865）2月、盟友山南敬助も自決。この直後、伊東甲子太郎たちの増員で手狭になった壬生から西本願寺に移転した。「山南事件」は西本願寺占領反対の山南たちと衝突したものだろうと思われる。

原田茂

第二次組織改編では、彼は十番隊隊長、伍長2人、平隊士10人の隊長となる。西本願寺の屯所設営の後、幹部たちは休養所を持つことが許されたので、左之助も仏光寺通堀川東入ル喜吉町の高島屋長兵衛の二女で、嘉永元年生まれの菅原マサ（1848～1930）と結婚した。この時、左之助26才、マサ18才。これに続いて2年後、慶応3年（1867）8月に島田魁《かい》（1828～1900）が、商人の娘「おさと」と結婚した。左之助は屯所の近くに小さな家を借り、月の生活費十五両を入れたという。食事は毒殺される危険もあり、三度の食事は屯所で作り支給したので、生活はゆとりがあった。翌年、長男・茂《しげる》が出生。

慶応2年（1866）9月12日夜「三条制札事件」。三条大橋西詰の制札場の制札を損傷する者があり、新選組がその取締りに出動。その三日目、七番隊を率いて先斗町詰所にいた左之助は土佐浪士八名と対決。斬り込み事件の首領は藤崎吉五郎（土佐藩士）。左之助が伊木八郎と左右から攻め斬り伏せた。その時、一丁半離れた瓢屋《ひょうたんや》にいた菊屋《きくや》峯吉《みねきち》16才が、バチバチという太刀音を聞いた。竹野という男が耳を斬られて、瓢屋に逃げ込んできた。この時左之助は手を負傷した。

慶応3年（1867）11月15日の「龍馬暗殺事件」に際し、現場の遺留品に白鞘《しろざや》が残されていた。これを左之助の物とする証言があり、中岡慎太郎の「コナクソ」の証言と共に、新選組原田犯行説が長く根強く残った。筆者は別本で見廻組世良敏郎《せらとしお》の置き残した物と書いているので、お読み頂きたい。又、その3日後の「七条油小路事件」で高台寺党と戦い、京洛随一と言われた剣豪服部武雄（1832〜1867）と長槍で対戦。この時、盟友・藤堂平助（1844〜1867）は、高台寺党員として斬死した。

慶応3年12月9日、王政復古の大号令で体制は変わって行った。不動堂村屯所は、元伏見奉行所へ移転する事になった。その頃、妻マサは二人目を懐妊中であった。「この分では戦争が何時始まるかも知れない。俺に万一の事があったら、倅の茂だけは俺に代わって立派な武士に仕上げてくれ。事にお前の体は只の体でないから気を付ける様に」と、大急ぎで屯所から帰った左之助はマサに繰り返し言い、生活費として二分金で二百両渡した。マサは「唯、一目生れる子を見せて死なせてやりたいと腸の切れる思ひで別れた」と、後年述懐している。伏見で御香宮の薩軍と向かい合い、一触即発の状況の中、マサと別れて間もなく二人目が生れ、この子は不幸にもわずか八日で早世した事を、彼は知る由も無かった。

当時の京都は、残された新選組の家族に、反対派の市民がリンチ事件を起している様な、無政府、無法の状態になっていた。

原田と永倉新八は、明けて慶応4年（1868）正月3日開戦の「伏見・淀の戦闘」でも生き延び江戸へ引揚げ、次に「甲陽鎮撫隊」として3月1日、甲府城接収に向かうが、敢え無く敗走。退却の際、隊の取りまとめを依頼された永倉と左之助らは、会津へ投ずる事を決意、そして江戸で再会した近藤勇と衝突し、積年の不満も手伝って、永倉と左之助は席を立ち、近藤と決別してしまった。

3月11日、二人は、永倉の旧友芳賀宜道（蝦夷松前藩士）（?〜1869）と三人で「靖兵隊」を組織し、永倉と左之助は副長格に就任し、江戸城和田倉門の旧会津藩邸を屯所とした。江戸城明け渡しの同日、4月11日、江戸を脱した靖兵隊が14日、下総山崎（千葉県野田市山崎）まで進軍したところで、左之助は一人で江戸へ引き返してしまった。永倉は、「左之助は妻子の愛着に魅かれて離脱した」としているが、どうであろうか、永倉や芳賀らは気にも留めなかったかも知れないが、左之助は面白くない事が多々あったと思われる。土方歳三と共に、再び新選組として戦った方が、左之助にはふさわしかったかも知れない。靖兵隊らを統轄する幕府脱走軍の先鋒軍参謀に土方歳三が就いているのもその原因かもしれない。

江戸へ帰った左之助は、「彰義隊《しょうぎたい》」に身を投じた。5月15日の上野総攻撃で銃創を負い、本所猿江町の神保山城守邸へ落ち延びたが、その2日後に息を引き取ったといわれ、享年29だった。自分の信義に従っての最期のように思われる。(子母沢寛はその著書『新選組遺聞録』に異説を載せる)。

しかし「上野戦争」の時、官軍の総司令官・大村益次郎《ますじろう》は、上野山の逃げ口を大きく開け戦争は短時間で終結した。この作戦は、その後江戸を包囲線で囲み、脱出する者を捕えるという作戦であった。左之助は死んだとされたが、ひょっとしたら死んでおらず、時間を経て、江戸を脱出したのではないかとも思われる。

私（筆者）も子供の頃、満州で若き日に仕事をしていた父から、よく満州の馬賊の話を聞いている。モーゼル拳銃を持った馬賊が夜に入るとよく村を襲っていたという。

原田左之助も日清戦争従軍の地の利を共として、満州浪人として、新選組の経験を活かし、馬賊として活躍したのだろうか。

84 岸島芳太郎《きしじまよしたろう》、原田左之助らと彰義隊で戦った隊士

岸島芳太郎（?~?）は、京都丹後宮津の出身、由太郎とも名乗った。元治元年12月迄の京坂の隊士募集で入隊。読み書き算盤が得意で、伍長諸士取調役兼監察勘定方、小荷駄方などを歴任する。部下に河合耆三郎が

原田マサ

おり、金庫番の責任者であったので、あまり出動する事はなかった。同年12月の編成では谷三十郎の八番大砲組に所属し、慶応3年（1867）6月の幕臣取立では、平士としては格別の見廻組並御雇の格を受ける。同年11月17日には、「伏見御用」として二十五両を原田左之助と共に受け取る。

　また、永倉新八の『浪士文久報国記事』によれば、11月18日の伊東甲子太郎暗殺にも関与したとされる。大石鍬次郎、宮川信吉、横倉甚五郎らと共に襲撃か。（『史談会速記録』）。同年12月12日、不動堂村屯所から伏見奉行所に移る時、金銭を運んだ七名の中の一人。翌年1月の「鳥羽・伏見の戦い」を経て、江戸に帰還。近藤勇・土方歳三らが甲陽鎮撫隊を率いて甲州へ向かった時、軍資金の管理を勤めた。甲陽鎮撫隊は「甲州勝沼の戦い」で敗走。1月23日、釜屋の新選組隊士が、江戸鍛冶橋大名小路の酒井飛騨守役宅を屯所に当てられた頃、新選組を離脱する。2月に脇差購入の記録を残すが、その後、原田左之助と共に彰義隊《しょうぎたい》に入って戦ったらしい。

　明治後期に京都の「原田マサ」を訪ねて、原田左之助の最期と戒名を伝えたという。（『新選組遺聞』）。慶応2年（1866）2月12日、河合耆三郎が会計不算で切腹するが、この時、岸島も会計担当者であったが、河合だけが処分された点をみると、河合を消す目的での冤罪と思われる。

　河合の冤罪説について筆者は別本に詳記したので、お読み頂きたいと念願するものであります。

85 桑名藩の抗戦責任者として、主君と藩の罪を一身に負い切腹した、森常吉《つねきち》隊士

彼は伊勢桑名藩士・小河内《こかわち》殿秋《ただあき》の長男として、文政9年（1826）6月12日江戸北八丁掘の藩邸で生れた。幼名は七郎。伯父の森陳功《つらよし》の家を継ぐ。元服して弥一左衛門、字は子明《しめい》、諱は陳明《つらあき》。慶応4年（1868）9月17日新選組に加入して「森常吉」と変名した。桑名藩士として、藩の御目付・大目付を勤め、藩主の松平定敬《さだあき》（1847〜1908）が元治元年（1864）京都所司代に就任すると、その公用人となる。幕末京都の大動乱期、定敬は実兄の容保《かたもり》と共に力闘、努力をした。

慶応3年（1867）12月9日王政復古となり、「守護職」「所司代」が廃止され、京都でのトラブルを避けるため、定敬は兄の容保共に徳川慶喜に従い、11日、大坂に下がった。この時、森常吉は、留守役となって残務整理に当り、新選組の屯所を訪れ、土方歳三と今後の事態の処理について協議をした。

翌月、「鳥羽・伏見の戦い」の後、主君は容保と共に慶喜に従って江戸へ直行。その後、森常吉は50名の桑名藩士と共に、慶応4年（1868）5月15日、「上野戦争」に参戦。もろくも敗走し江戸市中で隠れ家に潜伏。8月に外国船に便乗して仙台に逃れた。そして松島で半年ぶりに、主君の定敬に再会した。定敬は江戸から藩の「飛び地」越後柏崎へ行ったが、ここも降伏方針で離れ、加茂そして兄の会津へ、会津も決戦が迫り仙台へ。東北諸藩は降伏を決定。榎本海軍が仙台に来航していた。森は主君に随行して乗船し箱館へ向から事になった。

この時、森常吉は新選組に加入した。この時旧幕府軍は、渡航は兵士の自由とし希望者のみを乗船させた。桑名、備中、松山、唐津の藩士は人数を制限された。非戦闘員は乗船させないとの事で、ここで新選組に加入した隊士は多い。桑名藩士では青地源太郎、石井勇次郎、内山栄八、大河内太郎、岡村亀太郎、角谷糺《ただす》、木

森弥一左衛門（常吉）

成瀬杢右衛門

谷口四郎兵衛（左）と角谷糺（右）

村忠次郎、左治寛、関川代次郎、竹内武雄、竹内徳雄（武雄の弟）、谷口四郎兵衛、土田新之烝、長沢政之烝、成合清、藤井安八、水谷藤七、山崎八蔵（成瀬杢右衛門）などである。10月20日、主君定敬《さだあき》と共に箱館に上陸した森常吉は、その後、新選組頭取改役として部隊を率い、弁天台場を本営として箱館市中取締に努めた。一方、定敬は箱館山上神社にて謹慎していたが、翌年4月、迎えに来た家老酒井孫八郎らと箱館を去った。そして降伏後、定敬は「永預け」に処せられたが明治5年（1872）2月に許された。

箱館戦争は、明治2年（1869）5月11日、海陸より新政府軍の総攻撃が開始され、土方歳三も戦死し、15日、遂に弁天台場も降伏した。そして森弥一左衛門（常吉）は、投獄後の明治2年11月13日、主君と藩の罪を一身に負い、桑名藩の抗戦責任者として東京深川の旧藩邸で切腹して果てた。遺骸は東京都江東区の長専寺に葬られ、三重県桑名市の十念寺に分骨された。

86 人切り鍬次郎と呼ばれた男。官軍に一度は自白し、龍馬をやったと言った大石鍬次郎

光縁寺に隊士と並んで大石造酒蔵《みきぞう》（?〜1866）という変わった墓石がある。大石鍬次郎の弟の墓である。大石鍬次郎（1838〜1870）は、最期は脱走し、薩摩のスパイをしていた三井丑之助（1841〜?）を頼って官軍に採用して貰おうとしたが捕えられ、明治3年（1870）2月に刑部省に送られて坂本龍馬暗殺事件の取り調べを受け、一度は自白したが拷問によるものであると撤回した。これが、長年の間「龍馬をやったのは新選組だ」と、思い込まれる原因となったのである。同年10月10日、伊東甲子太郎殺害の罪で小塚原の刑場で処刑された。32才であった。

彼は一橋家家臣大石捨二郎の長男で、江戸で生まれた。「人斬り鍬次郎」の呼び名がある。『新選組物語』で定着した呼び名と思われるが、実際、暗殺の任務に付いたいた事も、一説としてある。凄腕といわれ、小野派一刀流とされているが、天然理心流も学んでいる。元治元年（1864）9月、近藤勇の江戸での隊士募集に応じて10月上洛し、12月の編成では沖田総司の一番隊に属した。慶応2年（1866）2月5日、弟の一橋家臣大石造酒蔵が、隊士の今井祐次郎によるトラブルで、京都祇園石段下で斬られ死亡したので相続問題で東下した。

同年9月12日の「三条制札事件」では目付役として出動し千疋の恩賞金を貰った。慶応3年（1867）6月の幕臣取立では調役として見廻組並の格を受けた。この幕臣取立に反対して佐野七五三之助らが会津藩に脱退を申し入れ、容れられずに切腹した事件では、遺体の検死中に蘇生した佐野の一刀を浴びて負傷したといわれる。11月18日の「木津屋橋・油小路事件」では、木津屋橋通南側の板塀に隠れ、伊東甲子太郎の首を槍で突

加納鷲雄

いて致命傷を負わせた。その後の乱闘にも参加し負傷したが、12月7日の「天満屋事件」にも斉藤一らと警備に参加、防戦に努めた。慶応4年（1868）1月の「鳥羽・伏見の戦い」には負傷せずに切り抜け、江戸へ帰り、2月には甲陽鎮撫隊の先導役として甲州へ先発した。「勝沼の戦い」に敗れた後、五兵衛新田での再起にも加わったが、その後、下総流山で近藤勇が投降し本隊が会津へ移動する混乱期に、脱走し妻子と江戸に潜伏したという。ところが、復讐に燃える、御陵衛士残党の加納鷲雄《わしお》（道之助）（1839～1902）がこの情報を知った。加納はすぐに元新選組隊士で大石と親しかった三井丑之助を使って探索させ、大石を加納の自宅に招き、やってきたところを捕縛し、刑部省へ送ったという。

87 人斬り、大石鍬次郎は、どこで斬首されたのか

「人斬り鍬次郎」と異名を流した男の最期はあわれであった。近藤勇たちが五兵衛新田から流山に移動した慶応4年（1868）に、鍬次郎は新選組を脱走した。そして江戸で薩摩の探索方になっていた。元新選組の隊士三井丑之助《みついうしのすけ》を頼って、官軍に入隊を申し入れたが、彼にだまされて捕われてしまった。すぐに刑部省に引

き渡された鍬次郎は、土佐の坂本龍馬、中岡慎太郎の暗殺事件の取調べを受け、一時は新選組犯行を自白したが、その後、これは「嘘」であり見廻組の今井信郎《のぶお》たちの犯行と前言をひるがえした。これが、後の今井の「見廻組犯行証言」の動機になったと言われている。そして御陵衛士伊東甲子太郎《かしたろう》の暗殺も追求され、明治3年（1870）10月10日、小塚原の刑場で処刑されたと言われてきた。

しかし、この小塚原での処刑ではないと、新選組同人誌「碧血碑」、平成13年（2001）発行に「大石鍬次郎とその血族」によって明らかにされた。これによると、同じく幕末新政府の参与の横井小楠《しょうなん》を暗殺した石見郷士《いわみごうし》上田立夫《たてお》ら4名は、京都の粟田口刑場で処刑されたと言われていたが、本当は明治3年2月に海路で京都より東京に護送されて、3月7日に大石と同じ刑部省へ引き渡されたのだった。

その後が面白い。同年10月10日に囚獄所立合いのもと、刑所でこの上田ら横井小楠の暗殺メンバー4名を死刑にしようとしたところ、上田が横井の処置や今後の親族の扱い方を教えてくれと申し立てた。これに困った役人たちは、上田の死刑を後回しにして、その時、投獄されていた大石を斬首しようと引き立てた。大石も上田の真似をして大声で申し立てた。

大石は「公務で行った殺害で」と、クレームを訴えたので、役人も「私ドモ不覚悟ヨリ一時、狼狽仕候テ、一応御指揮ヲ蒙り度、其侭立帰リ候」というパニックになり刑の執行が遅れたが、大石の斬首は執行された。この場所は小伝馬町牢屋敷と思われる。

大石の辞世「三十二年所　何事浩然正気臆間存　生前遂無雪君冤　一片丹心答国恩」守親。「速成院宗心日明信士」。

88 新選組最後の隊長相馬主計

最後の隊長、相馬主計《かずえ》（１８４３？～１８７５）については、「行方不明」とか「切腹」とか記述されているが、その理由は不明である。相馬は常陸国笠間藩士として、天保14年に生れ、肇《はじめ》と命名された。文久３年（１８６４）の新選組の初期には、平隊士「主計」の名が記されている。時に21才である。それ以後、箱館戦争降伏まで、主計の名を用いている。

しかし、慶応4年（１８６８）4月に近藤勇を救うべく、勝海舟、大久保一翁、土方歳三の助命嘆願書を託され板橋に行った時、官軍に近藤の与党として捕えられた時には「相馬肇」の名を用いている。2ヶ月後の6月26日、江戸を脱出して、海路により奥州に上陸した部隊の中に、「相馬主計」の名で記されている。相馬は8月5日、会津若松での奥羽列藩同盟会議で輪王寺宮《りんのうじみや》（１８４７～１８９５）にお目見えを許され、金子《きんす》も賜っている。覚王院義観《かくおういんぎかん》（１８２３～１８６９）の日記に「殊に器量の者也」と記される。勝、大久保、土方たちが相馬を信任している点と共に、相馬の人物像が注目される。そして4ヶ月後の明治元年（１８６８）10月20日、榎本軍は北海道に上陸、「箱館戦争」に突入した。相馬主計は、同年10月から翌年の5月18日に及ぶ箱館戦争において、榎本の旧幕府軍に参加、新選組の同志百人と参戦。箱館決戦では8月の松前藩の降伏を最後に北海道は旧幕府軍の支配下となり、11月23日、徳川家血脈の主君を迎える迄、仮政権の首脳部を選定し、総裁榎本武揚《たけあき》（１８３６～１９０８）以下を定めた。相馬は陸軍奉行添役（軍監）となり、陸軍奉行並・土方歳三の幕僚格になった。明治2年（１８６９）3月25日の「宮古湾海戦」に相馬は回天の軍監として乗艦、そして負傷した。箱館では主として、弁天台場砲台の司令となり、土方が5月11日戦死の後は、箱館奉行永《なが》井《い》尚《なお》志《ゆき》により、5月15日に最後の新選組隊長に任命された。そしてその日、弁天台場が官軍に降伏した。新選組は、相馬主計《かずえ》を隊長として恭順の書状に名前を認め、新選組の歴史に幕を引いた。

これは二百人の将兵の食糧が欠乏した為だった。官軍参謀から隊長に酒肴《しゅこう》が届けられている。この三日後の5月18日五稜郭開城、全面降伏となった。先の5月14日には、当時貴重書とされていた榎本秘蔵の書『万国海律全書』が兵火に遭わないように、新政府軍海軍参謀に贈られた。この二つの出来事は、武士道精神が花の様に咲いた美談として「箱館戦争」の結末を飾ったのであった。

相馬は降伏の日から「主殿《とのも》」と改名した。憂心非嘆《ゆうしんひたん》の改名だったのだろう。時に28才。5月21日、榎本・松平太郎（1839～1909）・永井尚志《なおゆき》（1816～1891）・大鳥圭介（1833～1911）・荒井郁之助（1836～1909）・松岡盤吉（?～1871）・相馬主殿の七人はアメリカ船ヤンジー号で青森に送られ、そこから陸路で6月30日に東京に着いた。榎本らは兵部省軍務局糺問所《きゅうもんじょ》に入牢。戦犯として取り調べを受けた。相馬は坂本龍馬殺害の件について調べを受けるため、刑事犯に切り替えられ刑部省に身柄を移され、明治3年（1870）2月21日、取り調べられる。「龍馬暗殺の冤罪」である。当時は、龍馬暗殺は、新選組と思い込まれていたのだ。後、判決が「流罪終刑」として同年10月10日、伊豆七島の新島《にいじま》への流刑となった。11月18日、新島着という。伊東

相馬主計

甲士太郎暗殺嫌疑である。

相馬は学もあり、教養も備えた立派な人物だった事が、新島での所業でもよく分かる。相馬の歌「さながらに　そみし我身は　わかるとも　硯の海の　深き心ぞ」。この相馬直筆の和歌は、現在新島村博物館に展示されている。この和歌は明治5年10月、相馬の出島の日、筆子《ひっし》の青沼家に別れの挨拶に訪れた時、あり合わせの板に書いたものである。彼は習字を島民に教え、大工仕事も自ら行った。天満宮の書を褒めた添え書きも残っている。相馬は武芸にも優れていた。新島の老人が「相馬は何時も帯に扇子を差し、身体を崩さない人」と言われている。相馬は剣の達人であったとの伝承も、新島に残っている。

89 最後の隊長、相馬主計の碑と切腹の謎

相馬の切腹は謎に包まれている。相馬主計は箱館戦争の後、新島へ流刑された。江戸から新島へ送られる流人は、春秋の年二回まとめて島へ送られる。新島の回船が干魚《ひぎょ》を積んで江戸に着くと、幕府はその船を雇い上げて運ばせたのだ。江戸からは警護同心が三人付き添いし、上陸した流人は島役人の立ち合いで、流人証文を読み上げ、引き渡しが確認され、最初はお寺で三日間寝食をして住職の教えに従い過ごす。それ以後は村の五人組へ割り当てられ、何々組の流人名が呼ばれた。流人小屋は百二十戸あり、そこで生活が始まる。江戸の親類や知人からの見届けは許されており、村民の隠居所を借り受け、島の娘を「水汲み女」として、朝だけ雇う事も許されていた。相馬は、大工棟梁の植村甚平衛に引き取られた。植村家では、空き屋になっていた隠居所が与えられ、18才の次女マツが彼の世話に当たる。やがて、相馬はマツと恋仲になり、妻として迎える事になった。

流人の島での生活は自活であり、幕府からは何一つ送って来ない制度であった。新島は漁業が盛んで江戸への輸出の99％は海産物であり、流人は漁船の陸揚げと船掃除の手伝いだけで、一日沖合で働いた島の青年と同じ漁獲物の配当を受けた。これを「オンジイしろ」と言った。新島では流人を「オンジイ」と呼んだからである。江戸時代を通じて女の流人も26人あるが、衣服などの仕立てを業とした。また「流人畑」と呼ぶ畑もあり農業して自活する様、配慮もされている。学問のある流人は、寺子屋を開いて島の子供達を教育した。相馬もその一人であった。また相馬は、大工職の流人で新島の氏神の棟札にその名が記され、現在も残されている物もある。要するに真面目に働けば生活出来る様、島役人の配慮が見られるのである。相馬は明治5年（1872）10月13日の「足柄県権令柏木忠俊（総蔵）（1824〜1878）の下知状」により赦免《しゃめん》され島を出たが、妻の「マツ」を帯同して上京した。流人が赦免、出島の際、島で結ばれた妻や子は殆んど島に留まった。しかし相馬は妻マツと同道した。出島した相馬は何処に居住したのだろうか？　東京の蔵前に住んでいたらしい。

相馬は、明治6年（1873）豊岡県へ15等出仕として勤務、明治7年には14等出仕に昇進し、主に司法方面の勤務に就いたが、明治8年（1875）2月、突如免官され、東京に戻る。東京に戻った後に、割腹自害する。妻マツは相馬の自殺後、東京、大島、新島に移り住んだ。相馬は生前、妻マツに対し「私の事は一切他言無用」と、要望したという。榎本武揚《たけあき》（1836〜1908）から「鳥取県令に君を推薦する」と要望されたが、相馬の答えは「私は世捨人、翁《おきな》の立場で生きたい、ご厚意は身に余り有り難いがお許し下さい」と辞退したというのである。

そして妻マツに次の様に漏らした。「この蔵前に住む元新選組の隊員は大勢いて、その生活は見るに忍びない貧しい暮らしである。かつてはこの人たちの隊長でありながら、楽の道は選べない。何事が起きても他言無用」。マツがある日、買い物に出掛け帰宅すると、障子が真っ赤に染まり、中に入ると切腹自殺していた。相馬の職名は軍監であるが、同じ榎本軍の軍監であった斉藤辰吉（中野梧一）（1842〜1883）は、山口県令となっている。相馬はかっての隊員たちの苦難を直視しながらも、それを救い得ない自己の弱さと責任を感じ、県令に推薦する榎本の温情に応える道を「切腹」に求めたのであった。

相馬のお墓は知られていなかったがここにあった。新選組や彰義隊隊士の墓の建立が東京で認められる寺院は、荒川区南千住1丁目、三輪の円通寺である。このお寺の正門を入って左側の通称「黒門」といわれる、木の塀で囲まれた境内の一部50坪位の所に、新選組や彰義隊関係の立派な碑が建ち並んでいる。その中の高さ1メートル程の小さな碑が、大きい碑の陰に立っている。刻まれている文字は「相馬翁輔君之碑」とあり、左下に小さく「榎本武揚」の名がある。「翁輔」は妻マツが語っている様に、自分は世捨人の「翁」の様な者として、榎本の温情を辞退した相馬の誠に適格な名として付けられたのだろう。「輔《すけ》」とは次官とか郡司を差すもので、「翁」とは、相馬の代名詞であり、「輔」は榎本が心身を傾けて進言した県令を意味するものである。当時はまだ官軍の戦死者などの父兄の憤怒が心配され、榎本の地位にも及ぶ、立場を踏み越えての建碑であったろうと、強く思うものである。碑文も年月日も何処にも記されていない碑であるが、「翁輔」の二字は四字で綴られる碑文より深く、彼の人間性が迫ってくる様である。円通寺にも榎本氏のご子孫の所にも、この碑についていての由緒は何も存在しない。榎本が一人で密かに建てたのだろう。新選組最後の隊長として、降伏後、榎本ら7人の最高幹部と共に東京に護送され、取り調べの上、伊豆七島の新島へ流罪となった。この時、榎本と相馬の人間関係が生じたのであろう。榎本は明治7年1月4日には、海軍中将兼特命全権公使として、ロシア公使館在勤を拝命している。これに比べ、相馬は新選組隊長として、賊徒の首領として、世の批判の渦中に身を置く人物である。榎本の旧幕府軍を裏付けした立場とは異なり、榎本の「相馬の碑」の建立は大きい心痛があったのだろう。こんなところに、新選組最後の隊長の意気を見せた相馬は眠っているのである。

90 新選組隊士と結婚した中野優子《なかのゆうこ》

「ものの夫《ふ》の猛《たけ》き心に比らぶれば　数にも入らぬ我が身なれども」

会津戦争の時、8月25日、西軍は城外の市街を全部焼き払い、国境から帰って来る会津兵を遮断した。この日、越後口の守備隊も引き揚げて来たが、関門の柳橋（涙橋）は西軍が既に固めていた。

これを見た婦女隊24名は薙刀を抱えて、西軍に斬り込んで行った。陣頭に立ったのは中野武子《たけこ》（竹子）（22才）、義経袴に太刀を腰にした彼女の姿は、あっぱれ美丈夫の武者振りである。西軍の将士は鉄砲を撃つのも忘れて、この美しい勇壮な彼女の姿に見とれた。「殺すでないぞ、生捕りにせい」と呼ばわった。しかし、この武子も、壮烈な戦死を遂げた。西軍はこの武子の首をとろうとしたが、妹の優子はいち早く駈け寄り、姉の首をかき切り持ち帰った。

この武子は、勘定役中野平内の長女で「藩中でも指折りの美人」であり、薙刀や居合の名手であり、雅号を「小竹」という能書家でもあった。この日、母のこう子（44才）と妹の優子（16才）と出陣していた。この武子の戦いぶりは、後の世にも語られ、西軍は後に彼女を称えて「小竹」の碑を建てている。

この妹の優子は、会津藩江戸屋敷和田倉藩邸で、中野平内の次女として生まれた。郡上八幡藩の会津サポート隊・凌霜隊の記録によれば、同隊士の矢野原与七《やのはらよひち》は江戸詰であった頃、中野平内宅を訪れて、6才の頃の優子と会っており、後に、この矢野原は若松城内で再会する事になった。この優子も少女期より俊才であったと伝えられ「会津名物、業平式部《なりひらしきぶ》、小町はだしの中野の娘」と言われる程、その美形は称えられていた。

慶応3年（1867）の春、優子は江戸から会津城下へ移り住む事になった。この時、この優子と結婚する事になる新選組隊士・山浦鉄四郎《てつしろう》は、京都と会津藩領を何度も往復していた。姉、武子が戦死した後、彼女は

蒲生誠一郎（山浦鉄四郎）夫妻か？

城内で数多くの負傷兵の看護に当っていた。山浦鉄四郎は若松城の南門を死守していた。そして降伏開城の時、山浦は「開城内密御用役」を命じられ、「蒲生《がもう》誠一郎《せいいちろう》」と変名した。子孫には蒲生誠一郎は隠密であったと伝わっている。新選組は幕府の持つトップクラスの情報部隊であったのだ。

　この一方、開城後の優子は、青木部落で負傷兵の看護にあたっていた。そして斗南《となん》へ。蒲生誠一郎は高田から冬季陸行し、中野家は海行で移住した。しかし明治3年（1870）4月に小中野村に移り住んだ。そして明治4年に優子は蒲生誠一郎と結婚した。優子は明治初期八戸において、綺麗な江戸言葉を使い、夫妻は水産業と菓子屋を経営していたと伝わっている。明治9年（1876）1月、長男の武彦を出産した。しかし3年後、明治12年11月に夫の誠一郎が36才の若さで、3人の子を残し病死した。その後、彼女は八戸から函館へ移った。昭和6年（1931）4月に、函館で79才で亡くなった。お墓は八戸市の御前神社神葬祭墓地に現存している。

　これを見ても、会津藩と新選組との深い関係が分かるのであり、隊士の中に山浦鉄四郎の様な、特殊な任務を持ち動いていた隊士がいた事がよく理解出来る。

91 新選組の隊士姿を、唯一描き残した中島登

筆者は昭和38年（1963）、未だ新幹線も走っていない頃、静岡県の浜松市へ転勤した。そこは米軍の無差別攻撃で赤裸々《せきらら》になった音楽都市の姿が色濃く残っていた。駅前はバラック小屋の様なお店が並んでいた。「紺屋町に清水次郎長の子分、大政と喧嘩して勝った新選組の隊士の子孫が鉄砲屋をしておられますよ」と、お客様に教えた頂いた。新選組隊士は、中島登《のぼり》（1838～1887）さんという人で、この人はなかなか器用で、明治期に流行した「オモト（植物）」の栽培で大儲けされたとか。中島登の三代目が、西遠地方唯一の鉄砲器店を経営されていた。

中島登

さて、別本でも取り上げたが、中島隊士は武蔵国多摩郡西芳寺村の出で、中島又吉の長男として天保9年2月2日生れ、初名を峯吉。天然理心流を習得し、八王子千人同心の一人であったが離脱して新選組に入る。明治2年（1869）9月に実父に出した手紙が残っている。これによると「拙者儀五ヶ年前より徳川氏に志を連ね、京都新選組に同意して、我長より武、相、甲三ヶ国の地理並びに人気を計る事を仰せつけられ、親子兄弟とも

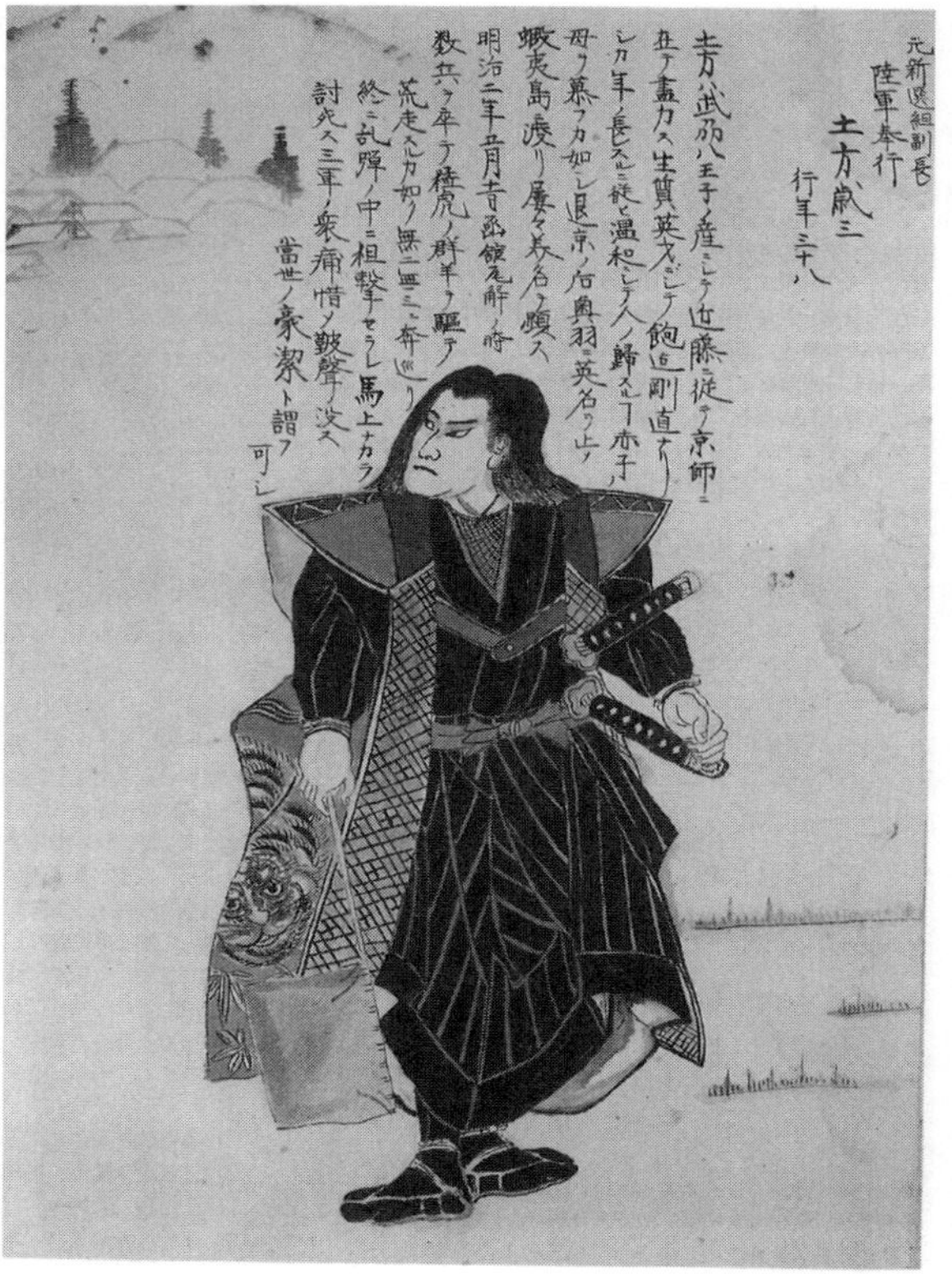

「戦友絵姿」の土方

知らせず、天下の一大事を計るに身を隠して居る事あり」と、入隊の時期やいきさつを記している。5年前とは元治元年（1864）9月であり、京都で「禁門の変」が終わった頃である。翌慶応元年の7月初めに作成された名簿「英名録《えいめいろく》」に彼の名前は無い。彼は関東担当の「スパイ隊士」だったのだ。登の名前が出てくるのは、慶応3年（1867）12月頃である。彼は近藤勇直属のスパイだった様で、実父への手紙に「遊人などと近づき心苦をつくしける」と潜伏中の事情を記している。

彼は「鳥羽・伏見の戦い」にも参戦し、江戸へ引揚げ、「甲陽鎮撫隊」に軍監として参戦している。実父への手紙にこう書かれている。「東京より脱走より、炮戦31度、接戦7度致し候けれども、一度も少しも疵所《ししょ》これ無く、不事にて罷《まか》り居り候」。登は会津戦争時には隊長附小頭助役、仙台では諸士差図役、そして「箱館戦争」では二分隊嚮導役を勤めて、明治2年（1869）5月15日、箱館の弁天台場で降伏するまで戦い抜き負傷をしなかった。

そして同年6月以後、幽囚生活の中で描かれた戦友絵姿。近藤、土方他27人の勇士の姿を唯一現在に残した。

これは現在、五稜郭博物館（市立函館博物館五稜郭分館）に寄託《きたく》されている。

この写しのアルバムを筆者は頂戴して、新選組記念館に展示している。この中に唯一女性の絵姿がある。会津藩・原節《はらせつ》の女《むすめ》と描かれているが、中島が会津で恋をした女性であろうと推察される。非常に興味深い絵である。

弁天台場の新選組隊士中島登は、明治2年（1869）5月22日、青森の油川浪返の明誓寺《みょうせいじ》、そして6月8日、弘前笹森の薬王院から、再び弁天台場に収容され、翌明治3年5月静岡藩に引き渡された。その後、静岡収容所を出所し、浜松に居住した。彰義隊の生き残りの隊士や、キリスト教の牧師となり伝道活動をしていた結城《ゆうき》無二三《むにぞう》（1845～1912）も浜松に居住して交流があったと思われる。明治20年4月2日、50才で病没した。市内の天林寺（浜松市中区下池川町）にお墓がある。

市内紺屋町の三代目中島登氏は子供が無く、亡くなられた。先年、筆者が開催した土方歳三展に御来展された夫人は、「他にも遺品は残っていたが戦火で焼失した。〝戦友絵姿〟だけ、呉服物と一緒に田舎に移しておいて残ったのですよ」とおっしゃっていた。2015年、浜松に行き、紺屋町のお宅へお訪ねしたら、夫人は老人ホームに入っておられ、お店は閉めたままであった。浜松市でもぜひ、「中島登記念館」として残して欲しいものである。

箱館には手記「中島登覚書」が残り、半紙判の和紙に筆で書かれ、戦友の消息、甲陽鎮撫隊、流山から会津への経緯、会津戦争、北海道上陸、箱館での本格攻防戦、降伏についての官軍と箱館軍との往復書簡、降伏に伴う身辺の事情や私信、述懐などが綴られている。

彼の残した記録、肖像画「戦友絵姿」は、唯一の隊士の姿である。貴重なものである。

92 島田魁と島田のお墓の謎。長生きして、新選組の姿を伝えた幹部隊員

島田魁《かい》(1828~1900)は、美濃国大垣の、元徳川家青木孫太郎知行地、濃州厚見郡雄総村(岐阜市雄総)の郷士・近藤嘉右衛門の娘の次男として、文政11年(1828)1月15日、生まれた。

筆者の先祖も大垣の青木氏である。美濃国は深池村の青木氏で、この一族の中では一番出世した。美濃国安八郡深池村の出で、土岐・斉藤・織田・豊臣と仕え、関ヶ原では東軍の家康に仕え、摂津麻田藩一万石の領主となり、幕末まで安泰に続いた。そして貴族となり東京へ行った。

こんな関係もあって、筆者の生れ育ったすぐ近くに島田さんは住んでいて、当時は、私だけが彼の住まいの跡を知っていたのである。

又、不思議な事に島田の菩提寺は、京都市上京区笹屋町通浄福寺東入ルの浄土真宗本願寺派(西本願寺)の長圓寺で、当時の過去帳には明治33年3月20日、釈教證(西六条本山現境内ニテ)島田魁72才と記載されている。

このお寺が私の妻の実家の菩提寺で、これも妻の父が死亡して、お寺が無かったので、妻の母が探しに歩き廻って偶然に飛び込みで、このお寺を菩提寺にしたのである。これも不思議なご縁である。

そんなお寺とは親しい関係で2002年に「土方歳三展」を西陣織会館で開催し、招待券をお寺に持参し奥様にお会いし色々と聞いた。「うちが、お西さん(西本願寺)の総務を担当していた時、島田さんがお亡くなりになり、美濃のお方で京都は新世帯でお寺があらしませんので、私の所(長圓寺)でお葬式を出しましたのどす。そんな新選組のお偉い人とは存じませんでしたので、後になって〝人づて〟に聞いてびっくりして、過去帳には後で、空白の所へ書き入れたのどす。今はご子孫の方は檀家さんではあらしませんし、お出でには

なりません」と、おっしゃった。

島田の旧宅を教えてくれというファンがよく来られる。島田の旧跡は「大宮花屋町西へ一筋下ル」（下京区大宮2丁目）で京都市バス大宮花屋町下車し大宮通を南へ少し歩き、嶋原商店街の看板のある花屋町通を西へ一筋目の南側に自転車屋さんがある。この道を下る、南へ入った所だ、露地の様な狭い道である。こんな貧しい所で彼は、最後は西本願寺で夜警をして、脳内出血で勤務中に死亡した。

又、島田のお墓を教えてくださいとのファンも多い。これも不思議な事である。長圓寺（西本願寺を本山とする）でお葬式したはずなので、お西さんの墓地、東山五条の西大谷さんにあるはずのお墓が、東大谷さん、東山区円山町の東大谷墓地にあったのだ。これもまた不思議にその戒名は「威徳院釈教證」として院号が付いたお墓が建っていたが、近年、管理者が3年志納金を収めないと「無縁さん」となり取り除かれるルールで取り除かれたらしい。現存しないのである。このお墓は誰かが院号を付けた戒名にして奉りなおしたのであると思われる。不思議なお墓が建っていたのだ。

島田魁（中央）

さて箱館戦争のその後はどうであろうか。明治2年（1869）5月11日、土方歳三戦死。土方の最期は島田と相馬主計の二人に担がれて、近所の民家に運ばれたが、島田に「すまん」と一言いい残して目を閉じたと伝えられるが、この日は相馬も島田も弁天台場で戦っている。土方の死を知って駆け付けた時には、もう遺体が無かったと島田は話している。島田は「巳5月11日歳進院殿誠義豊大居士」の戒名を書いた布を、終生身に付けて離さなかったらしい。

その後降伏。称名寺に収容の後、青森へ、蓮華寺に入ったが「寺院は狭く人多ければとて台場の人々は、油川という所に移さる」と、山内堤雲（１８３８～１９２３）という人は書いている。この明誓寺から6月8日、弘前の薬王院へ行き、ここで書いた『島田日記上下巻』が貴重な資料として残った。7月19日津軽藩お預かり人は全員東京へ、7月21日弘前を出発、予定変更で青森へ、10月に軍艦「大坂丸」にて品川へ、その後名古屋藩に、そして明治5年（１８７２）6月に解放された。

そして島田は京都に戻った。京都には新選組時代の慶応元年（１８６５）8月15日、38才の時に平民西村定七の娘と結婚した妻の「サク」と、慶応2年3月に生れた長男の魁太郎が待っていた。

帰京後、色々と事業をやったが「武士の商法」で巧く行かなかった。相撲の興行師もしたとの話もある。雑貨屋、仏具屋の店員をしたりして、明治9年（１８７６）から剣道場を13年位迄経営。明治19年（１８８６）頃から近所の西本願寺の夜警をしていた。お西さんから、葬儀料20円、慰労金一万疋、満年賜金15円が下賜された。永倉新八とその息子義太郎が会葬に来ている。

明治22年（１８８９）、東京府日野の佐藤俊宣（１８５０～１９２９）が来洛し、土方の上七軒の芸妓「君鶴」と、近藤の首を探しに来た時、島田と山野八十八《やそはち》（１８４１～１９１０）にその継続探しを依頼して帰っている。又、榎本武揚《たけあき》（１８３６～１９０）が日清戦争の始まる少し前に、「賊軍を東軍と改名」し、宣撫に京都へ来て、伏見の御香宮で当時のゆかりの人々を集めて接待した時も、島田だけ、〃頑《がん》〃として来なかったと、御香宮の宮司さんに聞いた。腰のある幹部隊士であったのだ。

昭和61年（1986）1月、孫に当たる敦賀市在住の塩津敦子さんから、遺書、遺墨約30数点が霊山歴史館に寄贈された。誠の袖章（17×7・5センチ）10数枚（以前は20数枚、塩津家で所蔵されていたが研究家に譲られた）、東照大権言の大きな旗等が残っていた。島田、土方たちと箱館の写真館で写し、京都で焼き直した写真が長圓寺にあり、その他、長男が大垣に移る時に納めた物が残っている。

■2016年5月28日、京都新聞にこんな記事が載った。

「新選組元隊士、写真は何語る　生き残った島田魁」

西本願寺を本山とする浄土真宗本願寺派の寺院・長圓寺（京都市上京区）で、1枚の古い写真が見つかった。調査の結果、新選組隊士で、明治時代に西本願寺の夜間警備を務めた島田魁の写真だと分かった。保存状態が良く、凛《りん》とした表情が読み取れる。しかし、いつ、誰が、何のために撮影したのだろうか。そんな疑問を解き明かそうと、1枚の写真を手がかりに京都の街を訪ね歩いた。長圓寺の9世住職来應《らいおう》は、明治時代に西本願寺に奉職しており、長圓寺には当時の西本願寺21世明如（大谷光尊）が書いた絵画や、当時事務方のトップだった大洲鐵然《おおずてつねん》に関係する資料などが数多く残る。明治維新後、島田が西本願寺の守衛を務めた頃、長圓寺と接点があったとみられている。島田の写真は2002年、長圓寺住職清水祐信さんが本堂の整理中に確認した。縦約9センチ、横約6センチで、島田はちょんまげに洋服姿、脇に差した刀に左手を添えている。2014年に京都ノートルダム女子大非常勤講師・大喜《だいき》直彦さんが調査し、写真をくるむ包み紙の文章に注目した。そこには、「亡き父のかたみ」の表題で、「此の肖像の原版は亡父魁戊辰の際奥羽転戦中仏人某の撮影せし処にて実に今より去る三十有三年前即年齢四十壱歳の時の真影なり　亡父の霊前にて　柳太郎　明治三十三年五月十壱日」と書かれていた。

大喜さんによると、柳太郎とは島田の子で、戊辰《ぼしん》戦争中にフランス人が撮影したことや、魁が亡くなって四十九日ごろの法事に合わせて柳太郎が長圓寺に写真を納めたことが読み取れる。写真の島田の姿はインターネットでも検索できる、よく知られた写真だが、長圓寺が所蔵する島田の写真はオリジナルである可能性が高いという。

このほかに、寺に残されていた別の資料から、魁の家族は全員「太鼓堂」（現在の西本願寺太鼓楼）で亡くなったと書かれ、魁だけは「下魚棚四丁目」となっていることも確認された。島田の孫は、遺品を東山区の霊山歴史館に寄贈している。副館長の木村幸比古さんと遺品を確認するうちに、島田の写真につながると思われる複数の資料が確認できた。

93　陸軍中尉となり、70才と長生きした、池田七三郎の先輩、久米部正親

久米部正親《くめべまさちか》（1841～1910）は、粂部《くめべ》とも、沖見《おきみ》とも。維新後は猪野豊之助《いのとよのすけ》、猪野忠敬《いのただたか》と改名。大坂天満の与力の子として、天保12年4月17日に出生。元治元年（1864）7月迄に京坂の隊士募集にて入隊。慶応元年（1865）、伊東甲子太郎を筆頭に、篠原泰之進・富山弥兵衛・茨木司らと、奈良潜伏の浪士を捕まえに出張、戦闘となり足を負傷。その後、伍長となる。慶長4年（1868）1月、鳥羽・伏見の戦いに参戦し、甲陽鎮撫隊として甲州勝沼で敗れた。江戸今戸から負傷者を会津に移送する為、本隊より先行した。会

久米部正親

津では軍目付を勤め、8月21日の母成峠敗北、後は斉藤一（1844～1915）らと、仙台に行く本隊と決別して会津に残る。久米部正親は、9月5日の如来堂の戦いで討死したものとされていたが、池田七三郎（1849～1938）らと共に脱出し、明治元年10月4日、池田七三郎らと銚子にて高崎藩兵に降伏した。この時、猪野豊之助を名乗った。池田と同じく東京・小網町に送られ、旧亀山藩邸で謹慎。明治3年、罪が許され放免される。その後、陸軍に出仕して明治5年、新政府の陸軍少尉になる。明治10年、西南戦争に参戦。明治12年に中尉となる。明治13年、大阪鎮台第9師管後備軍司令官の副官となる。明治19年、東京鎮台後備軍東京府駐在官を最後に退役する。明治43年9月25日、仙台市の自宅にて70才の長寿を全うした。お墓は宮城県白石市中町の専念寺にある。

94 土方歳三の奮戦がよく分かる、『函館戦記』を書き残した大野右仲

大野右仲《うちゅう》（1837～1911）が書き残したので、土方の活躍や箱館での戦闘の実態がよく分かるのである。貴重な戦記を彼は書き残してくれた。彼は又七郎とも松川精一ともいい、元唐津藩士である。大野勘助

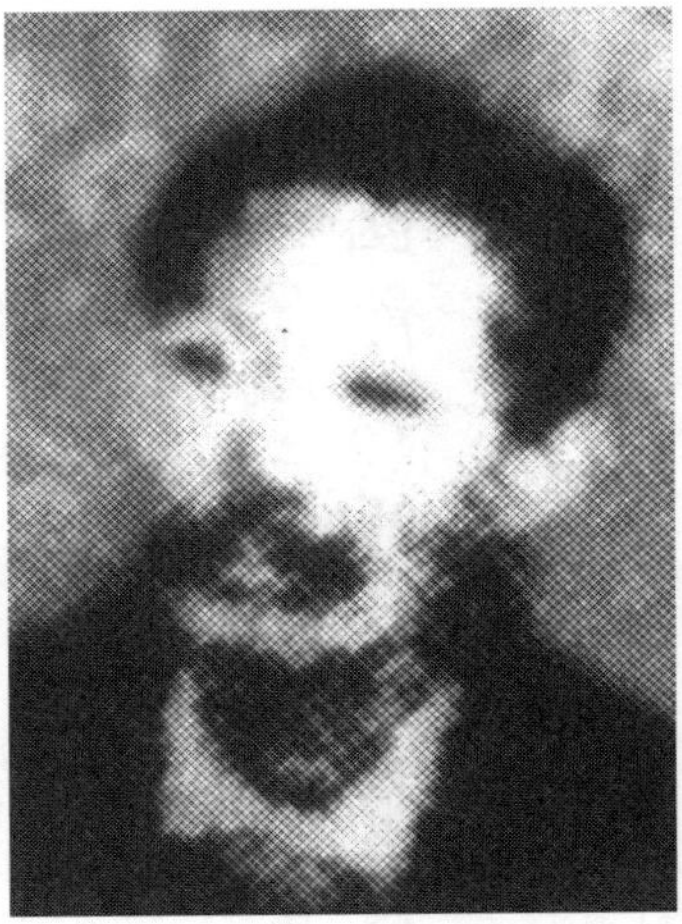
大野右仲

の長男として天保7年12月8日に江戸で生れる。老中小笠原長《なが》行《みち》（肥前国唐津藩の世嗣）に重用され、長行が江戸を脱出する時、会津入りを画策し、会津では同行藩士たちの統率心得方となる。

慶応4年（１８６８）4月29日には、負傷の為後送される土方歳三を、会津城下七日町の清水屋に訪れ、戦争の模様などを聴取した。その後、越後長岡に向かい、閏4月26日、河合継之助と面談し、会津を経て、9月中旬に仙台で同志23名と入隊した。蝦夷渡航後、10月24日の「七重村の戦」などに参戦し、箱館では新選組頭取から蝦夷政府陸軍奉行添役となる。以後、土方歳三戦死までその補佐役を務める。明治2年4月の二股口防衛戦では、土方の不在中にも兵士を指揮して戦い、二次にわたる攻撃を撃退した。同年5月11日の箱館総攻撃前夜より榎本ら幹部と別杯を交わし、開戦後に五稜郭に向かう途中の千代ケ岡陣屋で、出陣する土方と出会い、一本関門より市中に攻撃を掛けるが敗走し、千代ケ岡陣屋で土方の戦死を知る。弁天台場降伏の使者として台場入りしており、5月15日の降伏の為と思われる。同年6月9日、新選組は津軽藩お預かりとなり、弘前に移送される。弘前では他の投降者総勢５８０人ほどと共に7つの寺院に収容される。新選組隊士87名と兵卒10名は、大野右仲を責任者として、天台宗薬王院に入る。その後、青森蓮華寺に移され、10月まで謹慎処分となる。その後、東京に送られ旧藩に引き渡されて、翌年3月11日放免となった。その後、明治政府に出仕して、明治21年（１８８８）8月25日、山形県南村山郡長に就任。翌年9月22日、秋田県警察部長に就任。25年（１８９２）8月1日、青森県警察部長に就任。26年3月21日、退職して東京に住む。明治44年6月11日に芝田町の自宅で、76才で死亡。墓は台東区谷中の天王寺墓地にある。

95 唯一、新選組で大砲を撃てた隊士、結城無二三

この隊士結城無二三《ゆうきむにぞう》（1845〜1912）は、甲陽鎮撫隊から離れ、沼津から静岡で生き、キリスト教の牧師となった、少し変わった武士である。

孫の禮一郎《れいいちろう》（1878〜1939）の話が残る。「初めは京都見廻組に属して上京した。慶応元年（1865）2月頃は、見廻組に籍をおいて市中警備に任じていたが、見廻組より新選組の方が馬が合っていたので、大概は、新選組の方へ行っていた。その内に長州再征が決まり、おじい様は多少砲術の心得があるから、新規召し抱え、小十人格で大砲組に編入された。竹中丹後守重固《しげかた》（1828〜1891）の手下に付いて、出征する事になった。……中略……そして長州征伐に出征。その時分の彼は、結城有無之助（藤原景祐《かげすえ》）と名乗り、髪を大たぶさに結って、〃シャレコウベ〃の紋を付けて、朱鞘の大小を反りかえらせて、京の町々を闊歩していた。お酒は斗酒なお辞せず、酔うと調子はずれの詩吟を歌う。何にしても怖い事を知らず、どんな危険な所でも平気で飛び込んで行ったので、同輩から非常に尊敬された。近藤勇からは、「この児、大いに用ゆべし」と、しきりに重い用事を言いつけられた。お金は隊から豊富に支給され、それを盛んに振りまいたので、羽振りは中々上がった。御自分では、「なあに、そんなに人は、殺しはしなかったよ、罪だからなあ」とおっしゃってたが、傍の人の話では、かなり盛んに斬って廻ったそうだ。殊に長州を目の敵にしていらっしゃったそうだ。そのくせ彼の剣術は惨めなもので、只、気で勝っていたばかりだった」。

今井信郎さんも「結城さんは不思議の人だった。竹刀《しない》を持って立ちあって見ると、からっきしダメだったが、真剣になると私よりずっと優れた腕前を見せる。これで私も一時は、剣術なんて馬鹿馬鹿しいものだ、苦労してやるがものでは無いと、思ったくらいだ」と、言われたほどで、筋も型も成っていなかったそうだ。彼は「な

に斬り合いは、気だけで沢山だ。対手は10人でも20人でも構わぬ。さあ来いと、上段に振りかぶって掛かると大概は、すくんでしまうものだ、ああ、気を呑むと言った様なものさ」と、おっしゃっていた。剣術が出来なかった代わりに、彼は棒の訓練をした。当時、棒は足軽のするものとされていたものを道楽半分にやり、何とかという名人に付いて一通りの稽古をし、年を取ってからもよく使った。免許皆伝も貰った。晩年、彼が亡くなって神伝流棒術は絶えてしまった。砲術は好きであったが、学問はやらなかった。

「彼の語る鳥羽・伏見の戦い」。この時、土方歳三が隊員を引率していた。隊員は新しく加入した者も入れて150人余であった。元伏見奉行所には、これに加勢として伝習隊300人が入っていた。新選組には砲隊というものが無かったが、敵は御香宮に大砲を据えている様だから、こちらも対抗しなければならぬと言って、幕府陸軍大砲組を指揮する間宮鉄太郎(1831～1915)の手から、砲二門を借りてきて、役所に据えつけた。彼、結城は無論、その方に廻った。相役は会津の何とかいう人で、一門を8人で受け持った。会津の男は砲術を心得ていたが、他の者は全く素人ばかりで、撃ち方を教えるのに、大分骨が折れたそうだ。大砲の据え付けを終わったのが、午後の2時頃で、それから一服していると、鳥羽の方で銃声が聞こえ出した。鳥羽は伏見から「田圃」一つ隔てた西の方で、風の具合でよく聞こえる。さていよいよ始まったなあと思っていると、こっちも桃山の切りあがりの上から、役所を目がけてドンドン撃ち出した。何を小癪なというのでこちらも撃つ、隣の砲も撃つ。その中に竹中丹後守は自身、伝習隊を率いて、京橋の橋詰で小銃で撃ち合いを始めた。会津の兵も加わっていた。新選組は大手筋を御香宮へかかって行った。上から見下しに撃ち立てられるので大分苦戦した。それに伝習隊には鉄砲が渡っていたが、新選組には鉄砲が無い。あっても一同使い慣れていないので役に立たぬ。撃ち合いが少しでも味方に有利にだったら、直ぐ、手許に斬り込もう。斬り合いにさえなれば、もう、こっちのものだと思っていたが、中々そこまで行かぬ。仕方が無いから、肥後橋迄引き揚げて来た。

鳥羽の方では、今、接戦中だと聞いたので、「田圃」を越して、そちらの方へ行った者もあった。この間に京都に斬り込もうと言って、竹田街道を深草迄進んだ者もあったが、後に続く勢いが無かったので引き返して来た。結城たちは竹中丹後守の命令で役所を引き揚げて、中書島迄来て砲列を布いた。他の手の大砲も、おいおい中書島へ集まって来た。それはもう暮近い時分だった。夜になったので撃ち方は止めた。銃隊は皆、持場、持場で夜営する事になったが、その日の戦いは、鳥羽も伏見も、味方が七分の勝利ということだった。明日は一つこの勢いで、京都まで押して行こう。大津にいる四十大隊も明日は逢坂を越して討ち入るだろう。そうすれば薩長は「袋のネズミ」だ。「幼帝をお連れして、丹後路へでも落ちるかな」などと噂をしながら休んでいた。ところが夜が明けて四日の朝になると、これは又、如何な事、北の烈風が吹いている。これでは進撃は不利だ。今に止むだろうと待っていたが中々止まない、止まないばかりでは無く、敵はその風に乗じて、盛んに撃ち立てて来る。やむをえず応戦しているものの、「砂塵朦朦」として、どこに敵がいるか分からぬ。昼頃には目を開けている事も出来ないほどの烈しさになって、本当に「盲目撃ち」に撃っていた。敵の玉はよく側に来て破裂する。隣に居た人たちは、玉を込めて撃とうとしている処へ敵の玉が来て破裂、その為自分の玉も破裂して、大砲もろとも撃ち手が5、6人、木っ葉微塵に飛んでしまった。風は夕方になってもいよいよ烈しく、味方の銃隊が何処に居るか分からない。一番困った事は、本営から何の命令も来ない事だ。伝令を出そ

結城無二三

うにも出しようが無し、仕方が無いから御香宮から桃山を目標にして撃てるだけ撃っていた。事によると、その時分、敵は桃山に居なかったのかもしれない。その内に、敵が後ろに廻ったと言う者がある。どうしようかと一同で相談していると、初めて伝令が来た。諸隊は淀の小橋迄引き揚げたから、そこの砲隊も引き揚げて来るようにという事だ。何だ、淀と言えば、遥かのかなただ。味方は果して其処まで追い詰められたのだろうか。もし追い詰められたとすれば、これから引き揚げる事は出来ぬ。伝令に聞いても、一向に要領を得ぬ。只、横大路沼附近に敵が居る様だと言う。それなら大砲など引っぱって行く事は出来ぬ。まあ、身体だけでも行って見ようと、夜陰に乗じて、宇治川の土手伝いに淀迄引き揚げて行った。

　淀で聞くとまことに、残念千万。やっぱり風の為すっかり敗れてしまったのだ。彼は会津の林権助《ごんすけ》安定《やすさだ》（１８０６～１８６８）の戦いを話している。林はこの時、銃隊の長となって、三日には伏見で戦い。四日には淀迄下がって兵を休めていた。すると例の烈風で味方が段々引いてくるのを聞いたので、砲隊長白井五郎太夫（胤忠）（１８３２～１８６８）と相談して、急に斬込隊というのを組織した。そして淀川堤の下を這って行って、竹藪の中に隠れていた。一同、鉄砲を捨てて槍と刀を持っていた。暫くすると味方が戦いながら、段々引き上げて来る。それを追って薩摩と因州の手が下ってくる。時分はよしと竹藪の中から、一斉に起こって突いてかかった。敵もさるもの備えを立て直したが、斬り合いとなっては段違いだ。見る見るうちに斬りまくられ、〝ずばり〟、〝ずばり〟と斬り下げられる。それを又、会津の方では丁寧に首一つ一つ腰へ下げる。中には一人で二つも三つも首を下げる者もあった位で、敵はほとんど全滅の形だった。この時、もし、先に引いていた幕軍が取って返して打ち立てたならば、鳥羽も伏見、桃山も、一気に取ってしまう事が出来ただろうに、烈風の為、会津がそんな働きをしている事が分からず、会津も又、無暗に首を大事がって、これを捨てて追い討ちをする事としなかった為、大事な戦機を逸してしまった。惜しい事をした。

この林権助は、不幸にも三日の戦いで頭を撃たれて負傷、四日未明、淀城下に退却、さらに大坂へ。後に「順動丸」で江戸へ送られたが途中の十日、船の中で死んだ。白井も三日深夜、淀城下に退却、五日の戦いで銃弾に当たって負傷、二十九日、没したが、その斬込の様子は、それはそれは勇ましいもので、元亀、天正かと思われるほどだった。結城は特別の友を失ったのだった。

五日にも、未だ風が吹いていた。この風ではとても淀川堤を上がる事は出来ない。強いて上れば、昨日の二の舞になる。堤の外は一面の沼や池。砲はもとより兵だって進める事が出来ぬ。実は前日四日、仕方が無いから淀の城に入って防戦しようと使いを立てた。淀は、老中稲葉美濃守正邦の城だ。有無のあるべきはずはないと安心していると、「只今、主人不在中、主人の命が無ければ、たとえ御台命とあっても、城を貸す訳にはいきません」と、言う挨拶。「それなら先ず淀から踏みにじってやれ」と、一同意気込んだが、総督の松平豊前守正質《まさただ》が、「穏便に、穏便に」と、言うので、淀の小橋に胸壁を築いて防戦する事にした。彼はどこへ付いていいのか分からぬ。大砲は中書島へ置いてきたし、新選組は暫く休むと言っている。彼も一緒になって休んでいた。戦況は余り、はかばかしく無かった。味方は歩兵奉行並の佐久間近江守信久が、四日に鳥羽で長州のスパイに狙撃され戦死した。そして、その馬取りの長州のスパイ兵は佐久間の士道に義を感じて、その遺髪を取り、土中に葬って戦線を離れた。明治期に遺宅を訪れたという。見廻組与頭佐々木只三郎は、六日に橋本で狙撃され、後方に送られ紀三井寺で没する。歩兵頭の窪田備前守鎮章《しげあき》が鳥羽で重傷を負い、大坂への船中で四日、死する。

五日、この日はこの日で、淀堤千両松で会津の主だったところがバタバタやられる。いささか元気が大分腐れ掛かっている処へ、号令がともかく徹底せぬ。戦いは五分だったが気分は敗れていた。それが六日になるとまた大変だ。淀藩が敵へ降参してしまった。もっともこの時、味方の本隊は既に橋本へ引き揚げていたから、後を断ち切られる事は無かったが、兵糧方なぞ引き連れて、非常に困難をした。しかし、淀ばかりなら何でも無い。するとその日の午後になって、川向かいの山崎の藤堂の軍から大砲を撃ちかけて来た。これは味方に痛く響いた。これで幕軍は総崩れを起こし、てんでバラバラに大坂に引き上げた。

四日にあの烈しい北風が吹かなかったら、そして六日に藤堂の裏切りが無かったら、幕軍は充分盛り返しの見込みがあったのだ。盛り返しさえすれば京都は手薄だ。薩長に因州、土州、それに備前の兵を加えても一万の兵はいない。どうしたって袋のネズミだ。丹波路へでも逃げ出すより、途は無かったのだ。西郷隆盛はその支援をしていたのだが、意外なことでその必要もなく、幕軍が大坂に退き、大坂から和歌山へ退き、とうとう江戸まで逃げ帰らなければならないと事になった。因果な巡り合わせというべきだ。

近藤は土方からの報告を聞いて、只一言「仕方が無い」と、言ったきりだった。土方は早速人を出して、隊の負傷者を探させた。怪我人はかれこれ20人ばかりであった。これに達者な者を加えても50人ばかりであった。そこで土方から榎本武揚《えのもとたけあき》に交渉して、全員、軍艦で江戸へ送って貰えるようにした。榎本は新選組をひとまとめにして旗艦「富士山丸」へ収容してくれた。そして10日、大坂を発し、15日に品川へ帰った。途中で負傷者3人が落命した。

この結城の話す（日付は、編集部で訂正）、鳥羽・伏見の戦いの戦況は生々しく、当日、烈風が激しく、これも西軍に味方したし、相当の大軍であった為に、命令系統の不備があった様に思われる。会津の鉄砲隊が、斬り込み隊に変身し大成果を上げているが、未だ首をぶら下げた事を見ると、前近代的な戦い方である。緒戦の鳥羽でも見廻組の佐々木只三郎たちも斬り込み大成果を上げ、敵の首を腰にぶら下げて戦い、動きが悪く、西軍の鉄砲で撃たれたので、首を捨て、鎧も脱ぎ捨てたと、伝えられている。ここに東軍は前近代的な戦法で戦っているのも敗因の一つと思われる。結城は甲陽鎮撫隊で参戦、甲州勝沼の戦いから静岡へ逃亡、大宮へ。最後、静岡から沼津で自首した。途中、黒駒の博徒に助けられ、大宮の博徒に厄介になって潜んだ。富士の裾野で自刃しようとしたりしたが……。

96 榎本たちに愛されて、五稜郭脱出勧告を拒否した少年隊士、田村銀之助

陸奥磐城平（福島県）の出身。田村半右衛門の五男として、安政3年8月1日生れ。兄の田村一郎・田村録四郎も共に新選組隊士。慶応3年（１８６７）秋に江戸で入隊した。田村銀之助（１８５６～１９２４）は、13才の最年少隊士として、局長近藤勇や副長土方歳三付属の小姓として仕えた。慶応4年1月「鳥羽・伏見の戦い」を経て江戸へ、勝沼・流山・会津へと転戦して行く。銀之助は少年だったので実戦参加は無かったが、流山から会津への逃走について、語っているのが興味深い。

田村銀之助

「……前略……布佐《ふさ》という所で、小舟数隻に分乗しました。官軍はそれを知って直ぐ追いかけて来ましたから、矢張《やは》り危険であったが、皆、舟に乗り込んだ後でしたから幸いでした。それから銚子に着きました。観音の前の大きな宿屋に一同宿陣しました。やがて各々寝に就きました深夜にまたまた官軍に取り囲まれました。……中略……翌朝、大きな船を二隻雇い、これに分乗して、水戸の霞ヶ浦脇を経て、板子《いたこ》（潮来）という所に着船した。そうして陸路を水戸の港

を経て、浜街道を平方（潟）迄行きました。平方から奥州に入る目的で行きましたけれど、奥州は其当時、総て官軍でありまして、通行が出来ませぬから、平方から、また引き返しまして、間道を棚倉《たなくら》の方へ出ました。……中略……翌朝、約14里もある人跡絶えた間道を経て、矢吹という所に出まして、矢吹から長沼という所に出て、長沼から「セイシ（勢至）堂」という所に着きました。これは会津の堅固な要害の地でございます。漸く会津に入りました。会津の方では大に歓迎されました。暫く美代《みよ》という所に居りまして、後、若松の方へ行きました。」。（史談会速記録）

銀之助の逃走は会津から仙台、仙台から箱館へと続き、その様子が克明に語られている。現在の中学一年生位である少年が、よくこの逃走行に付いて行ったと感心するものである。

そして箱館に渡航、後は総裁付きとして榎本に仕えた銀之助は、五稜郭に向けて進行中に、初めて戦闘前線に立ち実戦に参加経験をした。明治2年（1869）5月、五稜郭もいよいよ陥落寸前と迫った。この時、総裁榎本武揚や陸軍奉行大鳥圭介から、五稜郭脱出を進言された。銀之助は「十五の年で命が惜しければ、五十でも惜しい、五十で惜しければ、七、八十でも惜しいのです。私も武士の家に生れた者であって、皆さんと一緒に此城に立て籠った以上は、死する覚悟である。死に花を咲かせる積りである」と答えて、拒否したという。開城後、彼は津軽の弘前で謹慎させられていたが、謹慎が解けると上京し、「箱館戦争」当時、征討軍の参謀黒田清隆（1840～1900）や軍監田島圭蔵（1843～1899）らの世話になる。そして黒田の北海道開拓にも同行している。どうやら榎本が、黒田や田島に銀之助の事を託したらしいのである。その後の彼は、陸軍に属したり、警察署に奉職したり、また再び黒田に従って北海道開拓に同行したりと政府の要人に仕えた。大正9年（1920）に史談会に出席。戊辰戦争時の談話を残す。波乱の後半生を送り、大正13年（1856）8月20日に、69才の生涯を終えた。「向こう意気が強く剛情で、情に厚い人」であったと伝えられる。墓は東京都文京区の智香寺にある。新選組でも、この田村少年や市村少年と、中学一年生位の少年たちが、激動の波の上を少年サーファーの様に乗り、抜けたのであった。

97 永倉新八はなぜ、杉村家に養子として入ったのか

永倉新八は明治元年（1868）11月1日、援軍を求め米沢藩に滞留中、会津藩の降伏を知り、東京に戻り、芳賀宇八郎と共に12月に松前藩に自首した。

世は明治となり、佐幕方の志士は、賊徒の名を負わされて日陰を忍ぶ。江戸は東京になり、永倉新八（1839〜1915）と親友の芳賀宇八郎（宜道《ぎどう》）（?〜1869）の二人は、哀れ、町人姿でないと、外出して歩くことも出来ない窮屈な身となった。ある日、芳賀は、深川の冬木弁天堂へ行くと言って浅草の家を出た。すると途中図らずも、妻の実兄の藤野亦八郎に会った。旧幕臣の亦八郎は、その頃官軍の脱走取締を務めていて、部下を五、六人引き連れて巡視中であった。久しぶりだというので二人は近くの鮨屋に上がって、昔話に耽《ふけ》ったが、酒がまわるにつれて、芳賀は亦八郎が官軍へ投じた事を責め、譜代の徳川の恩に背いた罪を詰《なじ》る。段々、双方の話が激しく喧嘩となり、芳賀は柔道で亦八郎を組み敷き、いがみ合う。物音を藤野の部下が聞きつけて駈けつけ、大勢でやにわに芳賀を斬ってしまい、死体は菰に包んで河に投げ捨てた。明治2年（1869）1月16日という。

程経て、芳賀の妻が聞いて「いかに肉親の兄なれどとて、余りの致し方。永倉様、なにとぞ夫の仇を両人の遺児に討たして下さい」と、泣いて永倉の袖にすがった。永倉も無二の親友を殺されて、無念やるせなく、す

ぐさまそれを引き受け、犯人藤野の後をつけたが、藤野は、身の上が危しと感づいて、箱館へ転勤を願出して、赴任の途中で病死したので、仇討ちは自然に沙汰止みとなった。

かくて永倉は浪人ではとても身を隠しきれぬと観念して、渡島国《おしまのくに》松前藩に帰参《きはん》を願い出て、明治2年（1869）2月、松前崇広《たかひろ》侯の家老、下国東七郎《しもくにとうしちろう》の計らいで聞き届けられ、松前藩（東京出張所）に百五十石で召しいだされ、藩邸の長屋に住んで、毎日、藩のフランス伝習隊に歩兵教習を授け調練をやる。戦場往来の永倉がよく兵法を知り、その呼吸をのみ込んでいるので、その調練ぶりは異彩を放ち、藩中の評判となっていた。

明治2年（1869）2月10日、永倉は、折からの休みを幸いに、気保養に市中を散策していると、ふと、江戸両国橋で、先年暗殺した伊東甲子太郎《いとうかしたろう》の実弟の鈴木三樹三郎《すずきみきさぶろう》と出会った。永倉は〝しまった〟と思ったが、今更、引き返す事も出来ぬ。両人の間は次第に近寄って、鈴木の目には、異様な光が輝いた。そして、「やあ、暫くでござった、貴公は只今何処に居られるか」と、鈴木が聞くので、永倉は、「拙者は松前藩に帰参致してござる」「それでは何れ御目に掛かる機会もござろう」と、すれ違ったので、永倉も会釈をして別れた。

しかし鈴木は、兄伊東の仇敵として永倉をそのまま見逃すはずはない。直ちに引き返して斬りつけるのではあるまいかと、永倉は振り返って見た。すると鈴木も振り返って、じっーと見ている。永倉はさてこそはと覚悟して、袴の股立《ももだち》を取り、支度して待っていたが、鈴木はとても敵《かな》わぬと思ったか、そのまま黙って行ってしまった。

それから数日経つと、果たして鈴木の一味が永倉を付け回し、門外一歩踏み出そうものなら、たちまち手を下す気勢を示した。そこで永倉は、家老の下国東七郎に面会し事情を述べ、「かくかくの次第でござれば、万一斬り込んで参ろうなら、藩侯の名前も出る事由、一時、拙者に暇を賜る様に取り計らわれたく存ずる」と申し出た。しかし、下国家老は永倉をかばって、自宅に潜ませ、刺客の難を救った。

刺客の身を避ける永倉は、ある日、やみがたく用事を帯びて、両国橋に差し掛かると、橋際に高札が建ててあって黒山の様な人だかり、何事やならんと、その側に行くと、これはいかにその立札の表には「米沢藩雲井龍雄儀、容易ならぬ陰謀あり、小塚原に於いて斬首すべきものなり」という意味の事が書いてある。永倉は驚いて足を宙《ちゅう》に飛ばして小塚原に来てみると、はや雲井龍雄《くもいたつお》（1844〜1871）の首が晒されてある。永倉はそれを見ると、満眼の血涙、一時に湧き出て「ああ徳川幕府の命脈《めいみゃく》も、ここにまったく絶え果てた」と、慟哭して止まなかった。龍雄は実に徳川の遺臣を集めて薩長と最後の決戦をやろうと、永倉と堅く約束した仲であった。事、志と違《たが》える永倉は、ついに世の望みを絶って隠退の決心までしたが……。家老の下国は、ある日永倉を呼んで「貴公は何時までも潜伏しておられまい。実は福山に居る藩医の杉村松柏から養子一人を欲しいと頼まれている。杉村は医者でこそあれ、榎本釜次郎その他が、箱館に立て籠り福山を荒した時、たぐい稀なる働きを致し、藩侯からご加増を賜ったほどの人物、娘を「きね」と申し、家族は至って無人と承る。福山に参ったと分かれば、いかなる三樹三郎も後を追う事はあるまい。殊にこの度法令を持って、私心を持って人を殺す事あいならぬと天朝から布告が出た。どうじゃ、杉村に行く気はないかの」と親身の相談。永倉は考えた。世がこう変わっては、暫く時勢を見るより致し方が無いと観念し、又、下国家老の親切も否み難く、ついにその相談に応じて、杉村家に行く事になった。

明治4年（1871）永倉は東京を出発して福山に着し、藩医杉村介庵（杉村松伯）の娘、松子（よね、きね）と婚姻、杉村家の養子となった。そして役付として、フランス伝習隊の調練をやる様になった。藩主はかねて勤王攘夷説を唱えた人として、藩論もそれに傾き、永倉が福山に入ってから同志もまとまり「継述隊」という一隊を組織した。永倉新八は明治8年（1875）5月7日、家督を相続して名を「義衛」と改めた。翌年5

月1日、杉村義衛（永倉新八）が発起人となって1月に申請、陸軍本病院長・馬病院長の松本良順（1832～1907）の協力を得て板橋に「近藤勇と新選組諸隊士墓所」を造立する。

明治15年（1882）10月、北海道月形村（北海道樺戸郡月形町）の樺戸《かばと》集治監に剣道師範として聘され、明治19年（1886）辞職。同年上京の途次、箱館に土方歳三、伊庭八郎の剣友の碧血碑に弔い、米沢では雲井龍雄の妻女を訪《おとな》い、上京してからは居を牛込に構えて剣道場を開いて教えた。又、京坂地方を遊歴する内、はからずも京都でもうけた娘の「磯子」に会って親子の対面をした。彼女は女役者の「尾上小亀」となっていた。

小樽に帰ったのは明治32年（1899）で、その後は長男義太郎（「新選組顛末記」著者）、二女のゆき子に仕えられ安らかな余生を送った。大正2年3月27日、小樽新聞に6月11日まで70回にわたり「新選組 永倉新八」（新選組顛末記）を連載、これによって、「新選組は悪の人斬り集団、悪の使者」という従来の固定観念を突き

永倉新八

杉村よね

崩し、新選組再考の契機となった。大正4年1月5日、北海道小樽にて病没。享年77。
死生の間をくぐる事は百回、大正まで彼は生きた。

98 斉藤一　長男勉の口述筆記から見てみよう

斉藤一《はじめ》（1844〜1915）という隊士は、組の中でも一番不明な人物である。新選組の中で謎を秘めるのが人物が斉藤一である。赤間倭子《あかましづこ》さんが、斉藤一について一番研究されている。彼女は斉藤一の直系の子孫、藤田実《まこと》氏と接点が出来て、何回か御自宅を訪問され、貴重な文書を拝見され取材された。昭和31年（1956）に斉藤一（後の藤田五郎）の長男勉《つとむ》氏が亡くなる少し前、妻のみどりさんに口述筆記をさせた貴重なものであった。

内容は、極簡単な、父「一《はじめ》の足跡」であった。これによると、「山口一」が本名で、山口家は佐々木高綱《たかつな》の流れをくみ、播磨明石町出身という事である。父の祐助（祐治とも）は、明石藩の足軽出身で、何時頃からか、「青雲の志」を持って、家を妹に譲り、一人江戸に上った。そして小川町辺りの鈴木という、多分明石藩の人の家の足軽として住み込んだ。若党に入ったとも言われる。「足軽」は大名家や武家の家で、使役《しえき》の下級の人足雑用人であるが、「若党」は、改易され浪人となった武家の家来である。

祐助は学もあり乗馬や剣も出来る人で、きっと若党で入ったと思われる。真面目で勤勉な人柄で、その後、御家人株を買って、足軽では無く、御家人の身分となったらしいという話もあるが、当時の御家人株は高価で数百両したと言われているので、これは少し考えられないと思われる。そして百姓の娘ます（川越出身の女）と、祐助の間に勝《ひさ》（のち久と改名）、廣明（公明）、一《はじめ》と三人の子が生まれた。勝《ひさ》は医師の相馬俊明に嫁ぎ、その直系の子孫が相馬和夫氏である。

山口一（斉藤一）は、天保15年1月2日に山口祐助の次男として生まれた。藤田家の言い伝えでは、本当は12時過ぎに生れたのだが、一日生まれとして「一《はじめ》」と名付けた。幼少の話は無いのだが、小さい時から剣は天才的な物だったらしい。

極若い頃、江戸の小石川関口で武士と口論して相手を斬り殺した山口一は、父の知り合いの京都の道場主・吉田某の所に逃げ込んだ。居候とは言え、タダ飯を食って無く、努力し師範代となり、門人に稽古を付ける身分となっていた所へ、「浪士隊」の現地採用があり、入隊した。腕の良かったせいか、初期の隊は隊士も少なかった為か、幹部に登用された。

彼は京都に於いても修羅場をくぐり抜け、内部抗争にも、尊王派との戦いでも、重要な役目を果たし抜いた。「芹沢暗殺事件」は、会津の密命で、近藤派が暗殺した。この時、斉藤一も参加したと、藤田家文書には記されている。「池田屋事件」では土方隊に属し、井上、原田ら11名と同じく、金十両、別段金七両を貰っている。そして仕事として割り切って、次々と仲間を断って行った。

特筆すべきは「高台寺党」の分離の際は、近藤勇の密命で、間者として、高台寺党に組した。高台寺党とは参謀の伊東甲子太郎《いとうかしたろう》や同士が、佐幕一辺倒の組から分離し、慶応3年（１８６７）6月から11月迄、東山の月真院に分離し尊王活動をはじめた一派である。伊東らの動きは、斉藤一により近藤に知らされ、その内に伊東の机から金子を盗んで隊に戻った。伊東らは、その後、油小路で謀殺された。スパイとして非常に上手な人であった様に思われる。

そして特に注意しなければならないのは、甲陽鎮撫隊で勝沼敗走後は、五兵衛新田に行かずに、会津へ直接行っている事である。

会津入りしてから「山口二郎」と名乗り、新選組隊長として活躍、会津に協力した。「白河口の戦い」をはじめとして、会津湖南町の三代《みしろ》に駐屯して須賀川辺りへしばしば奇襲を掛け、西軍の肝を冷やしたり、小競り合いを繰り返した。そんな中、西軍が二本松に集結し会津攻めを行うという情報から、土方歳三ら新選組と、大鳥圭介ら旧幕府軍は、母成峠の山入り寄りに移った。母成峠《ぼなりとうげ》の猿岩に防壁を築き西軍に対したが、会津藩はこの方面を重要視しなかったので、兵力は少なかった。雪崩の速さで西軍は侵攻をはじめ、慶応4年（1868）8月21日、一気に母成峠を突破し、会津城下に攻め込んだ。会津藩士らと家族は、城内に籠城となる。母成峠戦以前から、仙台藩士塩松蔵太《しおまつくらた》が仙台公（伊達慶邦）の密命として、「旧幕軍らは仙台に来るように」との話を斉藤たちに持って来ていた。斉藤は何だかんだと返事をしない。やれ母成峠の決戦を済ませぬ内は駄目と言ったり、行きたくないと言って、塩松とは口論をするが、やがて、一応仙台に行くと言った。無論、土方、大鳥らは仙台行きを承知した。しかし母成峠の敗戦後、土方と斉藤は意見を異《こと》して離れていく。

新選組本隊とは別に、斉藤は会津城下、外周部の如来堂に、僅か部下20人と共に布陣した。

斉藤一

慶応4年（1868）9月5日、突如、如来堂は新政府軍の攻撃を受け、殆んど全滅、斉藤も戦死とされていたが、流石、強運の斉藤は囲みを切り抜け、農家に助けられ生き抜いた。

土方と決別する時に彼はこう語った。「これほど会津公に恩を受けたのに、落城寸前の会津を見捨てて、今更、仙台何かには行けない。会津の為に自分は死ぬんだ。たとえ新選組名を奪われてもそれでいい。会津を見捨てるのは、誠の義にあらず」と。そして落城後の旧会津藩士と共に、江戸品川から斗南《となみ》へ流れて行った。明治3年（1870）4月17日である。こんな事から、斉藤一の出身母体は会津だと言われているのである。

東北の斗南、下北半島の北辺の地、凍りついた雪の大地。寒さと飢えで、会津の人々は多く死んで行った。あれ程、朝廷と徳川家の為に尽くした会津藩は、逆賊として厳しい仕置きを受けた。斗南配流を許されたのは、明治7年頃であった。斉藤も同年7月、斗南から東京に移住した。

そしてこの年、元会津藩大目付・高木小十郎の長女・時尾《ときお》（1846?〜1925?）と再婚。元会津藩主・松平容保が上仲人、元会津藩家老の佐川官兵衛（1831〜1877）と山川浩（1845〜1898）、倉沢平治右衛門（1825〜1900）が下仲人を務めた。この時、氏名を「藤田五郎」に改名。

明治10年2月20日、警視庁警部補に任官、斉藤一が「藤田五郎」として再び、歴史上に登場した。彼が創立当初の警視庁に入ったのは、初代大警視（後の警視総監）・川路利良《かわじとしよし》（旧薩摩藩士）（1834〜1879）自らの秘かな招きであったらしい。彼と川路とは「禁門の変」あたりから交友があったのかも知れない。

そして、「西南戦役」。藤田五郎は、同年5月18日、会津抜刀隊佐川官兵衛らと、豊後に出征した。出征の時には、長男の勉が生まれていた。

10月には東京凱旋、大手柄をたて、当時の新聞に藤田五郎の名前は大きく報道されていた。彼は不死身だった。佐川は戦死した。帰還後も警視庁で働き、秘密性の要職を受け持っていたらしい。

明治24年（1891）警視庁退職後は、明治26年9月、東京高等師範学校附属東京教育博物館の看守（守衛長）に奉職。同校の撃剣師範を務め、学生に撃剣を教えた。明治32年（1899）2月、東京高等師範学校を退職し、東京女子高等師範学校（現・お茶の水女子大学）に庶務掛兼会計掛として勤務する。

大正4年（1915）9月28日、不死身の一も、老齢と病には勝てなかった。酒好きで胃を痛め、ストレスの大きい仕事をしていたせいで、「胃潰瘍」となり世を去った。臨終を悟った時、彼は家族に床の間に、座布団を重ねて置かせ、その上に端坐（正座）した。カーッと大きく眼を見開いて、武人らしくそのままの姿で逝った。名剣客斉藤一の誇り高い最期だった。享年71。会津若松阿弥陀寺に墓がある。

彼が主人公のライバルの「るろうに剣心」が2016年2月5日、宝塚歌劇団雪組で公演され、斉藤が舞台で踊りまくった。雪組のファンが多く斉藤ファンになったであろう。

99 斉藤一の一生を変えた女性、時尾《ときを》

新選組三番隊の組長、山口二郎（斉藤一《はじめ》）（1844〜1915）は、会津戦争の際、慶応4年（1868）9月5日、如来堂で討死したと言われていたが、西軍の包囲を切り抜け、重傷を負ったが、会津城下の農家に助けられ生き残った。その後会津藩が斗南に移動した時も藩士と共に移り、苦労を重ね、松平容保《かたもり》が上仲人となり、容保義姉付きの祐筆であり、大目付、故高木小十郎《こじゅうろう》の長女時尾（1846?〜1925?）と再婚した。明治7年（1874）3月17日のことである。

斉藤一は「藤田五郎」となり、廃藩置県の後、東京に移住した。会津藩士たちは賊軍として仕事が無い。そ

んなところへ「西南戦役」が起こり、佐川官兵衛（１８３１～１８７７）を隊長とした会津抜刀隊が警察予備隊として結成され出征、大戦果を上げ、斉藤は「田原坂の戦い」で大活躍し勲章を授けられた。斉藤は東京に復員後は警察官に採用され、定年後は東京高等師範学校付属東京教育博物館看守（守衛長）を勤めたが、最後は東京女子高等師範学校の庶務掛兼会計掛をやった。

晩年の一《はじめ》、時尾夫妻について、高嶺秀夫の二女・土田敬子刀自《とじ》は語った。昭和53年（１９７８）、当時80才。

「私が十才位の頃、良く五郎様は高嶺家にみえました。大変お酒がお好きで、何時もお酒を差し上げておりました。時尾様と祖母（高嶺幾乃）は仲良しで、もうお一人福岡孝弟さんの側室の「おかよさん」と、この三人はお友達でした。明治43年2月2日に父（高嶺秀夫）が亡くなり、一ヶ月後に母専が後を追う様に亡くなりましたので、隠居所から祖母が出て来て、母代りに私共を育ててくれました。父が亡くなった折に、時尾さまがおいでになり、色々とお助け下さった事を、よく覚えております。おつむはこう切下げにあそばしていられたよう記憶しております。お身の余り大きくない、小柄な、如何にも会津の婦人という感じの方でした。お宅へもよく遊びに参りました」。

新選組の幹部という、名や身分を秘して、会津藩士と名乗り、激しい一生を見事、大正初年まで生き抜いた陰《かげ》には、女子高等師範学校の舎監を勤め、立派な家庭を作った女丈夫の「時尾」がいたのを忘れてはならない。

100 90才、昭和13年迄生きた隊士、稗田《ひえだ》利八《りはち》（池田七三郎）

数度の負傷を生き延びた隊士である。元、池田七三郎（１８４９～１９３８）が本姓。維新後、本名の稗田利八と改名した。

上総国山近郡田間村（千葉県東金市）の出身。商人佐五七の三男として、嘉永２年（１８４９）11月13日に生れる。慶応元年（１８６５）16才で、「武士になりたい」と言って江戸に出た。利八は牛込飯田町仲町下にある、一刀流天野静一郎道場に入門した。その後、師匠の天野の推挙により、旗本永見《ながみ》貞《さだ》之《の》丞《じょう》の家来となる。その永見家に奥州津軽出身の、この後伊東甲子太郎と高台寺党へ分離脱退した毛内《もうない》有《あり》之《の》助《すけ》（１８３５～１８６７）がいて、利八の新選組入隊の動機となったと伝えられている。慶応３年（１８６７）11月３日、上京して新選組に入隊した。同年12月初旬の隊士名簿によると局長付人数に属している。

新人隊士募集に応募した利八は、この時初めて土方歳三に対面した印象を語っている。

「黒い紋付を着て、仙台平の袴をはいていた土方先生は、出て来て挨拶をしました。いい男ですから、一万石や二万石の小大名とよりは見えませんでした。髪は総髪を束ねて、「いや御苦労でした私が土方です」と、言う様な事を、一番に言いました。

利八が入隊した15日後、高台寺党として分離脱退した毛内は、油小路で大敢闘をし、新選組を手こずらせ討死した。非常に尊敬をし、入隊する動機付けをしてくれた毛内の死を、利八は如何に胸の内に入れただろうか。

入隊して二ヶ月で「鳥羽・伏見の戦い」が起こり、参戦した利八は右脇下に銃弾を受け負傷した。慶応４年（１８６８）１月14日、江戸引き揚げの隊士全員と「富士山丸」で横浜に移送され、幕府の設けた、仏語伝習所を使用した仮の病院に収容された。

「これは外国語学校を臨時に病院にしたもので、我々はここで半月ほど手当を受けました」。

そして甲陽鎮撫隊へ参戦、甲州勝沼の戦いで、利八は又、銃弾が右耳から鼻へ貫通する重傷を受けるが、命に別条が無く、戸板で会津に運ばれた。この時の様子を利八は語っている。「洋服の上着の様な格好の綿入れを着て、これへ撃剣の胴を付けてズボンをはいて、草履ばき。刀は白木綿の帯を締めて、これへさしている。白い木綿の鉢巻きをしてあったと覚えている」と。

傷が治り、会津若松城下で戦列に復帰した利八は、斉藤一を隊長とする、会津防衛新選組隊として戦っていたが、如来堂を官軍に包囲され、全員討死と伝えられていた。しかし斉藤もそうだが、彼もまた幸運にも生き、その後、水戸諸生党の人々と水戸へ逃亡したが、万策尽きて船で利根川を下り、10月14日銚子で降伏。新選組を隠して入牢したが、諸生党では無いので翌年3月江戸へ送られ、会津屋敷で一年間謹慎の上、放免された。昭和4年（1929）、新選組最後の隊士として子母沢寛の取材を受け、回顧録「新選組聞書」（稗田利八翁思出話）を口述した。

昭和13年1月18日、享年90才の長寿を全うした、希有の隊士であった。

東京都港区麻布台の真浄寺にその墓はある。彼は長寿したので各新聞社に体験談を話しているのが残っていて、新選組を描く作家先生のよい資料を提供している。

19才で入隊し、直ぐ戦争に巻き込まれ、二度も負傷するが、若さゆえか生き延び、新選組隊士中、最高齢まで生きた隊士である。

稗田利八（池田七三郎）

おもしろばなしシリーズ第二弾！
「こんな話があるんじゃが、知っとったかー？」

調べ・知り・聞いた秘話を語る！

真田幸村時代のおもしろばなし㊐話

好評発売中！

著者　京都史跡研究家・ふるさと探訪クラブ代表
青木繁男（新選組記念館館長・幕末史家）

仕様　定価　本体 **1500円**＋税
A5判　224ページ

大坂冬の陣「真田丸」で最大の戦果を上げ、その名を戦史に残した真田幸村。彼に関しての多くの逸話や秘話が残っており、それらを著者が八章に分けて百話を記します。

内容

一、真田の一族
二、関ヶ原の戦い　以前
三、関ヶ原の戦い頃
四、大坂冬の陣
五、大坂夏の陣
六、幸村の伝承
七、幸村の子供たち
八、真田幸村を語る

平清盛・源平時代の京都史跡を歩く 13 コース
定価 本体 648 円＋税
978-4-89704-302-9　C2026
A4 判　34 頁
平安時代末期、世に言う源平時代のゆかりの史跡や社寺を中心に紹介したコース本。白河・鳥羽らの院政、藤原摂関家の争い、保元・平治の乱、平氏の台頭と滅亡などなど、複雑だからこそ面白い時代の古都を歩いてじっくり味わえる一冊。

龍馬・新選組らの京都史跡を歩く 13 コース
定価 本体 552 円＋税
978-4-89704-266-4 C2026
A4 判　34 頁
幕末・明治維新の舞台となった京都の史跡や社寺を中心に紹介したコース本。安政年間から・慶応・明治に至る十年余りの間、激動の舞台となった京都には今もなお洛中洛外に史跡･史話が残っており、多くのファンを魅了しています！そんな幕末好き京都好きの方にオススメの一冊です！

ベテランガイド
青木繁男が京を歩く！
地図と親しみやすいイラストを配した
青木節の史跡解説文で“歩く”歴史コース！

戦国時代の京都の史跡を歩く 13 コース
定価 本体 600 円＋税
978-4-89704-331-9 C2026
A4 判　34 頁
動乱の中心だった戦国の京都の史跡や社寺を中心に紹介したコース本。信長・秀吉・家康など京都に生きた権力者ゆかりの地を紹介。戦国時代の旅人の一人となって、約 450 年前の京都を歩いてみませんか？

明治・大正時代の京都史跡を歩く 13 コース
定価 本体 600 円＋税
978-4-89704-319-7 C2026
A4 判　34 頁
近代都市として発達した京都の明治の面影や大正ロマンを感じさせる建造物を紹介したコース本。疏水事業により日本で初めて電車が走り、いくつもの大学が誕生した京都。寺社仏閣とは違う、「近代化していこうとした京都」の痕跡をたどってみて下さい。

主な参考文献

■秋田書店

- 歴史と旅　第8巻第8号　特集京都の史話50選　百瀬明治・童門冬二・奈良本辰也ほか　1981

■アスペクト社

- 幕末新聞　幕末新聞編纂委員会　1997

■郁朋社

- 芹沢鴨の生涯—新選組異聞　城井友治　1988

■ NHK出版

- 清河八郎の明治維新　草莽の志士なるがゆえに　高野澄　2004

■学研

- 歴史群像シリーズ31　血誠新撰組　1992

■角川書店

- 新選組血風録(角川文庫)　司馬遼太郎　2003
- カメラが撮らえた勤王派と佐幕派幕末の志士　『歴史読本』編集部　2013

■講談社

- 新撰組全隊士録　古賀茂作・鈴木亨　2003

■河出書房新社

- 新選組決定録　伊東成郎　2003

■京都「特別陳列新選組」図録製作委員会

- 特別陳列新選組 史料が語る新選組の実像　京都国立博物館　2003

■京都龍馬会

- 近時新聞(京都龍馬会会報)　2009～

■集英社

- 清河八郎　柴田錬三郎　1989
- 新撰組局長首座　芹沢鴨　峰隆一郎　1998

■新人物往来社

- 歴史読本　新選組のすべて　1980
- 歴史読本　新選組10人の組長　1997
- 歴史読本　幕末最強　新選組10人の組長　1997
- 歴史読本　特集新選組をめぐる女性たち　2004
- 別冊歴史読本　幕末維新暗殺秘史　1997
- 別冊歴史読本　新選組隊士録　1998
- 別冊歴史読本　新撰組戦記　1999
- 沖田総司　大内美予子　1972
- 土方歳三秘話　赤間倭子　1975
- 近藤勇のすべて　1993
- 新選組101の謎　菊地明　1993
- 新選組史料集　1995
- 新選組の舞台裏　菊地明　1998
- 新選組・斉藤一の謎　赤間倭子　1998
- 物語　新選組隊士悲話　北原亜以子ほか　1998
- 新選組追究録　万代修　1998
- 新選組裏話　万代修　1999
- 新選組銘々伝〈全4巻〉　2003
- 新選組列伝　早乙女貢　2003
- 新選組全史　上・中・下　菊地明　2004

■新風舎

- 新撰組隊長相馬主計の降伏　石井勉　2004

■宝島社

- 別冊宝島　新撰組“散りざま”列伝　2013
- 別冊宝島　新撰組散り様列伝　2013

■玉造町観光協会

- 新選組読本～新選組を創った男 < 新選組水戸派　芹澤鴨　平間重助 >　あさくらゆう　2004

■日本文芸社

- 新選組の謎88　幕末・維新を駆け抜けた男たちの生きざま　新井英生　1994

■日本放送出版協会

- NHK歴史への招待　第21巻　新選組　1990

■ PHP研究所

- 新選組99の謎　鈴木亨　1993
- 新選組日記　木村幸比古　2003
- 完全保存版　幕末維新なるほど人物事典　泉秀樹　2004

■自費出版

- 幕末・維新こぼれ話　万代修　1991

青木繁男　著者プロフィール

■昭和7年3月
京都市下京区にて出生。同志社大学商学部卒業
旧第一銀行入行　京都、伏見、本町、丸太町、浜松、梅田、京都支店を歴任

■平成4年3月
第一勧業銀行京都支店にて定年退職
余暇を利用し、飲食業レジャーサービス業の研究と経営コンサルタント、
京町家と幕末、特に第一銀行の創始者渋沢栄一の研究の際、土方と栄一の接点から新選組の研究へと発展。昭和35年より始める。

■平成4年3月
京町家保存会を設立。「京町家草の根保存運動開始」行政に町家保存を訴える。

■平成5年4月
京町家動態保存のため、京町家の宿、京町家ペンションをオープン。唯一の町家の体験宿泊施設。

■平成5年7月
池田屋事変記念日を期に、新選組記念館オープン。館長就任

■平成9年10月
（財）京都市景観・まちづくりセンターが第3セクターを設立、町家保存事業に市が動きだし、ボランティアとして調査に参画。

■平成10年11月
京都市まちづくり事業幕末ボランティアガイド塾を立ち上げ、塾長として55名の市民と幕末京都の史蹟や史実、京町家・町並みの調査研究、市民や観光客に紹介運動開始。

■平成11年6月
塾活動が大きく評価をあび、NHK、KBS、読売テレビや神戸新聞、静岡新聞、京都新聞、リビング新聞に紹介される。

■平成13年3月
21日より1ヶ月間、関西初の「土方歳三京都展」を西陣織会館にて開催。地元大手企業と連帯して、土方歳三の新しい京都に於ける実像に迫る。

■平成14年3月
京都で初めての新選組展を西陣織会館にて開催。

■平成16年1月
NHKスタジオパーク「誠」に出演。

■平成20年9月15日
内閣府エイジレス受賞

■平成26年
平成26年度京都府地域力再生プロジェクト事業「平家物語による町おこし、観光開発」を実施。平家物語を軸とした歴史ボランティアガイドの育成及び同ガイドによるウォークツアーの開催。「治承の乱の高倉宮以仁王生存伝承を追う」による町おこしを実施。

■平成27年1月
著書「京都幕末　おもしろばなし百話」を出版。好評を得る。
・高倉宮以仁王伝承の研究
・京都と滋賀の妖怪霊界物語伝承の研究を強化する。

■平成27年8月
月刊京都8月号に京都妖怪図鑑掲載。

■平成28年1月
「真田幸村　時代のおもしろばなし百話」を出版

■現在
次回、「龍馬100話（仮称）」、次いで、井伊家の祖、「戦国100話（仮称）」執筆中。
宇治市観光ガイドクラブ初代代表　新京都シティ観光ボランティアガイド協会顧問
京都町作り大学院大学　講師

ガイドツアーのご案内

＊新選組記念館では、京都史跡コースのガイドツアーを承っております。日時、人数、ご希望など下記にお問い合わせください。

◆新選組記念館◆　TEL.075-344-6376
FAX.0774-43-3747

あとがき

新選組を扱った作品は数多い。近年でもマンガ「風光る」が好評を博し、２００４年ＮＨＫ大河ドラマ「新選組！」、ゲームから始まった「薄桜鬼」と、新選組は21世紀も進化し続けている。マンガ・ゲームに限らず、宝塚歌劇団『星影の人』ではミュージカルとなった。この流れは発展し、薄桜鬼もミュージカルとなり人気を呼んでいる。

筆者も２０１５年６月に平間重助役の青年俳優さんから入場招待券をプレゼントされ、若き女性の熱気一杯の京都劇場で上演を観賞した。芹沢鴨が佳い姿で平間と共に浮び上がっていた。

先日、台湾の女性が記念館へこられ、台湾では、今、誠のマンガが大ヒットしていますよ、来年くらいからは、本土からも多くの誠ファンが来ると思いますよと……。

今回、同時の坂本龍馬も百話描いているが、誠ブームに反して、龍馬は特に少年少女から忘れ去られようとしている危機感を抱いた。龍馬はワンマンプレイで、マンガ本にも出版されない。只一つ、武田鉄也氏の大作があるのみ……。宝塚も一度上演したが興行成績不調だったとか……。龍馬暗殺に関連して油小路事件を見直すことが出来た。これを仮称「龍馬百話」に描くことにする。

この「新選組おもしろばなし百話」には、近藤勇の義父の経営上手や試衛館の出前出張による経営安定、特に誰も見返らなかった河合耆三郎の不思議等々、御一読賜れば幸いである。

■写真提供
青木繁男など

新選組記念館青木繁男
調べ・知り・聞いた秘話を語る！
新選組おもしろばなし　百話

定　価　　カバーに表示してあります
　　　　　第1版第1刷
発行日　　2016年10月1日
著　者　　京都史跡研究家・ふるさと探訪クラブ代表
　　　　　青木繁男（新選組記念館館長・幕末史家）
　　　　　ユニプラン編集部
編集・校正　鈴木正貴・橋本 豪
デザイン　岩崎 宏
発行人　　橋本 良郎
発行所　　株式会社ユニプラン
　　　　　http://www.uni-plan.co.jp
　　　　　（E-mail）info@uni-plan.co.jp
　　　　　〒604-8127
　　　　　京都市中京区堺町通蛸薬師下ル　谷堺町ビル1F
　　　　　TEL（075）251-0125 FAX（075）251-0128
　　　　　振替口座／01030-3-23387
印刷所　　為國印刷株式会社
ISBN978-4-89704-377-7　C0021